종합 기초 이탈리아어
문법·회화·강독

한성철

한국외국어대학교 이탈리아어과 및 동대학원 졸업. 문학박사
베네치아대학교 초빙교수(1997-1999)
이탈리아 베네치아 대학교 동양학대학 한국학과 주임교수 역임
캐나다 University of British Columbia 교환교수(2004-2005)
現 한국외국어대학교 서양어대학 이탈리아어과 교수

이소영

한국외국어대학교 이탈리아어과 및 동대학원 졸업
이탈리아 로마 라 사피엔차 대학교 문학박사
(Univ. di Roma "La Sapienza")
現 한국외국어대학교 강사

강순행

한국외국어대학교 이탈리아어과 및 동대학원 졸업
이탈리아 베네치아 대학교 언어학박사
(Univ. di Venezia Ca' Foscari)
現 한국외국어대학교 강사

종합 기초 이탈리아어

발 행   2018년 03월 20일
저 자   한성철, 이소영, 강순행
발행인   이재명
발행처   삼지사

출판사 등록일 1968년 11월 18일
등록번호   제406-2011-000021호
주 소   경기도 파주시 산남로 47-10
Tel   031)948-4502/4564
Fax   031)948-4508
ISBN   978-89-7358-486-4 13780

책값은 뒤표지에 있습니다.

이 책의 내용을 전재 및 무단 복제할 경우 법적인 제재를 받게 됩니다.
잘못된 책은 구입하신 서점에서 교환해 드립니다.

> 첫걸음부터 마무리까지

종합 기초 이탈리아어

문법·회화·강독

한국외국어대학교 한성철·이소영·강순행

목차

머리말   p. 6

도 입 - 이탈리아어의 자음과 모음
Alfabeto italiano   p. 7
   1. 이탈리아어의 알파벳
   2. 발음
   3. 어미 모음의 생략
   4. 구두점과 악센트
   5. 음절의 분리

제 1과 - 관사 Articolo   p. 17
   1. 정관사   2. 부정관사
   3. 관사의 생략
   4. 관사의 위치
   5. 전치사 관사
   6. 부분관사
   7. Essere 동사
     기본회화 · 강독 · 연습문제

제2과 - 명사 Nome   p. 31
   1. 명사의 어미변화
   2. 명사의 성의 구분
   3. 성의 전환
     기본회화 · 강독 · 연습문제

제3과 - 형용사 Aggettivo   p. 41
   1. 형용사의 성·수
   2. 특수한 어미변화
   3. 불규칙 형용사
   4. 형용사의 위치
   5. Avere 동사
     기본회화 · 강독 · 연습문제

제4과 - 기수 및 서수, 시간과 날짜
Numero cardinale e ordinale, Tempo e Data   p. 53
   1. 기수   2. 서수
   3. 시간   4. 날짜
   5. 기타
     기본회화 · 강독 · 연습문제

제5과 - 한정형용사
Aggettivi determinativi   p. 63
   1. 소유형용사
   2. 지시형용사
   3. 의문형용사
     기본회화 · 강독 · 연습문제

제6과 - 인칭대명사와 지시대명사
Pronome personale e dimostrativo   p. 73
   1. 인칭대명사
   2. 지시대명사
   3. 직설법 현재 규칙동사
   4. 어의 변화
     기본회화 · 강독 · 연습문제

제7과 - 관계 대명사와 의문 대명사
Pronomi relativi e interrogativi   p. 85
   1. 관계 대명사   2. 의문 대명사
   3. 주요 불규칙 동사 직설법 현재(I)
     기본회화 · 강독 · 연습문제

제8과 - 재귀동사 Verbi riflessivi   p. 99
   1. 재귀동사
   2. 주요 불규칙 동사 직설법 현재(II)
     기본회화 · 강독 · 연습문제

제9과 - 법과 시제 Modi e Tempi   p. 111
   1. 법의 정의와 구분
   2. 시제의 구분: 단순시제와 복합시제
   3. 조동사의 선택
   4. 직설법 연구(I)
     기본회화 · 강독 · 연습문제

제10과 - 비교급과 최상급

Comparativo e Superlativo p. 127
  1. 동등 비교급
  2. 우등 및 열등 비교급
  3. 최상급
       기본회화 · 강독 · 연습문제

제 11과 - 직설법 시제
Tempo indicativo p. 137
  1. 직설법 선립과거
  2. 직설법 대과거
  3. 단순 미래와 선립 미래
       기본회화 · 강독 · 연습문제

제12과 - 접속법과 조건법
Congiuntivo e Condizionale p. 147
  1. 접속법의 어미 변화
  2. 접속법의 쓰임새
  3. 조건법의 어미 변화
  4. 조건법의 쓰임새
       기본회화 · 강독 · 연습문제

제13과 - 명령법 Modo imperativo p. 161
  1. 명령법 현재의 형태와 용법
  2. 명령법 미래의 형태와 용법
  3. 명령법 현재형에서 대명사들의 위치
  4. 다른 품사에 의한 명령 형태
  5. 명령법과 자주 쓰이는 완곡 표현
       기본회화 · 강독 · 연습문제

제14과 - 비인칭 동사와 비인칭 표현
Forma impersonale p. 171
  1. 비인칭 동사
  2. 비인칭 표현
  3. 비인칭 si의 용법
       기본회화 · 강독 · 연습문제

제15과 - 부정법 Modi indefiniti I p. 179
  1. 부정사
  2. 부정사의 용법
  3. fare, lasciare + 부정사의 용법
  4. 지각동사 + 부정사
       기본회화 · 강독 · 연습문제

제16과 - 부정법 Modi indefiniti II p. 189
  1. 분사
  2. 제룬디오
  3. 기타
       기본회화 · 강독 · 연습문제

제17과 - 접속사와 화법
Congiunzione e Discorso p. 201
  1. 접속사   2. 화법
       기본회화 · 강독 · 연습문제

제18과 - 수동태와 수동의 si
Forma passiva e si passivante p. 213
  1. 수동태
  2. andare + p.p. 형식의 수동태
  3. 수동태의 시제
  4. 수동의 si
  5. 수동태와 대명사
       기본회화 · 강독 · 연습문제

제19과 - 전치사 Preposizioni p. 223
  1. 전치사의 종류
  2. 본질적 전치사의 용법
       기본회화 · 강독 · 연습문제

제20과 - 부사 Avverbio p. 233
  1. 부사의 종류
  2. 부사구
  3. 부사와 형용사가 동일한 형태
  4. 형용사를 부사로 만드는 법
  5. 부사의 비교급, 최상급
  6. 부사의 위치
  7. 주요 부사의 용법
       기본회화 · 강독 · 연습문제

제 S과 - 부록 Appndice p. 245
  영어-이탈리아어 단어의 유사성

연습문제 정답 p. 253

머리말

"외국어를 제대로 익히는 것은 성 하나를 정복하는 것보다 더 어렵다 Conoscere a fondo una lingua straniera è più difficile che conquistare un castello"라는 이탈리아 속담이 의미하듯 외국어를 배우는 것은 대단히 힘든 여정이다. 또한 많은 시간과 정렬을 투자했음에도 목적하는 바에 도달하는 사람은 극히 드물다. 그러나 확고한 결심과 훌륭한 길잡이가 있다면 누구나 충분히 완주할 수 있는 여정이라고 생각한다.

이탈리아어는 크게는 인도 유럽어, 작게는 네오 라틴어에 속하는 언어이다. 네오 라틴어는 고대 로마와 중세 교회에서 사용되었던 라틴어에서 유래한 새로운 유형의 라틴어를 말한다. 이탈리아어 외에도 프랑스어, 스페인어, 포르투갈어, 루마니아어가 여기에 속한다. 이들 언어 간에는 많은 유사성이 있어서 하나의 언어를 익히면 다른 언어를 상대적으로 쉽게 익힐 수 있다는 장점이 있다. 뿐만 아니라 네오 라틴어권 국가들 간에는 많은 문화적 유사성이 있어서 그들 간에 일종의 공통적 아이덴티티도 발견 할 수 있다.

이러한 이탈리아어를 보다 효과적으로 공부하기 위해서는 좋은 길잡이로서의 적절한 교재가 필요하다. 그간 우리나라에는 이탈리아 학습을 위한 많은 종류의 교재가 발간되었다. 교재들마다 그 나름대로의 장점은 있겠으나 여러 해 동안 대학 강단에서 이탈리아어와 이탈리아 문학을 강의해오면서 고등학교를 졸업한 대학교 신입생뿐만 아니라 일반인 그리고 예술 분야 전공자들이 쉽게 접근하고 공부할 수 있는 교재의 필요성을 절감해 오던 터에 『기초 이탈리아어』를 출간했는데, 이번에 전체적으로 보완, 개정한 『종합기초이탈리아어』가 나오게 되었다.

이 책은 제대로 된 이탈리아어를 구사하기 위해 필수적인 정확한 문법 설명과 더불어 연습문제, 기본적인 회화 그리고 어휘력 및 독해력을 키울 수 있는 강독으로 구성되어있다. 모쪼록 본 교재가 독자로 하여금 보다 효과적으로 이탈리아와 이탈리아어에 접근할 수 있게 하는 좋은 길잡이가 되었으면 한다.

2014년 2월
저자

00 Lezione introduttiva

도입
이탈리아어의 자음과 모음
Alfabeto italiano

Lezione introduttiva

1. 이탈리아어의 알파벳

이탈리아어의 알파벳은 21자로 구성되어있다. 그러나 외국인 인명, 지명 그리고 외래어나 고전어 등을 표시하기 위하여 J, K, W, X, Y와 같이 5개의 문자가 더 사용되기도 한다.

문자	명칭	음가(한국어)	문자	명칭	음가(한국어)
A	[a]	아	N	[enne]	엔네
B	[bi]	비	O	[o]	오
C	[tʃi]	치	P	[pi]	피
D	[di]	디	Q	[ku]	쿠
E	[e]	에	R	[erre]	에레
F	[effe]	엡페	S	[esse]	엣세
G	[dʒi]	지	T	[ti]	티
H	[akka]	악까	U	[u]	우
I	[i]	이	V	[vu]	부
L	[elle]	엘레	Z	[dʒeta]	제따
M	[emme]	엠메			

기타

J	[i lungo]	이 룽고
K	[kappa]	깝파
W	[doppio vu]	돕삐오 부
X	[iks]	익스
Y	[ipsilon]	입실론

☞ **참고**

현대 이탈리아어에서는 J는 I로, K는 C로 W는 V로 Y는 I로 대체되어 사용되고 있다.

2. 발음

(1) 모음

이탈리아어에는 a(아), e(에), i(이), o(오), u(우)의 다섯 개의 모음이 있다. 이탈리아어의 모음은 크게 개음開音과 폐음閉音으로 나뉜다. 개음이란 입을 크게 벌려 목구멍 근처에서 발음하는 소리이고 폐음은 입을 조금 벌려 입 안쪽에서 발음하는 소리이다.

○ 개음 : a, è, ò
○ 폐음 : i, u, é, ó

그러나 음운학상 우리나라 사람은 구분하기 대단히 힘들므로 크게 개의치 않아도 된다.
① a: (개음) banana(바나나), mamma(맘마), casa(까사)
② e(혹은 è): (개음) bello(벨로), vento(벤토), erba(에르바)
③ é: (폐음) pepe(뻬뻬), seta(세타), penna(펜나)
④ i: (폐음) bambina(밤비나), Italia(이딸리아), India(인디아)
⑤ ò: (개음) canto(깐또), porta(뽀르따), collo(꼴로)
⑥ o: (폐음) solo(솔로), amore(아모레), fiore(피오레)
⑦ u: (폐음) luna(루나), musica(무지카), unico(우니코)

이상에서 알 수 있듯이 개모음 표시는 accento grave(아첸토 그라베[`])로 하고 폐모음의 표시는 accento acuto(아첸토 아쿠토['])로 한다. 그러나 문장 중에서는 일일이 표시하지 않고 끝모음에 아첸토가 올 경우만 표시한다.
　　università (우니베르시타), verità (베리타), virtù (비르투)

(2) 자음

자음	자음음가	발 음				
b	b	ba 바	be 베	bi 비	bo 보	bu 부
c	c	ca 까	che 께	chi 끼	co 꼬	cu 꾸
	ch					
	c	cia 챠	ce 체	ci 치	cio 쵸	ciu 츄
d	d	da 다	de 데	di 디	do 도	du 두
f	f	fa 파	fe 페	fi 피	fo 포	fu 푸

☞주의
　　우리말의 ㅍ과 ㅎ의 중간발음으로 영어의 f처럼 발음하면 된다.

	g	ga 가	ghe 게	ghi 기	go 고	gu 구
g	gh					
	g	gia 쟈	ge 제	gi 지	gio 죠	giu 쥬
	gl	gla 글라	gle 글레	gli 리	glo 글로	glu 글루
	gn	gna 냐	gne 녜	gni 늬	gno 뇨	gnu 뉴

h	h	항상 묵음이다.				
l	l	la	le	li	lo	lu
		라	레	리	로	루

☞주의

우리말의 "ㄹ"처럼 발음하되 혀를 입천장 끝에 대었다가 떼면서 발음한다. 영어의 l과도 흡사하다.

m	m	ma	me	mi	mo	mu
		마	메	미	모	무
n	n	na	ne	ni	no	nu
		나	네	니	노	누

☞주의

c와 g앞에 n이 쓰일 때 발음이 [엉] [앙] 등으로 날 수도 있다.

ancora 앙꼬라   angolo 앙골로

p	p	pa	pe	pi	po	pu
		빠	뻬	삐	뽀	뿌

☞주의

영어의 "p"처럼 발음해도 큰 실수는 없다.

q	q	qua	que	qui	quo	
		꽈	꿰	뀌	꾸오	
r	ra	ra	re	ri	ro	ru
		라	레	리	로	루

☞주의

입천장에 혀끝을 대고 발음하는 l과 달리 입천장에 혀가 스칠 듯 닿으며 부드럽게 발음하는 점에 주의한다.

s	s	sa	se	si	so	su
		사	세	시	소	수
	sc	sca	sce	sci	sco	scu
		스카	쉐	쉬	스코	스쿠
	sch	sche	schi			
		스께	스끼			

☞주의

s가 청음 [스] 가 아니라 탁음 [스] , [즈] 의 중간음을 낼 때가 있다.
1. s가 자음 b, d, g, l, m, n, r, v 앞에 위치할 때
sbaglio 스 [즈] 발리오

2. 어미가 -ese-, -oso-로 끝날 때
Inglese 잉글레제
glorioso 글로리오조

분명히 [스], [즈] 의 중간음이다. 자신 없으면 그냥 [스] 해도 무방하다.

t	t	ta	te	ti	to	tu
		따	떼	띠	또	뚜
v	v	va	ve	vi	vo	vu
		바	베	비	보	부

☞주의

영어의 "v"처럼 발음하면 편하다.

z	z	za	ze	zi	zo	zzu
		자	제	지	조	주

☞주의

무성음 [츠], 유성음 [즈], [쯔] 등으로 다양하게 발음할 수 있다.

1) 한 가지 음가를 지닌 자음
ⓐ b: bambino(밤비노), bomba(봄바), libro(리브로)
ⓑ d: donna(돈나), dubbio(둡비오), gondola(곤돌라)
ⓒ f: forte(포르테), fermata(페르마타), forma(포르마)
ⓓ l: luglio(룰리오), lega(레가), leone(레오네)
ⓔ m: mamma(맘마), madre(마드레), magari(마가리)
ⓕ n: nono(노노), notte(놋떼), nostra(노스트라)
ⓖ p: padre(빠드레), pagare(빠가레), porta(뽀르따)
ⓗ q: quello(꿸로), quadro(꽈드로), questo(꿰스토)
ⓘ r: roba(로바), carne(까르네), paura(빠우라)
ⓙ t: torna(또르나), topolino(또뽈리노), tasca(따스카)
ⓚ v: vacanza(바칸짜), vicino(비치노), violino(비올리노)

2) 두 가지 음가를 지닌 자음
C: ① [k] - 모음 e, i 를 제외한 모든 모음 그리고 자음 앞에서 [k]로 발음된다. 모음 e, i 앞에 h 를 넣어 che, chi가 되면 [ke], [ki]로 발음된다.
casa(까사), che cosa (께 꼬사), chiesa(끼에사), comodo(꼬모도), cuore(꾸오레)

② [ts] - 모음 e, i 앞에서 발음된다.
cibo(치보), cinema(치네마), concerto(콘체르토)

G: ① [g] - C의 발음 규칙과 같다. 즉, 모음 e, i를 제외한 모든 모음, 자음 앞에서

[g]로 발음된다. 모음 e, i 앞에 h를 넣어 ghe, ghi가 되면 게, 기로 발음된다.
gabbiano(갑비아노), ghepardo(게빠르도), ghiaccio(기앗쵸), gola(골라), gusto(구스토)

② [dz] - 모음 e, i 앞에서 발음된다.
genitori(제니또리), gita(지타), giardino(쟈르디노), giorno(죠르노)

S: ① [dz](탁음) - 유성자음 b, d, g, l, m, n, r, v 앞에 s가 놓일 경우 탁음으로 발음된다. 즉 '스'와 '즈'의 중간 발음이다. 발음이 어려우면 '스'로 발음해도 무방하다.
sbaglio(스발료), sgabello(스가벨로), sdegno(스데뇨), slancio(슬란쵸)

또한 어미가 -ese, -oso로 끝나는 경우도 마찬가지이다.
inglese(잉글레제), furioso(푸리오조)

② [s] (청음) - 탁음의 경우를 제외하고는 거의 전부 청음으로 발음된다.
sole(솔레), basso(밧소), falso(팔소), mensa(멘사), studente(스투덴떼), borsa(보르사)

Z: ① [ts](무성음) - 어미가 -ia, ie, io로 끝날때
amicizia(아미치찌아), grazie(그라찌에), vizio(비찌오)

또한 유성음으로 발음되는 경우를 제외하고 모두:
mancanza(망깐자), piazza(삐앗짜), pazza(빳짜)

② [dz] (유성음) - 어미가 -izzare로 끝나거나 z로 시작되는 단어의 경우:
analizzare(아날릿짜레), organizzare(오르가닛짜레), zampa(잠파), zecca(젝카), zucchero(죽케로)

기타 희랍어나 히브리어등 외국어에서 유래한 단어의 경우:
zebra(제브라), zelo(젤로), zona(조나)

3) 이중자음

gl: [l] - luglio(룰리오), giglio(질리오), egli(엘리)
　　[gli 글리] - 외래어 혹은 학술용어의 경우
negligere(네글리제레), anglicano(앙글리카노), glicine(글리치네), gliecerina(글리체리나)

gn: 뒤에 모음이 올 때 비음을 나타낸다.
montagna(몬타냐), ogni(온니), signore(시뇨레)

sc: [sk] - 모음 e, i를 제외한 모든 모음과 자음 앞에서 [스크] 발음된다.

scala(스칼라), scuola(스쿠올라), oscuro(오스쿠로)

[ʃi] - 모음 e, i 앞에서 발음된다.
scena(쉐나), scipio(쉬피오), crescendo(크레쉔도)

3. 어미모음의 생략

이탈리아어는 일반적으로 모음과 모음이 부딪치는 경우 앞 모음을 생략하고 (')를 붙인다.

① 관사의 경우
   lo amico - l'amico, la opera - l'opera, una amica - un'amica

② 대명사의 경우
   Lui lo apre - Lui l'apro.   Lui lo ha visto - Lui l'ho visto.

③ 지시대명사, 형용사의 경우
   questo uomo - quest'uomo, bella amica - bell'amica

④ 전치사의 경우
   di inverno - d'inverno,   di estate - d'estate

⑤ 기타
   ci è - c'è,   deve essere - dev'essere

4. 구두점과 악센트 Segni d'interpunzione e accento

1) 구두점

이탈리아에서 사용되는 구두점들은 아래와 같다.

[.]	punto
[:]	due punti
[,]	virgola
[;]	punto e virgola
[?]	punto interrogativo
[!]	punto esclamativo
[( )]	parentesi tonde
[[ ]]	parentesi quadre

[']	apostrofo
[« »], [" "]	virgolette
[— — —]	stanghette
[—]	tratto d'unione
[…]	puntini di sospensione
[*]	asterisco
[-]	trattino
[/]	barra

2) 악센트(Accento)

(1) 악센트의 종류

① accento grave (`)

개음을 나타내는 동시에 마지막 모음이 개음일 경우 반드시 붙여서 사용한다.

    città 도시   università 대학교

② accento acuto (´)

폐음을 나타냄과 동시에 마지막 모음이 폐음일 경우 반드시 붙여서 사용한다.

    perché 왜냐면   benché 비록 ~일지라도

③ accento circonflesso (^)

형용사나 명사의 어미 -ii를 축약해서 표시할 때, 혹은 어중음소실을 표시하는 경우 사용한다.

    demonî (demonio의 복수 demonii), studî (studio의 복수 studii)
    tôrre(togliere의 축소형), côrre(cogliere의 축소형)

(2) 강세의 위치(accentatura)

① 대부분의 이탈리아어 음의 강세는 끝에서 두 번째 모음에 있다.

    parola 말   Milano 밀라노   Francobollo 우표

② 소수(10%)의 이탈리아어는 강세가 끝에서 세 번째 모음에 있다.

    sabato 토요일   domenica 일요일   tavola 테이블

③ 가끔 강세가 끝에서 네 번째 모음에 오기도 하는데, 동사의 직설법 현재 3인칭 복수형에 자주 등장한다.

    dimenticano 잊다   desiderano 열망하다

④ 악센트 부호가 붙어 있는 모음이 있을 경우 그 모음에 강세가 있다.

    qualità 質 carità 사랑   università 대학   perché 왜

5. 음절의 분리

모든 단어는 음절로 형성되어 있으며, 그 분리는 다음의 법칙들을 따른다.

① 모음 + 자음 + 모음의 형태(semplice vocale)
    ora: o-ra   amico: a-mi-co

② 자음 + 모음 + 자음의 형태(consonante e vocale)
    muro: mu-ro   secolo: se-co-lo

③ 이중모음(dittongo)
    dieci: die-ci   pieno: pie-no

④ 두개의 자음과 모음(più consonanti e vocale)
    primo: pri-mo   libro: li-bro

⑤ l, r, m, n은 앞쪽으로 붙인다(a sinistra)
    molto: mol-to   porta: por-ta
    tempo: tem-po   cinque: cin-que

⑥ s(impura)는 뒤쪽으로 붙인다(a destra)
    busta: bu-sta   questo: que-sto

⑦ 같은 자음이 겹칠 때는 그 중간을 분리한다(doppia consonante divisa).
    penna: pen-na   tutto: tut-to

promemoria

01 Lezione prima

제1과
관사
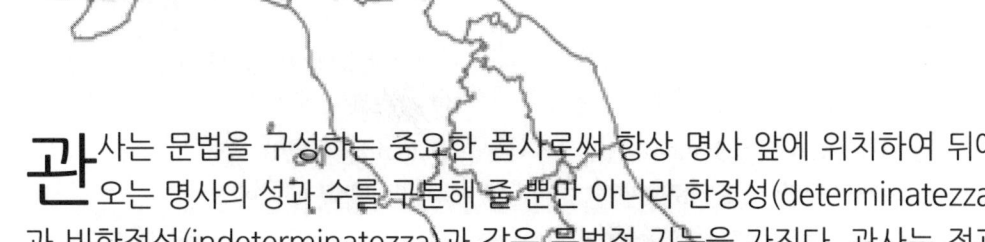

L'articolo

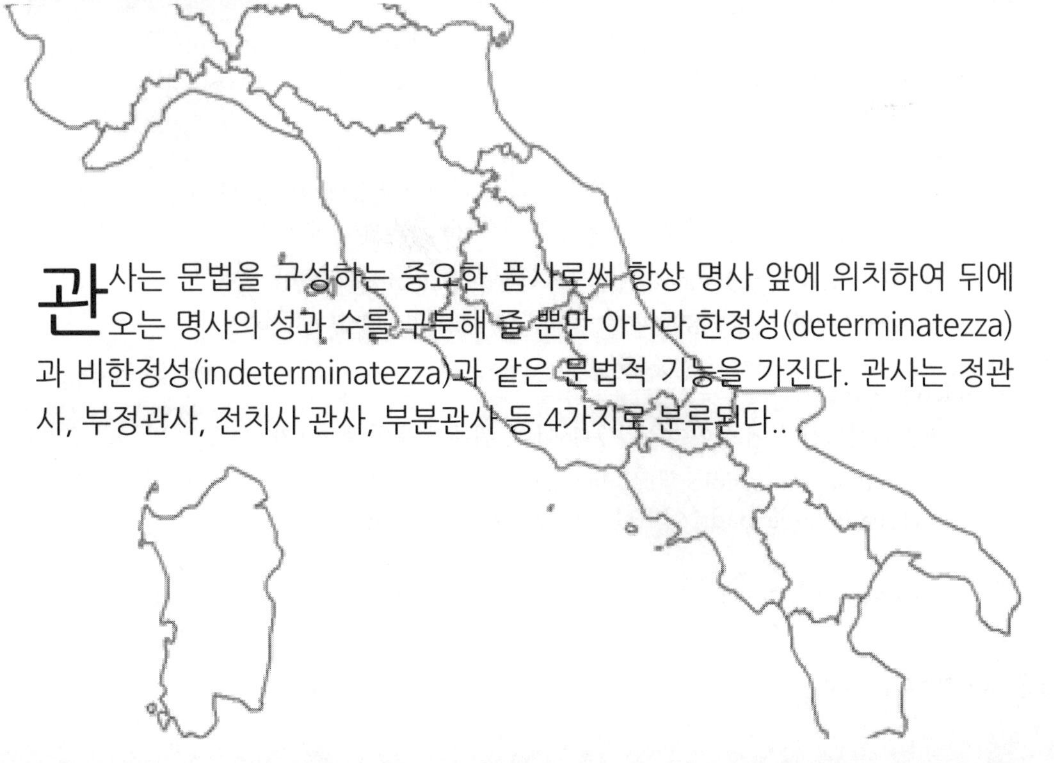

관사는 문법을 구성하는 중요한 품사로써 항상 명사 앞에 위치하여 뒤에 오는 명사의 성과 수를 구분해 줄 뿐만 아니라 한정성(determinatezza)과 비한정성(indeterminatezza)과 같은 문법적 기능을 가진다. 관사는 정관사, 부정관사, 전치사 관사, 부분관사 등 4가지로 분류된다..

Lezione 1

1. 정관사 Articoli determinativi

정관사는 명사 앞에 출현하여 지시나 한정의 의미를 나타내며 뒤에 오는 명사의 성과 수에 일치되어야 한다. 의미가 분명한 일반 명사나 보통명사, 셀 수 없는 물질명사 그리고 대륙, 국가, 지방, 강, 섬, 이름 등 고유명사 등에 쓰이며 그 형태는 아래와 같다.

	남성		여성
단수	il	lo(l')	la(l')
복수	i	gli	le

1) il → i

자음으로 시작하는 남성 단수 명사 앞에서 쓰이며 복수는 i이다.

il cane → i cani 개　　　　　il libro → i libri 책
il maestro → i maestri 선생님　il bambino → - i bambini 남자아이

2) lo (l') → gli

s+자음, z, x, gn, pn, ps으로 시작되는 남성 단수명사 앞에서 쓰이며 복수는 gli이다. 모음으로 시작하는 남성 단수명사 앞에서는 축약형 l'을 사용한다.

lo specchio → gli specchi 거울　　　　lo scolaro → gli scolari 아동, 학생(제자)
lo zio → gli zii 아저씨　　　　　　　lo zaino → gli zaini 배낭
lo gnomo → gli gnomi 난장이　　　　lo xilofono → gli xilofoni 실로폰
lo pneumatico → gli pneumatici 타이어　lo psicologo - gli psicologi 심리학자

l'uomo → gli uomini 사람, 인간　　　l'albero → gli alberi 나무
l'orso → gli orsi 곰　　　　　　　　l'ospedale → gli ospedali 병원

☞ 주의!

복수 gli는 같은 모음 I로 시작되는 복수 남성명사 앞에서만 gl'로 사용할 수 있지만, 현대 이탈리아어에서는 축약형 대신 gli를 그대로 사용한다.

l'italiano → gli italiani 이탈리아인들(gl'italiani도 가능)
l'ignorante → gli ignoranti 무지한 사람(gl'ignoranti도 가능)

3) la(l') → le

단수 여성명사 앞에 쓰이며 복수는 le이며, 뒤에 모음이 오면 l'가 된다.

la scuola → le scuole 학교　　la rosa → le rose 장미
la madre → le madri 어머니　　la ragazza → le ragazze

l'amica → le amiche 여자친구　　　l'ombra → le ombre 그늘, 그림자

l'aula → le aule   강의실   l'isola → le isole 섬

☞주의!
복수 le는 같은 모음 e로 시작되는 복수 여성명사 앞에서 축약형 l'가 사용할 수 있지만, 현대 이탈리아어에서는 축약형 대신 le를 그대로 사용한다.

l'erba → le erbe 잔디, 풀(l'erbe도 가능)
l'edicola → le edicole 신문판매대(l'edicole도 가능)

1-1. 정관사의 용법

1) 한정적 용법

(1) 화자나 청자가 이미 알고 있는 명사를 지시할 때 사용된다.

   Il ragazzo è italiano. 그 소년은 이탈리아인이다.

(2) 한번 언급되었던 명사를 뒤에서 반복할 때 사용된다.

   C'è un cane. Il cane è sul giardino
   개 한 마리가 있다. 그 개는 정원에 있다.

(3) 관계절의 수식을 받는 선행사나 전치사 di(~의)가 포함된 구(句)에 의해서 한정되는 경우에 사용된다.

   Questo è il libro che tu mi hai dato.
   이것은 네가 나에게 준 책이다.
   Il cane di mio zio è molto intelligente.
   내 삼촌의 개는 매우 영리하다.

(4) 소유형용사 앞에 정관사를 쓴다.

   il mio libro 나의 책   la sua penna 그의 펜   le sue case 그의 집들

(5) 상대적 최상급에 정관사를 쓴다.

   Tu sei la ragazza più carina in questa classe.
   너는 이 교실에서 가장 예쁜 소녀이다.

2) 총칭적 용법

(1) 인간, 동식물 등 종족을 대표하거나 전체를 나타낼 때 사용된다.

   L´uomo è mortale. 인간은 숙명적인 존재이다.
   Il pesce vive nell'acqua. 물고기는 물에서 산다.
   La mela è una frutta. 사과는 과일이다.

(2) 추상명사나 물질명사 앞에서 사용된다.

Tu devi seguire la virtù. 너는 덕의 길을 가야한다.
Non mi piace il latte. 나는 우유를 좋아하지 않는다.

3) 기타 용법
(1) 지시 형용사나 지시 대명사 역할로 사용된다.

　　Tornerò entro la settimana. (=questa settimana)
　　이번 주 안으로 돌아오겠다.

(2) 세상에 유일한 것을 나타낼 때 사용된다.

　　il sole 태양　　la terra 지구　　la luna 달
　　il cielo 하늘　il mondo 세상　　l'universo 우주

(3) 달, 계절, 방향등 을 나타낼 때 사용된다.

　　l'agosto 8월　il sud 남쪽　il nord 북쪽　l'inverno 겨울

(4) 단위나 배분적 의미가 있는 ogni(마다)의 역할로 사용된다.

　　Quelle pere costano cinque euro il chilo. (= ogni chilo)
　　저 배는 1킬로 5유로이다.
　　Il professore fa la lezione il martedì e il venerdì. (=ogni martedì e ogni il venerdì).
　　그 교수님은 매주 화요일과 금요일에 수업을 하신다.

(5) 시간이나 날짜를 표시하는 명사 앞에 사용되어 시간부사의 의미를 가진다(전치사를 따로 사용할 필요가 없다).

　　Lui lavora solo la mattina. 그는 아침에만 일을 한다.
　　Loro arriveranno il 10 aprile. 그들은 4월 10일에 도착할 것이다.
　　Cosa fai di solito il fine-settimana? 너는 주말에 보통 뭐하니?

(6) 대륙, 바다, 국가, 주(州), 산, 강, 호수 등 고유명사 앞에 사용된다.

　　L'Asia 아시아　 l'Adriatico 아드리아해　il Mare Rosso 홍해
　　la Francia 프랑스　la Corea 한국　il Piemonte 피에몬테 주
　　gli Appennini 아펜니노 산맥　il Po 포강　　il Garda 가르다 호수

☞ **주의!**
　　도시 이름 앞에는 정관사를 사용하지 않는다. 단 그 도시를 대표하는 축구팀이나
　　도시를 한정하는 수식어구가 붙는 경우에는 정관사를 사용할 수 있다.

　　la Roma 로마 축구팀　　　　　il Torino 토리노 축구팀
　　la bella Parigi 아름다운 파리　la nebbiosa Venezia 안개 낀 베네치아

(7) 신체 부위에 관계된 명사 앞에서 사용된다.

　　Mi lavo i capelli. 나는 머리를 감는다.

Mario ha gli occhi azzurri. 마리오는 푸른 눈을 가지고 있다.

(8) 악기 이름 앞에서 사용된다.

　　　il cello 첼로　　　　　　il flauto 플루트
　　　la chitarra 기타　　　　 il pianoforte 피아노

2. 부정관사 Articoli indeterminativi

부정관사는 명사 앞에서 일반적으로 알려지지 않은 사물이나 사람 등 불확정적이고 개괄적인 것을 지칭할 때 사용된다. 정관사와 마찬가지로 뒤에 오는 명사에 따라 부정관사의 형태가 결정된다. 복수의 형태가 있는 정관사와 달리 부정관사는 의미적 성격상 복수형은 따로 없다('하나의'의 의미를 지니는 부정관사의 복수형은 의미상 '여러 개의'로 해석되는 부분관사가 대신 할 수 있다).

남 성	여 성
un, uno	una(un')

1) un: 모음이나 자음으로 시작되는 모든 단수 남성명사 앞에 사용한다.

　　　un amico 남자 친구　　　un libro 책
　　　un leone 사자　　　　　　un quadro 그림
　　　un fiore 꽃　　　　　　　un italiano 이탈리아 남자
　　　un latte 우유　　　　　　 un uccello 새

2) uno: s + 자음, z, x, gn, pn, ps로 시작하는 명사 앞에 사용한다.

　　　uno studente 학생　　　　uno specchio 거울
　　　uno sconto 할인　　　　　uno stadio 경기장
　　　uno zaino 배낭　　　　　 uno gnomo 땅의 혼, 작은 귀신
　　　uno xilofono 실로폰　　　 uno pscicologo 심리학자

3) una: 단수 여성명사 앞에 사용하며 뒤의 명사가 모음으로 시작하면 un'을 사용한다.

　　　una stanza 방　　　　　　una studentessa 여학생
　　　una scrivania 책상　　　　una matita 연필
　　　una casa 집　　　　　　　una stella 별
　　　un'opera 작품　　　　　　un'isola 섬

　　　un'impresa 기업　　　　　un'idea 생각

2-1. 부정관사의 용법

1) 정해지지 않은 부정확하고 일반적인 것을 나타낸다(명사 앞에 정관사가 쓰이면 특정한 것을 지칭하지만 부정관사가 쓰이면 불특정 한 것을 의미한다).

    Ho bisgno di un quaderno. 나는 노트 한 권이 필요하다.
    Hai una penna? 펜 하나 있니?
    C'è una bella casa al mare. 바닷가에 아름다운 집 한 채가 있다.

2) 정관사와 마찬가지로 사람이나 사물의 총칭적 의미를 나타낸다.

    Un bambino(= Il bambino) non può capire una cosa simile.
    어린 아이는 그와 같은 것을 이해할 수 없다.
    Un soldato(= il soldato) deve obbedire sempre.
    군인은 항상 복종을 해야 한다.
    Un giovane(=il giovane) deve avere coraggio.
    젊은이는 용기를 가져야 한다.

3) 추상명사나 물질명사, 고유명사(산, 바다, 하늘 등)에는 정관사가 쓰이지만 형용사가 수식어로 추가될 때에는 부정관사를 사용한다.

    Beviamo un tè molto buono.
    우리는 매우 맛있는 차를 마신다.
    Vedo un cielo azzurro. 나는 푸른 하늘을 바라본다.

4) 인명(人名)을 나타내는 고유명사 앞에서 '~와 같은 사람'의 뜻으로 쓰인다.

    Lui è un Casanova. 그는 카사노바와 같은 사람이다.
    Lei vuole essere un Picasso. 그녀는 피카소와 같은 사람이 되고 싶어한다.

5) 인명(人名), 상표명, 회사명 앞의 부정관사는 그 사람의 작품이나, 그 회사의 제품 등을 의미한다.

    Compro una FIAT. 나는 피아트 자동차 한 대를 산다.
    C'è un Raffaello in questa galleria. 이 화랑에는 라파엘로 작품이 한 점 있다.

3. 관사의 생략

1) 주격 보어가 명사일 경우 일반적으로 관사는 생략한다. 그러나 주격 보어가 형용사에 의해서 수식될 때는 관사를 붙인다.

    Lui è medico.   그는 의사이다.
    Lui è un bravo medico.   그는 훌륭한 의사이다.
    Lui è stato eletto sindaco. 그는 사장으로 선출되었다.

2) 주어와 주격 보어가 동격어로 사용될 때 관사는 생략된다.

> Omero, poeta sovrano, scrisse l'Odissea.
> 숭고한 시인인 호머는 오디세이를 썼다.
> Francesca, figlia di mio amico, va in Corea quest'anno
> 내 친구의 딸인 프란체스카는 올해 한국에 간다.

3) 'da+명사' 형태의 술어 보어인 경우에 관사는 생략된다.

> Lei vive da regina. 그녀는 여왕처럼 산다.
> Ti parlo da medico. 의사로서 네게 말한다.
> Lo faccio da padre. 나는 그에게 아버지처럼 해준다.

4) 호격으로 사용된 경우에 관사를 생략한다.

> Figlia mia! 내 딸아!　　　Professor Rossi! 롯시 교수님!
> Amico mio! 내 친구야!　　Ciao, ragazzi! 안녕, 얘들아!

5) 표제, 책의 단원, 거리, 간판, 안내문, 표시등에는 관사를 붙이지 않는다.

> Vocabolario della lingua italiana　이탈리아 어휘집
> Capitolo I 제 1장
> Via Garibaldi 가리발디 가(街)
> Gelateria 아이스크림 가게　Divieto di Sosta 정차 금지
> Uscita　출구　　　　　　　Senso unico 일방통행

6) 경칭용 단어인 don. donna. fratello, Suora 등의 앞에는 관사를 붙이지 않는다.

> la biblioteca di don Antonio.　　안토니오경의 도서관
> Basilica di San Giovanni.　　성 요한 성당
> Fra'Cristoforo 크리스토포로 수사님　Suor Teresa 테레서 수녀님

7) <전치사+명사>, <동사+명사>의 관용어구에는 관사를 쓰지 않는다.

> in pigiama 잠옷을 입은 채로　　in treno 기차로
> senza cappello 모자를 쓰지 않고　andare a casa 집에 가다
> andare in ufficio 출근하다

4. 관사의 위치

관사는 일반적으로 명사 앞에 위치한다. 명사 앞에 형용사가 올 경우 형용사 앞에 위치하며 관사는 바로 뒤에 오는 형용사의 형태에 맞추어야 한다.

> un bel fiore 아름다운 꽃 한 송이　　il bel fiore 아름다운 그 꽃
> i bei fiori 아름다운 그 꽃들　　　　dei bei fiori 아름다운 꽃 몇 송이들

☞ 예외

1) 부정형용사 tutto와 정관사가 함께 사용될 경우에 예외적으로 정관사는 중간에 위치한다.

　　tutta il giorno 하루 종일　　tutti i giorni 매일
　　tutta la notte 밤새도록　　tutte le notti 밤마다

2) 존칭이나 경칭을 나타내는 단어가 나올 경우에 관사는 그 경칭이나 존칭어 다음에 위치한다.

　　Sua Eccellenza l'Ambasciatore　대사 귀하
　　Sua Altezza la Principessa　공주 전하
　　Sua Maestà l'Imperatore　황제 폐하
　　Sua Santità il Santo Padre　교황 폐하

3) 인명(人名)의 또 다른 명칭이 인명 뒤에 나올 경우 관사는 인명과 또 다른 명칭 사이에 위치한다.

　　Lorenzo il Magnifico　위대하신 로렌쪼
　　Alessandro il grande　알렉산더 대왕

4) 감탄문에서 형용사 다음에 관사가 위치한다.

　　Cattivo l'amico! 정말 나쁜 친구야!
　　Che buona la pizza! 피자 맛있다!
　　Simpatici i tuoi amici! 네 친구들은 정말 호감 간다!

5. 전치사 관사 Preposizioni articolate

이탈리아에는 다른 언어처럼 전치사가 단독으로 쓰일 때도 있지만 정관사와 함께 쓰일 때는 전치사와 관사가 함께 결합된 형태로 쓰인다. 예를 들어, 영어에서 to the는 이탈리아어에서 'a + il(lo, la, i, gli, le)'의 결합 형태인 al(allo, alla, ai, agli, alle)로 쓰인다. 참고로 영어와 이탈리아어의 전치사를 비교해보면 다음과 같다:

　　to, at -　a　　　　　with -　con
　　from, by -　da　　　of, to -　di
　　in -　　in　　　　　for, by -　per
　　on, upon -　su

이상의 전치사를 앞에서 배운 관사와 결합시키면 다음과 같다.

	정관사(단수)					정관사(복수)		
	il	lo	l'	la	l'	i	gli	le
di	del	dello	dell'	della	dell'	dei	degli	delle
a	al	allo	all'	alla	all'	ai	agli	alle
da	dal	dallo	dall'	dalla	dall'	dai	dagli	dalle
in	nel	nello	nell'	nella	nell'	nei	negli	nelle

su	sul	sullo	sull'	sulla	sull'	sui	sugli	sulle
con	con il	con lo	con l'	con la	con l'	con i	con gli	con le
	col	(collo)	(coll')	(colla)	(coll')	coi	(cogli)	(colle)
per	per il	per lo	per l'	per la	per l'	per i	per gli	per le
	pel	(pello)	(pell')	(pella)	(pell')	pei	(pegli)	(pelle)

☞ 주의!

현대 이탈리아어에서 con과 per의 전치사 관사 형태는 거의 사용되지 않는다. 다만 col, coi는 발음의 용이성으로 인해 구어체에서 아직까지 사용되고 있으며, pel, pei 등은 문어체에서 격조 있는 표현으로 사용되기도 한다.

[예]

	il giorno	lo studio	l'anno	la data	l'ora
a	al giorno	allo studio	all'anno	alla data	all'ora
di	del giorno	dello studio	dell'anno	della data	dell'ora
da	dal giorno	dallo studio	dall'anno	dalla data	dall'ora
in	nel giorno	nello studio	nell'anno	nella data	nell'ora
su	sul giorno	sullo studio	sull'anno	sulla data	sull'ora
con	col giorno	con lo studio	con l'anno	con la data	con l'ora

	i giorni	gli studi	gli anni	le date	le ore
a	ai giorni	agli studi	agli anni	alle date	alle ore
di	dei giorni	degli studi	degli anni	delle date	delle ore
da	dai giorni	dagli studi	dagli anni	dalle date	dalle ore
in	nei giorni	negli studi	negli anni	nelle date	nelle ore
su	sui giorni	sugli studi	sugli anni	sulle date	sulle ore
con	coi giorni	con gli studi	con gli anni	con le date	con le ore

6. 부분관사 Articoli partitivi

1) 부분관사의 형태

전치사 'di+정관사'로 이루어지며, 전치사관사 중에서 'di+정관사'의 형태와 동일하다. 전치사관사는 여러 의미의 전치사적 기능을 담당하지만 부분관사는 불특정 양이나 수 등 막연한 복수의 개념을 가질 때 사용한다.

	남성			여성	
단수	del	dello	dell'	della	dell'
복수	dei	degli	degli	delle	delle

2) 부분관사의 의미

부분관사의 단수형은 셀 수 없는 물질명사 앞에서 '약간의(=un po' di)'라는 양의 의미를 지니며, 복수형은 셀 수 있는 물질명사 앞에서 '몇몇의(=qualche, alcuni, alcune)'라는 의미로 사용된다.

(1) 부분관사의 단수형

    del burro 약간의 버터   del vino 약간의 포도주
    del pane 약간의 빵   dello zucchero 약간의 설탕
    dell'olio 약간의 기름   della carne 약간의 고기
    della birra 약간의 맥주   dell'acqua 약간의 물

(2) 부분관사의 복수형

    dei libri 몇 권의 책   dei ragazzi 몇 명의 소년들
    degli amici 몇 명의 친구들   degli studenti 몇 명의 소년들
    delle forchette 몇 개의 포크   delle idee 몇 가지의 생각들
    delle penne 몇 개의 펜들   delle ragazze 몇 명의 소녀들

7. "Essere" 동사

Essere 동사는 영어의 to be에 해당되며 '이다, 있다'의 의미를 가진다. essere 동사의 직설법 현재시제의 형태와 문장의 종류에 따른 위치는 다음과 같다.

인칭/수	단수	복수
1	sono	siamo
2	sei	siete
3	è	sono

인칭/문의 종류	긍정문(Affermativo)	부정문(Negativo)	의문문(Interrogativo)
io	io sono	io non sono	sono io?
tu	tu sei	tu non sei	sei tu?
lui(lei)	lui(lei) è	lui(lei) non è	è lui(lei)?
noi	noi siamo	noi non siamo	siamo noi?
voi	voi siete	voi non siete	siete voi?
loro	loro sono	loro non sono	sono loro?

☞참고!

    이탈리아어에서 부정문은 동사 앞에 non을 붙이면, 의문문은 주어와 essere 동사의 위치를 도치시키면 된다.

1) essere 동사는 사람이나 사물의 본질 및 성격을 나타낸다.

Chi è lui? 그는 누구입니까?
Lui è il Signor Rossi. 그는 롯시 씨입니다.
Lui è intelligente. 그는 영리합니다.

2) essere 동사 뒤에 국적, 직업, 종교 등을 의미하는 명사는 주격보어로서 관사 없이 나타난다.

Io sono italiano. 나는 이탈리아인입니다.
Lei è insegnante? 당신은 선생님입니까?
Loro sono studenti? 그들은 학생입니다.
Tu sei cattolico? 너는 가톨릭 신자이니?

3) 불멸의 진리를 표현할 때 사용된다.

La terra è rotonda.
L'acqua è incolore. 물은 무색이다.

기본 회화

- Chi è lui? 　　　　　　　그는 누구입니까?
- Lui è il Signor Rossi. 　　그는 롯시 씨입니다.

- Che cosa è Lei? 　　　　당신은 무슨 일을 하세요?
- Io sono un allievo. 　　　나는 학생입니다.

- Chi è Lei? 　　　　　　　당신은 누구십니까?
- Io sono Maria. 　　　　　나는 마리아입니다.

- È Maira una signora o signorina? 　마리아는 미혼입니까? 기혼입니까?
- Maria è una signorina. 　마리아는 미혼입니다.

- Dov'è la scuola? 　　　　학교는 어디에 있습니까?
- La scuola è a Imun-Dong. 학교는 이문동에 있습니다.

◑ 연구

1) 상대방의 신분을 물을 때는 Che cosa è Lei?, 이름을 물을 때는 Chi è Lei? 혹은 Come si chiama? 나 Qual è il Suo nome?를 쓴다.
2) 영어의 Mr.에 해당하는 이태리어는 Signor 혹은 Signore이고 Mrs.에 해당하는 것은 Signora, Miss에 해당하는 것은 Signorina이다. 그러나 이는 존칭어로서 자신에게는 사용하지 않는다.
3) 육하원칙에 해당하는 이탈리어 의문사는 다음과 같다.

언제 - Quando 　누가 - Chi 　어디서 - Dove 　무엇을 - Quale
어떻게 - Come 　왜 - Perché 　얼마나 - Quanto

4) 이탈리아의 간단한 인사말을 보면;

    Buon giorno - 안녕하세요(오전 인사) Buon pomeriggio - 오후 인사
    Buona sera - 오후 인사   Buona notte - 취침인사
    Arrivederci - 다음에 또 만나요!   Ciao - 안녕(만날 때, 헤어질 때)
    Arrivederci a presto! - 조만간에 만납시다!
    Arrivederci a domani - 내일 만나요!
    A domani ! - 내일 봐요!
    Scusi - 실례합니다(영어의 Excuse me 에 해당)
    Per favore(Per piacere, Per cortesia) - 영어의 Please에 해당.
    Grazie - 감사합니다.   Grazie mille - 대단히 감사합니다.
    Prego - 영어의 Don't mention it(천만에요)이나 권유의 의미(Go ahead!)로 사용된다.

강독

Ecco la classe. Ecco il maestro. Il libro è sopra la tavola. Il quaderno è sopra il banco. Ecco l'alunno. L'alunno ha la matita. Ecco l'alunna. L'alunna ha la penna. Ecco la porta. Dov'è la finestra? Mi mostri la sedia, per favore. Ecco la sedia. Mi mostri la tavola. Ecco la tavola. Chi ha il libro? Il maestro ha il libro. Mi mostri il banco. Ecco il banco.

● 어휘

    la classe 교실   la tavola 테이블
    il maestro 남자 선생   il banco 책상
    la maestra 여자 선생   la porta 출입문
    l'alunno 남학생   la finestra 창문
    l'alunna 여학생   la sedia 의자
    Ecco 있다, 여기에 있다.   mi mostri 나에게 보여주세요.
    il libro 책   sopra ~위에
    la matita 연필   la penna 펜
    per favore 제발, 부탁건대(무언가를 요청할 때 쓰는 공손한 표현으로 please에 해당한다)

연습 문제

1. 다음의 명사 앞에 적절한 부정관사를 넣으시오.

    1)   ufficio   2)   cassetto
    3)   impiegato   4)   lavoro
    5)   orario   6)   francobollo
    7)   numero   8)   modulo
    9)   scrittoio   10)   scuola
    11)   telefono   12)   casa
    13)   erba   14)   zio

15)   orso   16)   uovo

2. 다음의 명사 앞에 적절한 정관사를 넣으시오.

1)   giorno   2)   impiegata
3)   macchina   4)   stanza
5)   lettera   6)   busta
7)   tavola   8)   mattina
9)   lavori   10) studenti
11) isole   12) zaini
13) agnello   14) alberi
15) gnomo   16) sciopero

3. 다음 빈 칸에 알맞은 essere 동사를 넣으시오.

1) Io (   ) italiano.
2) Tu (   ) a casa.
3) Lui (   ) studente.
4) Lei (   ) studentessa.
5) Noi (   ) a scuola.
6) Voi (   ) italiani.
7) Loro non (   ) coreane.

promemoria

02 Lezione seconda

제2과
명사
Nome

Nome

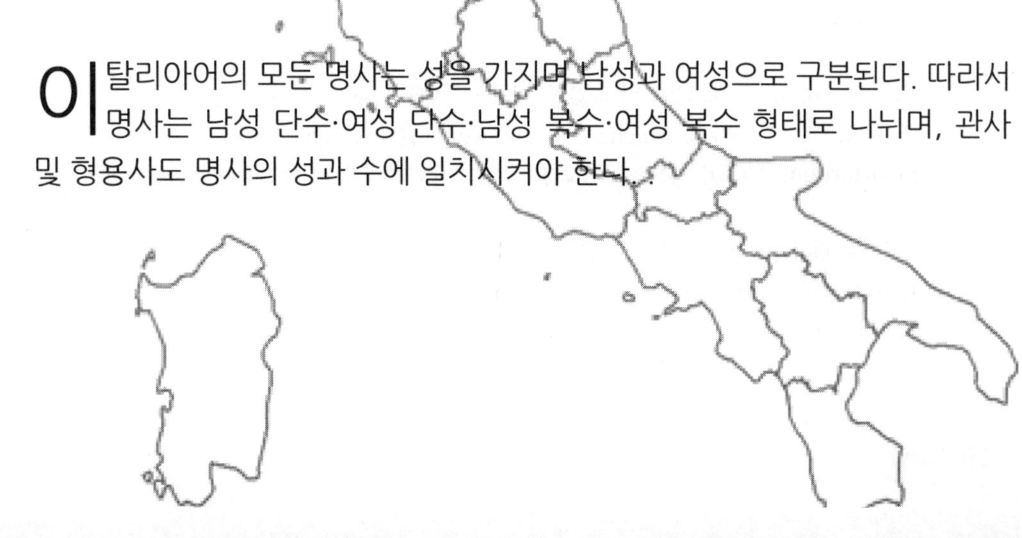

이탈리아어의 모든 명사는 성을 가지며 남성과 여성으로 구분된다. 따라서 명사는 남성 단수·여성 단수·남성 복수·여성 복수 형태로 나뉘며, 관사 및 형용사도 명사의 성과 수에 일치시켜야 한다.

Lezione 2

1. 명사의 어미변화

1) 어미변화의 원칙

대부분의 남성 단수명사는 어미가 -o 로 끝나며 복수는 -i 로 끝난다. 대부분의 여성 단수명사는 어미가 -a 로 끝나며 복수는 -e 로 끝난다.

il quaderno - i quaderni 노트
la penna - le penne 펜

▶ 어미가 -e 로 끝나는 단수명사는 남성 복수형과 여성 복수형 둘 다 -i 이다.

il giornale - i giornali 신문
la lezione - le lezioni 수업

2) 특수한 어미변화

① 어미가 -io로 끝나는 남성명사의 복수는 -i 이다.

l'orologio(시계) - gli orologi   l'ufficio(사무실) - gli uffici
l'armadio(가구) - gli armadi   il figlio(아들) - i figli

<주의> i에 강세가 올 경우에는 복수형은 -ii 이다.

lo zio(삼촌) - gli zii   il leggio(독서대, 보면대) - i leggii

② 어미가 -co, -go로 끝나는 남성명사의 복수는 -chi, -ghi 이다.

il bosco(숲) - i boschi,   il lago(호수) - i laghi

예외: porco(돼지) - i porci   Greco(그리스 사람) - Greci
Austriaco(오스트리아 사람) - Austriaci

③ 어미가 -ico 로 끝나는 남성명사의 복수는 -ici 이다.

l'amico(친구) - gli amici   il medico(의사) - i medici
il manico(손잡이) - i manici

④ 어미가 -ca, -ga 로 끝나는 여성명사의 복수는 -che, -ghe 이다.

l'amica(여자친구) - le amiche   l'oca(거위) - le oche
la tartaruga(거북이) - le tartarughe   la manica(소매) - le maniche

⑤ 어미가 -cia, -gia 로 끝나는 여성명사의 복수는 -ce, -ge 이다.

la faccia(얼굴) - le facce   la roccia(바위) - le rocce
la mancia(팁) - le mance   l'arancia(오렌지) - le arance

예외: la bugia(거짓말) - le bugie
　　 la farmacia(약국) - le farmacie

⑥ 어미가 -a 로 끝나지만 남성명사이며 그 복수는 -i 인 경우

il clima(기후) - i climi
il problema(문제) - i problemi
il programma(프로그램) - i programmi
il dilemma(딜레마) - i dilemmi
il sistema(체계) - i sistemi
il panorama(전경) - i panorami
il telegramma(전보) - i telegrammi
il papa(교황) - i papi
l'artista(예술가) - gli artisti
il musicista(음악가) - i musicisti
il pianista(피아니스트) - i pianisti
il poeta(시인) - i poeti
il pilota(파일럿) - i piloti
l'autista(운전수) - gli autisti
l'elettricista(전기기사) - gli elettricisti
il farmacista(약사) - i farmacisti
il dentista(치과의사) - i dentisti
l'oculista(안과의사) - gli oculisti
il turista(여행자) - i turisti

▶-ista로 끝나는 명사들은 남녀 공용으로 쓰인다. 따라서 남녀를 구별할 경우 정관사로써 구별한다. 그러나 복수는 둘 다 -i 이다.

il pianista(남자 피아니스트) - i pianisti
la pianista(여자 피아니스트) - le pianisti

▶그러나 다음의 명사들은 남녀에 구별 없이 단수일 경우 -a 이나 복수일 경우 각각 -i, -e 로 구별한다.

l'egoista(이기주의자)　　　　- gli egoisti　　　　　- le egoiste
l'entusiasta(열광하는 사람)　- gli entusiasti　　　　- le entusiaste
l'ottimista(낙천주의자)　　　- gli ottimisti　　　　　- le ottimiste
il pessimista(남성 비관주의자)　　- i pessimisti
la pessimista(여성 비관주의자)　　- le pessimiste

⑦ 불규칙 복수

l'uomo(인간) - gli uomini　　il dio(男신) - i dei
il bue(황소) - i buoi　　　　la mano(손) - le mani
l'ala(날개) - le ali

Lezione 2

▶ 일부 명사는 복수에서 성이 바뀐다.

il dito(손가락) - le dita   il braccio(팔) - le braccia
il labbro(입술) - le labbra   l'uovo(달걀) - le uova
il grido(부르짖음) - le grida   il miglio(마일) - le miglia
un mille(1,000) - due mila(2,000)   un paio(한 켤레) - due paia(두 켤레)

⑧ 복수형의 성에 따라 의미가 달라지는 명사

il muro(벽)   - i muri(벽)   - le mura(도시의 성벽)
il frutto(열매)   - i frutti(과실, 해산물) - la frutta(과일의 총칭)
il membro(멤버)   - i membri(사회나 단체의 구성원)
                         - le membra(몸의 사지)
il braccio(팔, 가지) - i bracci(강의 지류, 십자가의 갈래)
                            - le braccia(몸의 양팔)

⑨ 항상 단수로 쓰이는 명사와 항상 복수로 쓰이는 명사

a) 질병: la peste 페스트, il diabete 당뇨병, l'Alzheimer 알츠하이머
b) 화학 원소나 금속: l'ossigeno 산소, l'idrogeno 수소, l'oro 금, l'argento 은
c) 집합명사: la gente 사람들, la roba 물건들, il fogliame 나뭇잎들, la prode 자식들
d) 육체적 욕구: la sete 갈증, la fame 배고픔, il sonno 잠
e) 기타: le congratulazioni 축하, le nozze 결혼, le ferie 휴일·휴가 등 복수로만 쓰이는 명사

예: C'è molta gente. 많은 사람들이 있다.
    La mia borsa è piena di roba inutile. 내 가방은 쓸데없는 물건들로 가득하다.
    La peste si diffuse in Europa nel quattordicesimo secolo.
       흑사병은 14세기 유럽에서 만연했다.
    Vado in ferie al mare. 나는 휴가로 바다에 간다.
    "Le nozze di Figaro" è un'opera di Mozart.
       "피가로의 결혼"은 모차르트의 오페라이다.

⑩ 복수에서 불변하는 명사

a) 마지막 음절에 강세가 있거나 자음으로 끝나는 명사, 그리고 단음절로 이루어진 명사의
   단·복수는 항상 불변이다.

la città(도시) - le città   l'università(대학교) - le università
il virtù(미덕) - le virtù   il re(왕) - i re
lo sci(스키) - gli sci   l'autobus(버스) - gli autobus
il bar(바) - i bar   il film(영화) - i film
lo sport(스포츠) - gli sport

b) -i로 끝나는 명사
l'analisi(분석) - le analisi   la crisi(위기) - le crisi

l'ipotesi(가설) - le ipotesi   la metropoli(대도시) - le metropoli
la tesi(논문) - le tesi   l'oasi(오아시스) - le oasi

c) 줄임말
la foto(사진, la fotografia) - le foto(le fotografie)
l'auto(자동차, l'automobile) - le auto(le automobili)
la moto(오토바이, la motocicletta) - le moto(le motocicletta)

d) 이중모음 -ie로 끝나는 명사 중 일부
la serie(연속, 시리즈) - le serie   la specie(종류) - le specie

2. 명사의 성의 구분

1) 어미변화의 원칙에 따른 구분
남성: -o, -ore   여성: -a, -ione
il telefono 전화   la lettera 편지
il calore 열기   la stagione 계절

2) 자연의 법칙에 따른 구분
il marito 남편   la moglie 아내
la lupa 암늑대   il lupo 늑대
la sorella 누이   il fratello 형제

3) 나무 이름은 남성, 과일 이름은 여성
il melo 사과나무   la mela 사과
il pero 배나무   la pera 배
il ciliegio 벚나무   la ciliegia 버찌
l'arancio 오렌지 나무 l'arancia 오렌지

4) 남성: 산, 바다, 강, 호수, 대양, 어미가 -e, -o로 끝나는 국가명
여성: 도시, 섬, 어미가 -a로 끝나는 국가명
il Monte Bianco 몽블랑   il mediterraneo 지중해   il Po 포강
il Pacifico 태평양   il Garda 가르다 호수   il Giappone 일본
il Portogallo 포르투갈   la Roma 로마   la Sicilia 시칠리아 섬   la Corea 한국
예외 : la Senna 센 강   il Cairo 카이로   il Canada 캐나다
예외 : le Alpi(알프스 산맥. 산맥은 대체로 여성)

5) 달, 요일(일요일은 여성), 금속, 방향, 도량형은 남성
il gennaio 1월   il lunedì 월요일   l'oro 금

il bronzo 청동　　　　　il nord 북쪽　　　　　il metro 미터
예외: la domenica 일요일

6) 다른 품사가 명사화 되는 경우는 남성명사

il bene 선善　　　　　il cantare 노래　　　　　il perché 이유
il bello 미美　　　　　l'utile 유용한 것　　　　l'onesto 정직, 정직한 사람
il dormire 수면　　　　il correre 달리기

3. 성의 전환

사람이나 동물을 표시하는 명사 중에는 어미를 바꾸어 남성명사가 여성명사로 전환되는 경우가 있다. 이러한 명사를 가변성 명사(nome di genere mobile)라고 한다.

1) 어미 -o를 -a로 바꾸는 경우

maestro(선생) - maestra　　　　operaio(노동자) - operaia
figlio(아들) - figlia　　　　　　monaco(승려) - monaca
gatto(고양이) - gatta　　　　　 cavallo(말) - cavalla
▶ Francesco - Francesca, Paolo - Paola 등 사람 이름에도 많다.

2) 어미 -e를 -a로 바꾸는 경우

cameriere(종업원) - cameriera
infermiere(간호사) - infermiera
padrone(주인) - padrona
signore(신사) - signora

3) 어미 -tore를 -trice로 바꾸는 경우

benefattore(은인) - benefattrice
imperatore(황제) - imperatrice(황후, 女帝)
pittore(화가) - pittrice
scrittore(작가) - scrittrice

☞주의
(i) ambasciatore는 남녀를 구분하지 않고 「대사」라는 의미이다.
ambasciatrice는 「대사부인」을 칭하는 경우가 많으므로 유의해야 한다.
(ii) pastore 양치기, 목자 - pastora　possesore 소유자 - posseditrice

4) 직업이나 직함을 표시하는 명사의 경우 여성은 -essa를 붙인다.

principe(왕자) - principessa　　　duca(공작) - duchessa
conte(백작) - contessa　　　　　　barone(남작) - baronessa

dottore(학사) - dottoressa   professore(교수) - professoressa
poeta(시인) - poetessa   studente(학생) - studentessa
elefante(코끼리) - elefantessa   leone(사자) - leonessa

5) 불규칙

re(왕) - regina   eroe(영웅) - eroina
dio(신) - dea   cane(개) - cagna

기본 회화

- Che cos'è questo?   이것은 무엇입니까?
- È un libro.   책입니다.
- Che cos'è quella?   저것은 무엇입니까?
- È una libreria.   저것은 책장입니다.
- Dov'è la libreria?   책장은 어디에 있습니까?
- È accanto alla finestra.   창문 옆에 있습니다.
- È a destra o a sinistra?   오른쪽에 혹은 왼쪽에 있습니까?
- È a destra.   오른쪽에 있습니다.
- Dov'è la stufa?   난로는 어디에 있습니까?
- È dietro a me e davanti a Lei.   내 뒤 당신 앞에 있습니다.
- Quante porte ci sono in questa stanza?   이 방에는 출입문이 몇 개 있습니까?
- Ci sono due porte.   두 개 있습니다.
- E quante finestre?   창문은 몇 개 있습니까?
- C'è soltanto una finestra.   오직 하나 있습니다.
- La finestra è aperta o chiusa?   창문은 닫혀있습니까? 열려있습니까?
- È chiusa.   닫혀있습니다.

● 연구

(1) 여섯 개의 기본 의문사를 영어와 비교하면 다음과 같다.
    언제 quando - when   어디에 dove - where   누가 chi - who
    무엇 che cosa - what 어떻게 come - how   왜 perché - why

(2) 지시 대명사를 영어와 비교하면 다음과 같다.
    questo - this   quello - that

    그러나 영어와는 달리 보어의 성, 수에 일치시킨다.
    Questo è un libro - Questi sono i libri   이것은 책들이다.
    Questa è una tavola - Queste sono le tavole 이것들은 탁자들이다.

(3) cos'è = cosa è   Dove è = Dov'e   ci è = c'è

Lezione 2 37

(4) Quanto 역시 명사의 성, 수에 일치시킨다.

(5) 이탈리아어에 자주 쓰이는 위치부사는 다음과 같다:
La penna è sopra la tavola. 펜은 테이블 위에 있다.
sotto la tavola. 펜은 테이블 아래에 있다.
in questa scatola. 펜은 이 상자 속에 있다.
fra il libro e il quaderno. 책과 공책 사이에 있다.
davanti a me. 내 앞에 있다.
dietro a me. 내 뒤에 있다.
accanto a me. 내 곁에 있다.
qui, là 여기에, 저기에
lassù, laggiù 저 위에, 저 밑에

강독

Ecco una sala da pranzo. In questa sala c'è una grande tavola, ci sono sei sedie ed una credenza a sinistra. Sopra la tavola c'è una tovaglia bianca, e c'è un vaso di fiori; questi fiori sono rose. Ci sono piatti, coltelli, forchette, cucchiai, bicchieri e tovaglioli. Il pranzo è pronto. Ecco il padre, il signor Valli, la madre, la signora Valli, e i due figli, Pietro e Mario.

◐ 어휘

il pranzo 식사   sala da pranzo 식당
la sala 큰 방, 홀   la credenza 찬장
c'è 있다(영어의 there is)   il piatto 접시
la tovaglia 식탁보   la tovagliolo 냅킨
grande 큰   bianco 하얀
il vaso 화병   il coltello 칼, 나이프
la forchetta 포크   il cucchiaio 숟가락
il bicchiere 물잔   il fiore 꽃
a destra 오른쪽에   a sinistra 왼쪽에
la rosa 장미   pronto 준비된
il padre 아버지   la madre 어머니
il figlio 아들   la figlia 딸

연습 문제

1. 다음 단어들 앞에 정관사(단수, 복수)를 쓰시오.

Appuntamento, mamma, teatro, volta, casa, divertimento, ritardo, studio, sgabello, stufa, minuto, strumento, settimana, moro, piazza, uccello, sveglia, scatola, quadro.

2. 다음 문장들을 단수는 복수로, 복수는 단수로 바꾸시오.

1) l'orologio svizzero
2) Tutti i giorni
3) La prossima settimana
4) Le ore di studio
5) Il secolo passato
6) Il bambino è a letto, la bambina è in giardino.
7) Che cosa è questo?
8) Dove sei?
9) Lo scrittore è italiano.
10) Questa foto è bellissima.

promemoria

03 Lezione terza

제3과
형용사
Aggettivo

Aggettivo

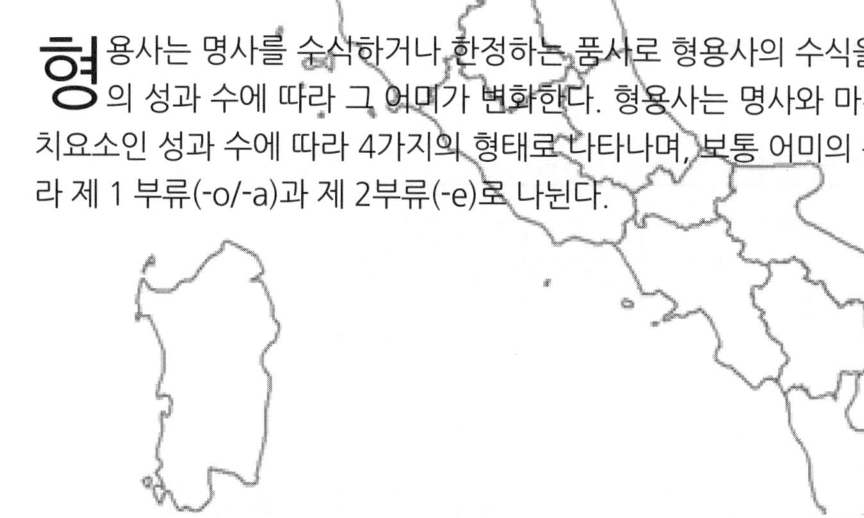

형용사는 명사를 수식하거나 한정하는 품사로 형용사의 수식을 받는 명사의 성과 수에 따라 그 어미가 변화한다. 형용사는 명사와 마찬가지로 일치요소인 성과 수에 따라 4가지의 형태로 나타나며, 보통 어미의 종결형에 따라 제 1 부류(-o/-a)과 제 2부류(-e)로 나뉜다.

Lezione 3

1. 형용사의 성, 수

		단수	복수
제 1부류	남성	-o	-i
	여성	-a	-e
제 2부류 남성과 여성		-a	-i

1) -o로 끝나는 제 1부류 형용사는 다음과 같이 어미가 4가지 형태로 변화한다.

　　il libro nuovo　　　　i libri nuovi 새 책들
　　la casa nuova　　　　le case nuove 새 집들

　　il quaderno rosso　　i quaderni rossi 빨간 노트들
　　la penna rossa　　　le penne rosse 빨간 펜들

2) -e로 끝나는 제2부류 형용사는 명사의 수에만 일치하면 되어 2가지 형태로 변화한다.

　　il lavoro facile　　i lavori facili 쉬운 일들
　　la lezione facile　le lezioni facili 쉬운 수업들

　　il tavolo grande　　i tavoli grandi 큰 탁자
　　la camera grande　le camere grandi 큰 방

☞ 주의!
　　문장에서 남성명사와 여성명사를 하나의 형용사로 동시에 수식하는 경우에 형용사는 항상 남성 복수형태가 쓰인다.

　　Mario e Francesco sono molto bravi. 마리오와 프란체스코는 매우 훌륭하다.
　　Maria e Francesca sono molto brave. 마리아와 프란체스카는 매우 훌륭하다.
　　Mario e Francesca sono molto bravi. 마리오와 프란체스카는 매우 훌륭하다.

2. 특수한 어미변화

1) -co로 끝나는 형용사

-co	단수	복수
남성	-co	-chi(끝에서 2음절 악센트)
		-ci(끝에서 3음절 악센트)
여성	-ca	-che

il costume antico   i costumi antichi   옛날 옷들
la casa antica   le case antiche   옛날 집들

l'uso pratico   gli usi pratici   실제적 용도
la soluzione pratica   le soluzioni pratiche   실제적 해결책

2) -go로 끝나는 형용사

	단수	복수
남성	-go	-ghi -ci
여성	-ga	-ghe

largo → larghi   larga → larghe (넓은)
lungo → lunghi   lunga → lunghe (긴)

3) -io로 끝나는 형용사

		남성	여성
단수		-io	-ia
복수	-i(i에 악센트가 없을 때)	-ie
	-ii(i에 악센트가 있을 때)	

vario → vari   varia → varie (다양한)
riccio → ricci   riccia → ricce (부유한)
saggio → saggi   saggia → sagge (현명한)
liscio → lisci   liscia → lisce (부드러운)

☞ 주의!

모든 색상을 나타내는 형용사는 아래의 경우처럼 수식받는 명사의 성, 수에 일치시킨다.

il vino rosso 적포도주   la camicia rossa 붉은 셔츠
ii vini roosi 적포도주들   le camicie rosse 붉은 셔츠들

그러나 다음의 색깔들은 예외로 어떤 경우에도 불변이다:
blu(파란색), marrone(갈색), rosa(분홍색), avana(옅은갈색), viola(보라색), lilla(라일락색), arancio(오렌지색)

il vestito blu   → i vestiti blu   파란색 옷들
il libro marrone   → i libri marrone   갈색 책들
la gonna rosa   → le gonne rosa   분홍색 스커트

3. 불규칙 형용사

일상생활에서 많이 사용되는 bello(아름다운, 멋있는), buono(좋은, 맛있는), grande(커다란), santo(성스러운)과 같은 형용사들은 단수형태와 복수형태가 뒤에 오는 명사에 따라 다양하다.

1) grande

grande의 형태는 부정관사의 규칙을 따른다. 명사가 s+자음, z, x, ps, pn으로 시작되는 남성 명사 앞에서만 그 형태가 유지되며, 나머지 경우에는 어미절단을 할 수 있다.

	s+자음,z	남성 자음 앞	여성 자음 앞	남성/여성 모음 앞
단수	grande	gran (grande도 가능)	gran (grande도 가능)	grand'
복수	grandi	grandi	grandi	grandi

un gran giorno 위대한 날   un grand'uomo 위인(偉人)
una gran festa 큰 축제   una grand'amica 위대한 여자친구

2) bello

bello는 정관사 규칙을 따라 형태가 변한다. 이 규칙은 지시형용사 quello(저것, 영어의 that에 해당)에도 적용된다.

정관사	il → io	lo → gli	l' → gli	la → le	l' → le
단수	bel/quel	bello/quello	bell'/quell'	bella/quella	bell'/qull'
복수	bei/quei	begli/quegli	begli/ quegli	belle/quelle	belle/quelle

il quadro 그림   lo specchio 거울
bel quadro 아름다운 그림   bello specchio 아름다운 거울
quel quadro 저 그림   quello specchio 저 거울
la donna 여자   l'orto 목장
bella donna 아름다운 여자 bell'orto 아름다운 목장
quella donna 저 여자   quell'orto 저 목장

3) buono

buono는 단수의 경우에 부정관사 규칙을 따라 형태가 변한다.

부정관사	un	uno	una	un'
단수	buon	buono	buona	buon'
복수	buoni	buoni	buone	buone

un giorno 날   buon giorno 좋은 날
uno stomaco 위   buono stomaco 좋은 위
una donna 여자   buona donna 좋은 여자

4) santo

santo는 s+자음, z, x, ps, pn으로 시작되는 남성 명사 앞에서만 그 형태가 유지되며, 나머지

경우에는 어미절단을 할 수 있다.

	s+자음,z	남성 자음 앞	여성 자음 앞	남성/여성 모음 앞
단수	santo	san	santa	sant'
복수	santi	santi	sante	santi/sante

San Lorenzo 성(聖) 로렌초 Sant'Antonio 성(聖) 안토니오
Santo Stefano 성(聖) 스테파노 Santa Maria 성모 마리아
(예외) Santo Padre 성부(聖父) Santo Figlio 성자(聖子)

4. 형용사의 위치

이탈리아어에서 형용사는 명사 앞과 뒤에 위치할 수 있다. 하지만 일반적으로는 수식받는 명사 뒤에 위치하는 것이 보통이다. 다음은 명사 뒤에 형용사가 위치해야만 하는 예이다.

1) 색상, 국적, 형태, 종교, 분류 등의 형용사

　　il vino bianco 백포도주　　　　il gatto nero 검은 고양이
　　l'uccello azzurro 파랑 새　　　 la ragazza coreana 한국 소녀
　　il prodotto italiano 이탈리아 제품　il viso rotondo 둥근 얼굴
　　la tavola rotonda 원형 테이블　 la schiena curva 굽은 허리
　　La chiesa catolica 성당　　　　La chiesa protestante 교회
　　il partito comunista 공산당　　 le scienze politiche 정치학
　　la scuola elementare 초등학교　la stella cadente 유성

2) 두 개 이상의 형용사가 명사를 수식하는 경우

　　una donna onesta e generosa 정직하고 관대로운 여자
　　un ragazzo bello e intelligente 멋있고 똑똑한 소년

3) 형용사가 부사와 함께 수식하는 경우

　　un lavoro molto faticoso 매우 힘이 드는 일
　　un romanzo lungo, noioso e scritto male 길고 지겨우며 잘못 쓰인 소설

☞ 참고!
　　형용사가 단독일 경우 부사는 형용사 앞에 위치하며, 형용사가 여러 개 나열될
　　경우에 부사는 맨 끝에 위치한다.

다음의 경우에 형용사는 명사 앞에 위치한다.

(1) bello. bravo. brutto. buono. caro. cattivo. giovane. grande. lungo. nuovo. piccolo. santo. vecchio. vero 등 일상적으로 흔히 쓰는 의미가 가벼운 형용사들은 명사 앞에 위치할 수 있다.

una bella fanciulla 아름다운 여자 아이
un brutto quadro 엉터리 그림
una vecchia donna 늙은 여자
una vera artista 진실한 예술가

(2) 직위, 직업 앞에 존칭으로 붙이는 경우
il magnifico presidente 위대하신 대통령 각하
Illustrissimo signor Neri 저명하신 네리씨
Egregio signor preside 학장 殿
Eminentissimo cardinale Kim 존엄하신 김 추기경

(3) 위치 변화에 따라 의미가 달라지는 형용사들
un brav'uomo 훌륭한(유능한, 우수한) 남자
un uomo bravo 용기있는 남자

un buon uomo 좋은(일에 있어서) 남자
un uomo buono 마음이 착하고 관대한 남자

un gentil uomo 신사
un uomo gentile 친절한 남자

una certa cosa 어떤 것
una cosa certa 확실한 것

un galantuomo 신사
un uomo galante 여자같은 남자

un grande uomo 위인
un uomo grande 체격이 큰 남자

nuovi vestiti 새로운 스타일의 옷
vestiti nuovi 새로 만든(산) 옷

un povero uomo 불쌍한(정신적으로) 남자
un uomo povero 가난한(물질적으로 돈이 없는) 남자

una semplice domanda 유일한 질문
una domanda semplice 쉬운 질문

un alto funzionario 지위가 높은 공무원
un funzionario alto 키가 큰 공무원

un vecchio amico 오래된(우정이) 친구
un amico vecchio 늙은(나이가 많은) 친구

diverse idee 다양한 생각들
idee diverse 서로 다른 생각들

5. "Avere" 동사

avere 동사는 영어의 to have에 해당되며 '갖다, 가지고 있다'의 의미를 가진다. avere 동사의 직설법 현재동사의 형태와 문장의 종류에 따른 위치는 다음과 같다.

인칭/수	단수	복수
1	ho	abbiamo
2	hai	avete
3	ha	hanno

인칭/문의 종류	긍정문(Affermativo)	부정문(Negativo)	의문문(Interrogativo)
io	io ho	io non ho	ho io?
tu	tu hai	tu non hai	hai tu?
lui(lei)	lui(lei) ha	lui(lei) non ha	ha lui(lei)?
noi	noi abbiamo	noi non abbiamo	abbiamo noi?
voi	voi avete	voi non avete	avete voi?
loro	loro hanno	loro non hanno	hanno loro?

☞참고!   Avere 동사와 결합된 관용 표현들

avere caldo 덥다   avere freddo 춥다
avere appetito 식욕이 있다   avere fame 배고프다
avere sete 목이 마르다   avere sonno 졸리다
avere ragione 옳다   avere torto 부당하다
avere fretta 서두르다   avere i nervi 신경이 날카롭다
avere paura (di) ~가 두렵다 avere bisogno (di) ~가 필요하다
avere voglia (di) ~을 원하다 avere tempo (di) ~할 시간이 있다
avere da fare 할 일이 있다   avere luogo 개최하다

기본 회화

- Come va?	어떠세요?
- Bene, grazie, e Lei?	좋습니다, 고맙습니다, 당신은 어떠세요?
- Non c'è male.	나쁘지는 않습니다.
Così e così.	그저 그렇습니다.
Non troppo bene.	썩 좋지는 않습니다.
Sono un po' giù.	다소 기분이 처져있습니다.
- Che cos'ha?	아니 왜요?
- Ho mal di testa,	머리가 아픕니다.
Ho un raffreddore.	감기예요.
Non ho appetito.	식욕이 없습니다.
Ho i nervi.	신경이 날카롭습니다.
Ho bisogno di riposo.	휴식이 필요합니다.
- Ha freddo?	춥습니까?
- Sì, ho molto freddo.	예, 매우 춥습니다.
Piuttosto.	다소
Un poco(un po')/Un pocchino	조금
Per nulla/Affatto.	전혀.
- Tanti saluti a casa!	집안이 두루 건강하시길!
- Grazie, altrettanto!	고맙습니다, 당신도 역시!

◐ 연구

(1) 안부를 묻는 인사말로 "Come va?" 외에 "Come sta?"를 쓰기도 한다. 의미상 "Come va?"는 일내지는 사업 혹은 기타 복합적인 신변의 상황들을 묻는 말인데 비해 "Come sta?"는 다분히 건강 상태를 염두에 둔 인사말이지만 뚜렷한 구별 없이 사용하기도 한다.

(2) "Che cos'ha?" 대신에 "Perché?"를 사용하여도 무방하다.

(3) 많이 사용되는 감탄문들은 다음과 같다:

Che fame! 아 배고파!   Che sete! 아 목말라!
Che sonno! 아 졸려!   Che noia! 아 지겨워!

강독

In città

In una città ci sono molti edifici. In questa piazza, a sinistra c'è una cattedrale, a destra c'è un museo. In un'altra piazza c'è il municipio. Alcune vie sono lunghe, altre sono corte. I viali sono lunghi e larghi. Due signore entrano in un negozio e comprano una tovaglia bianca e dodici tovaglioli. Una signorina compra una scatola con sei fazzoletti. Le quattro stagioni dell'anno sono la primavera, l'estate, l'autunno, l'inverno. La primavera è la prima stagione, l'inverno è l'ultima.

● 어휘

la città 도시　　　　　l'edificio 건물　　　　　la cattedrale 대성당
la chiesa 교회　　　　il municipio 시청　　　il museo 박물관
la piazza 광장　　　　il viale 大路　　　　　　la via 길
la scatola 상자　　　　il fazzoletto 손수건　　la stagione 계절
tutto 모든　　　　　　alcuno(alcuni, alcuna, alcune) 약간의 얼마간의
altro 다른　　　　　　lungo 긴　　　　　　　corta 짧은
largo 넓은　　　　　　entrano(entrare 동사의 현재 3인칭 복수: 들어가다)
negozio 상점　　　　　comprano(comprare 현재 3인칭 복수: 사다)
la primavera 봄　　　l'estate 여름　　　　　l'autunno 가을
l'inverno 겨울　　　　prima 처음의　　　　　ultima 마지막의

연습 문제

1. 다음 문장을 단수는 복수로 복수는 단수로 바꾸시오.

1) Nel calendario. Dalla montagna. Nelle scuole.
2) Che bella rosa c'è nel giardino!
3) Gli ultimi giorni. La festa del Santo
4) Sull'albero di Natale.
5) I nastri intorno ai doni natalizi sono rossi.
6) Per chi è questo libro con la copertina rossa?
7) I fuochi sono accesi nei caminetti.
8) Gli alberi sono fioriti nei campi e negli orti.
9) Il ricordo dell'anno passato.
10) Il grande giardino. La grande casa. Le belle case.
11) Quel giardino. Quel bel giardino.
12) Quelle panchine sotto i pini.

13) Il cane è fedele. Il gatto non è fedele.
14) I frutti di questi alberi sono dolci. Le foglie sono verdi.
15) La notte è scura, ma il giorno è chiaro.
16) Questo compito è facile. Quel compito è difficile.
17) I temporali sono violenti, ma brevi.
18) Il limone è giallo, la mela è rossa e la pera è avana.
19) Quelle signore sono molto eleganti.
20) Questa sedia è inutile.
21) C'è una nuvola rosa nel cielo.

2. 다음의 단어들을 정관사, quello, bello 사용하여 보기와 같이 완성하시오.
보기 :

> libro - il libro, quel libro, bel libro

1) giardino
2) albero
3) spettacolo
4) fiore
5) fiori
6) vasca
7) panchina
8) aria
9) mattina
10) acqua
11) uccelli
12) cipressi
13) ponte
14) strade
15) orologi
16) stagione,
17) stanze
18) arcobaleno
19) fiume
20) statue.

3. 빈칸에 quello, bello, buono, santo의 알맞은 형태를 넣어 문장을 완성하시오.

1) La chiesa di .... Pietro è a Roma, ... di .... Stefano è a Vienna, ... di Rita è a Cascia, ... di .... Antonio è a Padova.

2) Io ho dei .... regali per Natale.

3) Per esempio .... specchio è un regalo, ... orologio è un altro regalo: è un .... orologio! .... libri su .... scaffali sono altri regali. Un libro è un .... amico.

4) Il padre di Carlo è un .... uomo, la madre è una .... donna.

5) In .... giardino c'è una .... vasca. E che .... fiori! Che .... aria!

promemoria

04 Lezione quarta

제4과
기수 및 서수, 시간과 날짜
Numero cardinale e ordinale, Tempo e Data

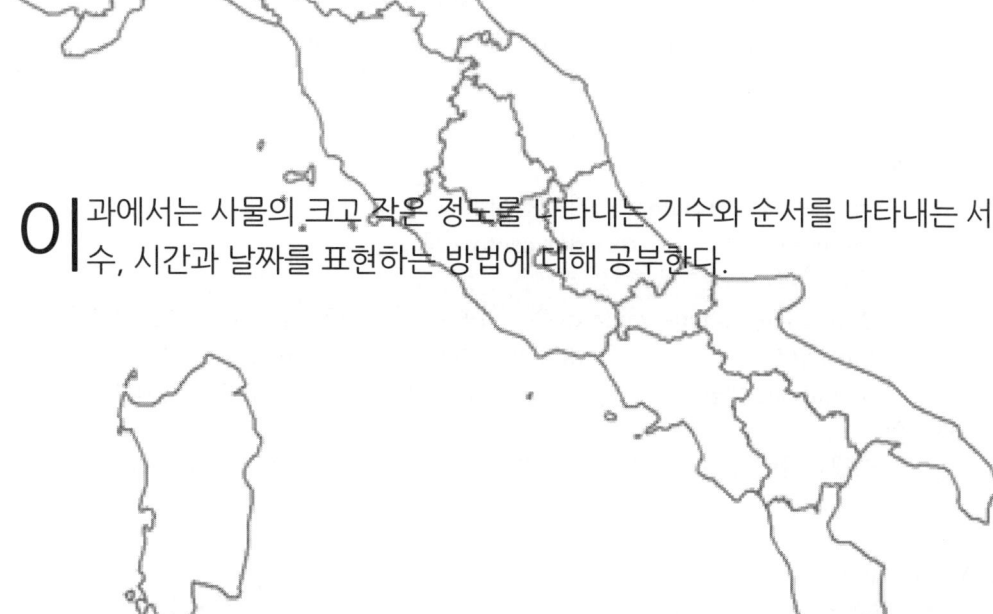

이 과에서는 사물의 크고 작은 정도를 나타내는 기수와 순서를 나타내는 서수, 시간과 날짜를 표현하는 방법에 대해 공부한다.

Lezione 4

1. 기수 numero cardinale

1 uno	11 undici
2 due	12 dodici
3 tre	13 tredici
4 quattro	14 quattordici
5 cinque	15 quindici
6 sei	16 sedici
7 sette	17 diciassette
8 otto	18 diciotto
9 nove	19 diciannove
10 dieci	20 venti

21 ventuno	22 ventidue	23 ventitré
28 ventotto	30 trenta	31 trentuno
38 trentotto	40 quaranta	50 cinquanta
60 sessanta	70 settanta	80 ottanta
90 novanta	100 cento	101 centouno
108 centotto	200 due cento(duecento)	300 trecento(trecento)
1.000 mille	1.001 milleuno	2,000 due mila
3.000 tre mila	10.000 dieci mila	100.000 cento mila

1.000.000 milione   2.000.000 due milioni
10.000.000 dieci milioni   100.000.000 cento milioni
1.000.000.000 un miliardo

☞주의

　　cento는 복수형 centi로 쓰지 않는다.
　　un cento 일백　　　　due cento 이백

　　반면, mille, milione, miliardo의 복수형은 각각 mila, milioni, miliardi이다.
　　mille 일천　　　　due mila 이천　　　　tre mila 삼천
　　un milione 백만　　due milioni 이백만　tre milioni 삼백만

☞주의

　　이탈리아어의 기수는 세 자리 단위로 끊어 읽으며 단위 별로 쉼표 대신에 마침

표를 찍는다. 예: 123.456.789 centoventitré milioni quattrocentocinquantasei mila settecentottantanove.

2. 서수 numero ordinale

1°	primo	11°	undicesimo
2°	secondo	12°	dodicesimo
3°	terzo	13°	tredicesimo
4°	quarto	14°	quattordicesimo
5°	quinto	15°	quindicesimo
6°	sesto	16°	sedicesimo
7°	settimo	17°	diciassettesimo
8°	ottavo	18°	diciottesimo
9°	nono	19°	diciannovesimo
10°	decimo	20°	ventesimo

21° ventunesimo   22° ventiduesimo
23° ventitreesimo 24° ventiquattresimo

이후 서수는 위와 같이 기수에 마지막 어미를 탈락시키고 -esimo를 붙이면 된다.

☞주의
열세 번째 : tredici + esimo = tredicesimo
그러나 23이후 33, 43, 53... 등 -tré 는 원칙적으로 악센트가 있기 때문에 지우지 않고 -esimo를 붙인다. ventitré → ventitré + esimo = ventitreesimo
  trentatré → trentatré + esimo = trentatreesimo

☞주의
서수는 형용사 형태로 쓰일 때 명사의 性과 數에 일치시킨다.
il primo amore 첫사랑
la seconda casa 두 번째 집

3. 시간 tempo

시간은 기수 앞에 여성 정관사를 붙여서 나타낸다.

1) 일반적인 시간 표현

Che ora è? = Che ore sono? 지금 몇 시입니까?
È l'una.   1시입니다.
È l'una e dieci.   1시 10분입니다.
Sono le due.   2시입니다.
Sono le undici.   11시입니다.
È mezzogiorno.   정오입니다.
Sono le dodici.   12시입니다.
Sono le tredici.   13시(오후 1시)입니다.
È mezzanotte.   자정입니다.
Sono le due e cinque.   2시 5분입니다.
Sono le due e trenta.   2시 30분입니다.
Sono le due e cinquantacinque.   2시 55분입니다.

2) 시간에 관한 특수 표현

Sono le tre precise.   3시 정각입니다.
Sono circa le tre(quasi le tre).   대략 3시입니다.
Sono le tre e un quarto.   3시 15분입니다.
Sono le tre e mezzo(mezza).   3시 반입니다.
Sono le tre meno cinque.   3시 5분 전입니다.
sono le tre meno venti.   3시 20분 전입니다.
Sono le tre di giorno.   오후 3시입니다.
Sono le quattro del pomeriggio.   오후 4시입니다.
Sono le tre di notte.   새벽 3시입니다.
Sono le nove di mattina.   오전 9시입니다.
Sono le nove di sera.   밤 9시입니다.
Il mio orologio va avanti.   내 시계가 빠르다.
Il mio orologio va indietro.   내 시계가 늦다.

4. 날짜 data

1월 gennaio	7월 luglio
2월 febbraio	8월 agosto
3월 marzo	9월 settembre
4월 aprile	10월 ottobre
5월 maggio	11월 novembre
6월 giugno	12월 dicembre

* 날짜: 매월 1일은 서수로, 나머지 날들은 기수로 표기한다.
  2014년 3월 1일 - Primo marzo duemilaquattordici

2014년 4월 2일 - Due aprile duemilaquattordici
2014년 5월 31일 - Trentuno maggio duemilaquattordici

- Il primo mese dell'anno è gennaio. 일 년의 첫 번째 달은 1월이다.
- l'ultimo mese dell'anno è dicembre. 일 년의 마지막 달은 12월이다

 5. 기타

분수: 분자는 기수, 분모는 서수로 적는다.
  3/4 tre quarti   1/2 mezzo(mezza)
  1/4 un quarto   4/5 quattro quinti

더하기(+): più   빼기(−): meno
곱하기(×): per(moltiplicato)   나누기(÷): diviso
등호(=): fa

  8 + 7 = 15   Otto più sette fa quindici.
  32 − 12 = 20   Trentadue meno dodici fa venti.
  32 ÷ 8 = 4   Trentadue diviso otto fa quattro.
  8 × 4 = 32   Otto per quattro fa trentadue.

기본 회화

- Che giorno è oggi?   오늘은 무슨 요일입니까?
- Oggi è lunedì.   오늘은 월요일입니다.

- Quanti ne abbiamo oggi?   오늘은 며칠입니까?
- Oggi ne abbiamo 15.   오늘은 15일 입니다.

- In che mese siamo?   지금 몇 월입니까?
- Siamo in novembre.   11월입니다.

- In che anno siamo?   올해가 몇 년도입니까?
- Siamo nel 2014.   2014년입니다.

- In che secolo siamo?   지금은 몇 세기입니까?
- Siamo nel ventunesimo secolo.   21세기 입니다.

- Qual è la data di oggi?   오늘의 날짜는?
- Oggi è il 15 novembre 2014.   오늘은 2014년 11월 15일입니다.

- Quando ha lezione d'italiano? 언제 이탈리아어 수업이 있습니까?
- Ho lezione il martedì e il venerdì. 화요일과 금요일에 있습니다.
- A che ora? 몇 시에 있습니까?
- Dalle due alle cinque del pomeriggio. 오후 2시부터 5시까지입니다.

- La domenica è un giorno festivo. 일요일은 휴일입니다.
- E gli altri giorni? 다른 날들은 어떻습니까?
- Gli altri sono giorni di lavoro. 다른 날들은 평일입니다.

- In che mese è nato Lei? 당신은 어느 달에 태어나셨습니까?
- Io sono nato in novembre. 11월에 태어났습니다.

- Marco, quanti anni hai? 마르코, 몇 살이니?
- Ne ho venti. 스무 살이야.

- Quando è il Suo compleanno? 생일이 언제인가요?
- Il mio compleanno è il cinque luglio. 7월 5일입니다.
- Oggi è il Suo compleanno! 오늘이 당신의 생일이군요!
  Tanti auguri! 축하드립니다!
- Tante grazie! 대단히 감사합니다.

◐ 연구

1) 요일: 일요일(la domenica)을 제외하고는 모두 남성명사이다.

| 월요일 lunedì |
| 화요일 martedì |
| 수요일 mercoledì |
| 목요일 giovedì |
| 금요일 venerdì |
| 토요일 sabato |
| 일요일 domenica |

다음 월요일 lunedì prossimo 　지난 월요일 lunedì scorso(= passato)
다음 화요일 martedì prossimo, 　지난 화요일 martedì scorso(= passato)
다음 일요일 domenica prossima 　지난 일요일 domenica scorsa(= passata)

오늘 아침 stamattina 　어제 아침 ieri mattina
내일 아침 domani mattina(=domattina) 　월요일 아침 lunedì mattina
화요일 오후 martedì pomeriggio 　토요일 저녁 sabato sera
일요일 밤 domenica notte

2) 평일 혹은 일하는 날: giorni feriali, giorni di lavoro 휴일: giorni festivi

3) 가톨릭 국가인 이탈리아에서는 두 번의 생일 파티를 즐기기도 하는데 생일인 compleanno가 있고 이름을 따온 성인을 축원하는 영명축일인 onomastico가 있다.

☞ 참고

오전 a.m. = antimeridiano   오후 p.m. = pomeridiano
기원전 a.c. = avanti Cristo   기원후 d.c. = dopo Cristo

강독

Le feste dell'anno

Nel calendario sono segnati tutti i giorni dell'anno. Nell'anno ci sono molti giorni festivi, oltre alle domeniche.

Il primo giorno di gennaio è Capodanno. Dopo alcuni giorni, il 6 gennaio, è l'Epifania, in memoria della visita dei Re Magi al Bambino Gesù. Perciò questa è specialmente la festa dei bambini.

Il tempo fra l'Epifania e la Pasqua è diviso in due periodi: il carnevale e la quaresima. L'ultima domenica di quaresima è la Domenica delle Palme, in ricordo dell'entrata di Gesù in Gerusalemme, sulla strada coperta di palme.

Circa un terzo dell'anno è passato. Il freddo è finito. È Pasqua. Ci sono molti fiori nei giardini, nei campi e negli orti. L'aria è piena di profumi. La Pasqua è la festa della natura.

Il cinquantesimo giorno dopo Pasqua è Pentecoste, o Pasqua di Rose, perché ci sono rose in tutti i giardini.

Dopo poco tempo è caldo. Le vacanze sono vicine. In agosto tutti sono via: chi in campagna, chi in montagna, chi al mare: è sempre festa.

Dopo le vacanze, i divertimenti sono finiti: i ragazzi sono di nuovo a scuola, gli adulti sono di nuovo al lavoro. In novembre c'è la festa dei Santi. È freddo. Il fuoco è acceso nei caminetti. Il tempo è quasi sempre cattivo. Ma in dicembre ecco il Natale, con l'albero pieno di candele e di doni. Il Natale è un giorno caro a tutti, perché è la festa della famiglia.

Sei giorni dopo Natale è San Silvestro, l'ultimo giorno dell'anno. Che allegria quella sera! Ci sono danze, musica, champagne. L'anno è finito, e tutti sono in attesa dell'anno nuovo. Auguri! Buon anno nuovo!

● 어휘

la festa 축제, 휴일, 파티
il calendario 달력
la momoria 기억
la visita 방문
il bambino 남자 아이
il periodo 기간
la quaresima 사순절
la Domenica delle Palme 종려 주일, 성지 주일
l'entrata 입성, 들어감
coperto di~ ~로 뒤덮인
il campo 들판, 밭
l'aria 공기
la natura 자연
vicino 가까운
la mongatna 산
sempre 언제나
gli adulti 어른들
il fuoco 불
il tempo 날씨
il Natale 크리스마스
la candela 양초
l'allegria 명랑, 쾌활함
in attesa di ~ ~을 기다리는
l'anno 해, 년
l'Epifania 예수 공현 축일
in memoria di~ ~을 기념하는
i Re Magi 동방 박사
specialmente 특히
il carnevale
ultimo 마지막의
la strada 길
il freddo 추위
l'orto 채소밭, 텃밭
il profumo 향기
Pentecoste 오순절, 성령강림절
la campagna 들, 시골, 캠페인
il mare 바다
il divertimento 즐거움, 놀이
il lavoro 일, 직장
il caminetto 벽난로
cattivo 궂은, 못된, 음식이 상한
pieno di ~ ~로 가득한
il dono 선물
la danza 춤

Auguri! Buon anno nuovo! 새해 복 많이 받으세요!

연습 문제

1. 다음 물음에 이탈리아어로 답하시오.

1) Che giorno è oggi?
2) In che mese siamo?
3) Quanti ne abbiamo oggi?
4) Oggi è un giorno festivo?
5) Quanti mesi ci sono in un anno?
6) Qual è il primo mese dell'anno?
7) Qual è il penultimo mese dell'anno?
8) Qual è la prima festa dell'anno? e l'ultima?

2. 다음을 이탈리아어로 읽으시오.

1) 2014년 1월 1일
2) 2000년 2월 28일
3) 1999년 12월 31일

3. 다음을 이탈리아어로 작문하시오.

1) 지금은 몇 시인가요?
2) 오전 6시 35분입니다.
3) 오후 8시 반입니다.
4) 네 생일은 언제니?
5) 다음 일요일은 4월 1일입니다.

promemoria

05 Lezione quinta

제5과
한정형용사
Aggetivi determinativi

Aggetivi determinativi

한정형용사는 명사구 내에서 명사 앞이나 혹은 뒤에 위치하여 명사를 수식하는 형용사로서 essere 동사 뒤에 위치하여 명사의 성질과 상태를 설명해주는 서술형용사와 구분된다. 한정형용사에는 소유형용사(aggettivi possessivi), 지시형용사(aggettivi dimostrativi), 의문 형용사(aggettivi interrogativi) 등이 있다.

Lezione 5

1. 소유형용사 aggettivi possessivi

소유형용사는 영어에서 소유격과 개념적으로 유사하지만 명사의 성, 수에 따라 형태가 변한다는 점과 보통의 경우에 정관사와 함께 쓰인다는 것은 다르다. 따라서 이탈리아어에서 소유형용사는 일반적으로 "정관사 + 소유형용사 + 명사"의 어순으로 나타난다.

	단수		복수	
	남 성	여 성	남 성	여 성
io	il mio	la mia	i miei	le mie
tu	il tuo	la tua	i tuoi	le tue
lui/lei	il suo	la sua	i suoi	le sue
noi	il nostro	la nostra	i nostri	le nostre
voi	il vostro	la vostra	i vostri	le vostre
loro	il loro	la loro	i loro	le loro

1) 모든 소유형용사는 소유자가 아니라 피소유물의 성과 수에 일치시켜야 한다. 예를 들어 영어에서 '그의 책'과 '그녀의 책'은 his book과 her book으로 소유자의 성에 따라 그 형태가 결정되지만 이탈리아어에서는 피소유물인 책 libro가 남성단수이므로 '그의 책'과 '그녀의 책'은 모두 정관사와 함께 il suo libro가 된다.

    il mio libro   i miei libri 나의 책들
    la mia camera   le mie camere 나의 방들
    la tua penna   le tue penne 너의 펜들
    la sua borsa   le sue borse 그(그녀)의 가방들
    il nostro amico   i nostri amici 우리의 친구들
    la vostra scuola   le vostre scuole 너희들의 학교들

☞ 주의!
    loro는 단수, 복수가 불변이므로 정관사로 단수, 복수를 구분한다.
    il loro tavolo   i loro tavoli 그들의 탁자들
    la loro casa   le loro case 그들의 집들

2) 소유형용사 앞에 항상 정관사를 붙여야 되는 것은 아니다. 예를 들어 padre, madre, figlio, figlia, fratello, sorella, marito, moglie, zio, zia, nonno, nonna, nipote, cugino, cugina, suocero, sucera, genero, nuora, cognato, cognata 등과 같은 친족관계의 단수명사 앞에는 정관사를 붙이지 않는다. 그러나 loro는 예외적으로 정관사를 쓴다.

    mio padre 나의 아버지   mia madre 나의 어머니
    tuo fratello 너의 형제   tua sorella 너의 누이
    suo zio 그(혹은 그녀)의 삼촌   sua zia 그(혹은 그녀)의 숙모(혹은 고모)
    nostro figlio 우리의 아들   nostra figlia 우리의 딸
    vostro nonno 너희들의 할아버지   vostra nonna 너희들의 할머니

il loro cugino 그들의 남자 사촌   la loro cugina 그들의 여자 사촌

Come sta suo padre?   당신의 아버님은 안녕하세요?
Grazie, mio padre sta bene. 고맙습니다, 안녕하십니다.
Vado a scuola con tuo fratello e tua cugina.
나는 너의 남동생과 여사촌과 함께 학교에 간다.
La loro sorella abita a Londra con mia zia.
그들의 여동생은 나의 숙모(고모)와 함께 런던에 산다.

3) 그러나 친족관계의 명사일지라도 복수명사이거나 애칭, 형용사와 함께 사용된 경우 그리고 친족 단수명사라 하더라도 변형 접미사가 붙었을 때에는 정관사를 사용한다.

    i nostri cugini 우리들의 남자 사촌들   i miei figli 나의 아들들
    i tuoi fratelli 너의 형제들   le tue sorelle 너의 자매들

    la mia mamma 내 엄마   Il mio babbo 내 아빠
    il tuo cuginetto 너의 사촌   il suo papà 그(그녀)의 아빠

    il mio vecchio nonno 나의 늙으신 할아버지 la mia cara sorella 나의 사랑하는 누이
    il tuo fratello minore 너의 남동생   la tua sorella sposata 너의 결혼한 언니

    il mio fratellino   나의 어린 남동생 la mia sorellina 나의 어린 누이
    il tuo nipotino 너의 귀여운 남자조카 la tua nipotina 너의 귀여운 여자조카

4) 기타 용법

i miei와 i tuoi 등은 genitori(부모님)가 생략된 형태로 '나의 부모님'과 너의 부모님'의 뜻으로 사용된다.

    Dove sono i tuoi?   너의 가족은 어디에 있느냐?
    I miei sono in campagna. 나의 가족은 시골에 있다.

또한 il mio, il tuo 등과 같은 명사가 없는 소유형용사구문은 '나의 것, 너의 것'을 의미할 수 있어 소유대명사로 이해될 수 있다.

    Se mi dai il mio, io ti do il tuo, e siamo pari.
    너는 나에게 내 것을 주고 나는 너에게 네 것을 주면 우리는 공평하다.

전치사 di 다음에 소유형용사가 오면 독점적인 소유물을 나타낸다.

    Di mio, di tuo, ecc = 나의 것(독점적인 소유물),
    Io sono una scuola di mio. 나는 (독점적으로) 학교를 하나 소유하고 있다.

padre가 복수로 사용되면 조상(antenati)의 의미를 가진다.

    i nostri padri = 우리의 조상

Lezione 5

Io abito nella casa dei miei padri. 나는 나의 조상의 집에 살고 있다.

2. 지시 형용사 aggettivi dimostrativi

가장 빈번하게 사용되는 지시형용사는 questo(영어의 this) 와 quello(영어의 that)이며 명사의 성과 수에 따라 형태가 달라진다.

1) questo는 단수 명사가 모음으로 시작되는 경우 모음을 생략하며, quello의 변화형은 정관사의 변화규칙과 동일하다(제 3장 참조).

	남 성	여 성
단 수	questo(quest')/ quello(quel, quell')	questa/ quella
복 수	questi/quei(quegli)	queste(quelle)

  questo libro 이 책   questi libri 이 책들
  questa penna 이 펜   queste penne 이 펜들
  quello specchio 저 거울   quegli specchi 저 거울들
  quel ragazzo 저 소년   quei ragazzi 저 소년들
  quella ragazza 저 소녀들   quelle ragazze 저 소녀들

☞ 참고!
  여성형 questa는 mattina, sera, notte와 같은 명사들 앞에서 같은 의미의 접두사 sta가 첨가되어 사용될 수 도 있다.
  questa mattina → stamattina 오늘 아침
  questa sera → stasera 오늘 저녁
  questa notte → stanotte 오늘 밤

2) questo와 quello는 의미적으로 가까운 곳과 먼 곳을 지시하는 근칭과 원칭으로 구분된다. 이 두 지시형용사의 중간 의미로 중칭 지시형용사 codesto(그~)가 쓰이기도 한다. codestos는 화자에게는 멀고 청자에게는 가까운 사람이나 사물을 가리킨다. 현대 이탈리아어에서 codesto는 quello로 대체되어 사용하고 있다.

  codesto quaderno   codesti quaderni   그 노트들
  codesta casa   codeste case   그 집들
  codest'uomo   codesti uomini   그 사람들
  codest'amica   codeste amiche   그 여자친구들

3) 그 외 많이 쓰이는 지시형용사로는 stesso(같은), altro(다른), medesimo(같은), tale(그와 같은) 등이 있다.

  lo stesso film = il medesimo film. 같은 영화
  gli stessi uomini = i medesimi uomini 같은 남자들
  la stessa donna = la medesima donna 같은 여자

le stesse regole = le medesime regole 같은 규칙들

A quel cinema c'è lo stesso film dell´altra sera.
그 영화관에서 다른 날과 같은 영화가 상영되고 있다.
Ho comprato il medesimo vestito. 나는 같은 옷을 샀다.
La maestra stessa non sapeva cosa dire.
선생님 자신(주어를 강조)은 무엇을 말해야 좋을지 모르셨다.
Vi spiegherò io stesso. 내 스스로(내 자신이) 너희들에게 설명하겠다.
Devi consegnare la lettera a loro stessi. 너는 그들에게 직접 편지를 전달해야 한다.
Sono rimasto, mentre gli altri ospiti se ne sono andati.
다른 손님들은 떠났지만 나는 머물렀다.
C'era un tale rumore che non si sentiva nulla.
그가 전에 전혀 듣지 못했던 그런 소음이었다.

3. 의문 형용사 aggettivi interrogativi

의문형용사는 명사의 성질과 상태 혹은 신분이나 양 등을 물어 보기 위해 의문문에서 사용되는 형용사의 하나이다. 자주 사용하는 의문형용사는 che, quale, quanto 등 3가지로 주격, 목적격, 보어 혹은 전치사와도 함께 사용될 수 있다.

남성단수	여성단수	복수남성	복수여성
che			
quale		quali	
quanto	quanta	quanti	quante

1) Che

의문형용사 che는 성과 수에 따라 형태가 변화하지 않으며, 보통명사 앞에서 '무슨, 몇'의 의미로 사람, 사물에 모두 사용할 수 있다. 전치사와도 함께 쓰인다.

Che giorno è oggi?   오늘은 무슨 요일입니까?
Che tempo fa?   오늘 날씨가 어때?
Che notizie mi porti?   나에게 무슨 소식을 가지고 왔어?
Che musica ti piace?   무슨 음악을 좋아해?
Che abito indosserai stasera? 오늘 저녁 어떤 옷을 입을 거지?
Che lunghezza ha quel ponte? 저 다리의 길이는 어떻게 될까?
A che ora parti?   몇 시에 출발하느냐?
Di che colore è questa penna? 이 펜은 무슨 색깔입니까?

☞참고!
che는 명사 앞에서 '유형의, 종류의' 뜻을 강조하기 위해서 tipo나 genere와 함께 쓰일 수 있다.
Che tipo è questo? 이것은 무슨 유형이니?
Che genere è questo? 무슨 종류니?

Che tipo di ragazzo voui incontrare? 너는 어떤 유형의 남자를 만나고 싶니?
Che genere di libri preferisci?   무슨 장르의 책을 좋아해?

2) Quale

의문형용사 quale는 che와 달리 수에 따라 변하며 '어떤'의 의미를 가진다. 성의 구분 없이 단수일 때 quale이며 복수일 때 quali가 된다. 가끔 단수의 경우 모음과 자음(s+자음, z 제외) 앞에서 어미절단이 이루어진 qual 형태로 사용된다. 전치사와 함께 사용될 수 있다.

Quale senso è più sviluppato nei ciechi? 맹인들에게 가장 발달된 감각은 무엇일까?
Quale spettacolo preferisce? 어떤 공연을 좋아하십니까?
Quale penna vuoi, questa o quella? 어떤 펜을 원하니, 이것 혹은 저것?
Di quali ragazzi parli?   어떤 아이들에 대해서 이야기해?
Per quale ragione mi fate tante domande? 무슨 이유로 제게 많은 질문을 하십니까?
In quale città sei nato? 너는 어느 도시에서 태어났느냐?
A quale fermata devo scendere? 어떤 정류소에서 제가 내려야 합니까?
Per quale motivo studi l'italiano? 어떤 이유로 이탈리아어를 공부하니?
Qual buon vento ti porta? 어떤 바람이 불어 여길 왔니?

☞참고!

quale는 che 대신에 사용되는 경우가 많다. 그러나 che는 명사의 내용적 구분에 대해, quale는 명사의 외형적 구분의 의미적 차이가 있다.
Che libro vuoi: un romanzo d'amore, o un libro giallo?
무슨 책을 원하지? 애정 소설이냐? 추리 소설이야?
Quale libro vuoi: il libro rosso o il libro verde?
어떤 책을 좋아하지? 빨간 책이야? 녹색 책이야?

3) Quanto

의문형용사 quanto는 다른 의문형용사들과 달리 성과 수에 의해 모두 변화한다. 셀 수 없는 명사의 양을 물을 때에는 단수형태인 quanto와 quanta가 사용되며, 셀 수 있는 명사의 수를 물을 때에는 복수형태인 quanti와 quante가 사용된다.

Quanto denaro ti occorre? 네가 필요한 돈이 얼마니?
Quanta pasta voui? 파스타를 얼마나 원하니?
Quanti hanni hai? 너는 몇 살이니?
Qunate persone ci sono in quella sala? 저 방에는 몇 명이 있니?

기본 회화

- Di che colore è il cielo? 하늘은 무슨 색입니까?
- Il cielo è blu. 하늘은 푸른색입니다.

- Di che colore è l'acqua? 물은 무슨 색입니까?
- L'acqua è incolore. 물은 무색입니다.

- Di che colore sono le nuvole? 구름은 무슨 색입니까?
- Le nuvole sono grige. 구름은 회색입니다.

- Di che colore i fiori? 꽃들은 무슨 색입니까?
- I fiori sono di tutti i colori. 꽃들은 모든 색을 다 가지고 있습니다.

- Di che nazionalità è, signorina? 아가씨는 국적이 어디십니까?
  (어느 나라 사람입니까?)
- Sono italiana. 이탈리아입니다.
- E Lei, signor? 그런데 선생님은 어디세요?
- Sono coreano. 저는 한국인입니다.

- Di dove è? 어디 출신입니까?
- Sono di Seoul. 서울 출신입니다.
- E Lei, signorina? 아가씨는 어디 출신입니까?
- Sono di Torino(Sono torinese) 토리노 출신입니다.

- Come mai è a Seoul? 서울은 어쩐 일이세요?
- Io sono qui per affari 일 때문에 왔습니다.

- Ha famiglia? 결혼하셨습니까?
- No, sono celibe. 아닙니다. 미혼입니다.

- Qual è la Sua professione? 어떤 직업에 종사하십니까?
- Sono insegnante. 선생입니다.

◑ 연구

1) 일반적인 색깔의 이름들은 다음과 같다:

   nero(검정), rosso(빨간색), bianco(하얀색), verde(녹색), giallo(노랑), viola(보라), grigio(회색), marrone(갈색), blu(파랑), rosa(분홍), avana(연갈색), celeste(하늘색), azzuro(감청색)

2) 상대방의 국적을 물을 때는 "Di che nazionalità è?" 이며 출신 지역을 물을 때는 "Di dove

Lezione 5

è?"를 사용한다.

3) "Come mai?"는 주로 「어쩐 일이세요?」 라는 의미가 강하다. 「서울에 어쩐 일이세요?」 혹은 「무슨 일로 서울에 오셨습니까?」 라고 물을 때는 "Come mai a Seoul?" 혹은 "Per quale ragione a Seoul?"를 사용할 수 있다.

4) "Ha famiglia?"는 단순히 「가족이 있습니까?」 라는 질문이 아니다. 여기서 가족이란 부모나 형제를 의미하지 않고 자기가 일군 가족, 즉 아내와 자식을 뜻한다. 따라서 「결혼하셨습니까?」 와 같은 의미이다. 보다 직접적인 질문은 "Lei è sposato?"이다.

기혼남(sposato), 기혼녀(sposata), 미혼남녀(celibe),
독신녀(nubile), 독신남(scapolo)

강독

La montagna

L'aria di montagna è fresca e sana. Alcune famiglie preferiscono la montagna al mare. Ci sono dei piccoli villaggi, delle colline, dei boschi e dei laghi di montagna. L'acqua di questi laghi è molto fredda. Qualche volta ci sono dei temporali, ma, di solito, non durano molto. Alla fine d'estate le foglie degli alberi cambiano colore e diventano gialle, quasi rosse. Il sole è forte, ma è un piacere camminare nei sentieri dei boschi, all'ombra degli alberi.

● 어휘

la montagna 산
sana 건강한
preferire A a B : B보다 A를 더 좋아하다
il mare 바다
villaggio 마을
il bosco 숲
l'acqua 물
qualche volta 가끔, 종종
il temporale 폭풍우
di solito 보통
la foglia 나뭇잎
cambiare 변하다
diventare ~가 되다
quasi 거의
il sole 태양
il piacere 기쁨, 즐거움
il sentiero 오솔길

fresca 신선한
la famiglia 가족

piccolo 작은
la collina 언덕
il lago 호수
freddo 차가운
ci sono 있다 (there are)

durare 지속하다
alla fine di ~의 끝에
il colore 색깔
giallo 노랑색
rosso 빨강
forte 강한
camminare 걷다
'ombra 그늘

연습 문제

1. 다음 단어의 반의어를 쓰시오.

1) allegro ....
2) alto ....
3) ammalato ....
4) avaro ....
5) bagnato ....
6) bello ....
6) buono ....
7) caldo ....
8) chiaro ....
9) coraggio ....
10) cortese ....
11) debole ....
12) grande ....
13) grazioso ....
14) difficile ....
15) diligente ....
16) divertente ....
17) dolce ....
18) duro ....
19) educato ....
20) felice ....
21) gentile ....
22) giovane ....
23) povero ....
24) grasso ....
25) intelligente ....
26) largo ....
27) nuovo ....
28) pesante ....
29) piano ....
30) timido ....
31) pulito ....
32) secco ....
33) simpatico ....
34) stanco ....
35) utile ....

promemoria

06 Lezione sesta

제6과
인칭대명사와 지시대명사
Pronome personale e dimostrativo

대명사는 앞서 나온 명사를 대신하여 반복하지 않게 함으로써 문장을 보다 간결하게 만들어준다. 대명사는 대신하는 명사의 성과 수에 일치시켜야 한다. 대명사는 명사만을 대신하는 것이 아니라, 형용사, 전치사구, 앞서 나온 문장이나 문단을 대신하기도 한다. 이 과에서는 화자와 청자, 제3자를 가리키는 인칭 대명사들의 용법과 '이', '그', '저', '그것' 등, 사람·동물·사물·장소 등을 가리키는 지시대명사에 대해 알아보기로 한다.

Lezione 6

1. 인칭대명사 pronome personale

화자와 청자, 제 3자를 가리키는 인칭대명사는 각각 1인칭 단수·복수, 2인칭 단수·복수, 3인칭 단수·복수로 나뉘고 문장 속에서의 역할에 따라 주격, 직접목적격, 간접목적격으로 나뉜다. 직접목적격과 간접목적격은 의미상 특별한 강조 없이 쓰이는 비강세형atoni과 강세형tonici이 있다.

주격	직접목적격		간접목적격	
	비강세형	강세형	비강세형	강세형
io	mi	me	mi	a me
tu/Lei	ti/La	te/Lei	ti/Le	a te/a Lei
lui(egli; esso)	lo	lui	gli	a lui
lei(ella; essa)	la	lei	le	a lei
noi	ci	noi	ci	a noi
voi/Loro	vi/Loro	voi/Loro	vi/Loro	a voi/ a Loro
loro(essi; esse)	li/le	loro	gli/loro	a loro

1) 이탈리아어에는 존칭어가 있다. 주격 대명사는 Lei로서 형식은 3인칭이나(3인칭 단수동사 변화형태를 취한다) 내용은 2인칭 존칭이다. 아울러 voi에 관한 존칭은 Loro(3인칭 복수동사 형태를 취한다)이다. 사실, 주격 tu는 친근하거나 허물없는 사이일 때,, Lei는 형식적이고 격식을 차리는 사이일 때 쓰는 말이다. 즉, tu와 Lei의 사용은 심리적 거리감에 바탕을 둔다. 예를 들어, 부모자식 간에 tu를 쓰는 것은 예의 없는 것이 아니라 당연한 일이다.

 Di dove sei tu? 너는 어디 출신이니?
 Di dove è Lei? 당신은 어디 출신이십니까?
 Dove sono Loro? 당신들은 어디에 계십니까?
 Siamo in ufficio. 우리는 사무실에 있습니다.

☞참고
 Voi는 대문자로 쓰일 경우 2인칭 존칭의 의미 즉 Lei와 같은 의미로 쓰이기도 한다. (그러나 사실 소문자 voi, lei도 존칭의 의미로 쓰인다)
 - Siete voi qui, sig. Brunetto? 브루넷토 선생님께서 여기에 계십니까?
 - Professore, voi siete italiano? 교수님께서는 이탈리아인이십니까?

2) 현대 이탈리아어에서 당신들Loro의 주격도 voi를 많이 쓰며, 비강세형 직접목적격은 vi를 쓴다.

3) 주격 대명사 3인칭 단수로 lui와 함께 egli, esso 도 쓰이는데, lui와 egli는 사람에, esso는 동물이나 사물에 주로 쓴다. 마찬가지로 3인칭 여성 단수 주격도 lei와 함께 ella, essa도 쓰이며, lei와 ella는 사람에, essa는 동물이나 사물에 주로 쓴다. 남성복수 essi와 여성복수 esse는 사람, 동물, 사물에 다 쓰인다. 목적격 lo, la, li, le는 사람, 동물, 사물 모두 지칭할 수 있다.

Il cane è amico dell´uomo: esso difende il padrone.
개는 사람의 친구이다. 즉 개는 주인을 보호한다.
Non cercare la morte; essa viene da sè.
죽음을 찾지 말라 죽음은 알아서 스스로 온다.
Essi studiano la letteratura contemporanea.
그들은 현대 문학을 공부한다.
Esse vogliono andare a Capri domenica prossima.
그녀들은 돌아오는 일요일 카프리에 가고자 한다.

4) 목적어를 특별히 강조하지 않는 비강세형 직접목적격의 사용

Marco 마르코는	mi 나를 ti 너를 La 당신을 lo 그를(그것을) la 그녀를(그것을) ci 우리를 vi 너희를(당신들을) li 그들을(그것들을) le 그녀들을(그것들을)	cerca. 찾는다.

☞ 주의

간접목적격 loro를 제외한 모든 대명사는 동사 앞에 위치한다. '당신들을'에는 Loro 대신에 vi를 많이 쓰지만, 형식적인 경우에는 아직도 사용하고 있다. 이때 Loro의 위치는 동사 뒤임에 조심해야한다.

Signori, Marco vi cerca. (O)
Signori, Marco cerca Loro. (O)

Lezione 6

5) 목적어를 강조하는 강세형 직접목적격의 사용

Chi cerca quella signora? 저 부인은 **누구를** 찾지?		
Quella signora 저 부인은	cerca	**me.** 나를 찾는다.
		te. 너를 찾는다.
		Lei. 당신을 찾는다.
		lui. 그를 찾는다.
		lei. 그녀를 찾는다.
		noi. 우리를 찾는다.
		voi/Loro. 너희를/당신들을 찾는다.
		loro. 그들을/그녀들을 찾는다.

☞ 주의

전치사 뒤에서는 강세형 직접 목적격을 사용한다.
- Vieni con Marco? 마르코와 같이 오니?
- No, non vengo con lui. 아니, 그와 같이 안가.
- Allora, vieni con me. 그럼, 나랑 같이 가.
- Per chi sono questi fiori? 이 꽃들은 누구를 위한 것인가요?
- Sono per Loro, signori. 신사 여러분, 당신들을 위한 겁니다.

6) 강조의 의미가 없는 비강세형 간접목적격의 사용

Marco 마르코는	mi 나에게 ti/Le 너에게/당신에게 gli 그에게 le 그녀에게 ci 우리에게 vi 너희에게/당신들에게* gli 그들에게**	scrive una letera. 편지를 한 통 쓴다.

* 비강세형 간접목적격 그들에게 gli 대신에 loro를 쓰기도 하는데, 이때 위치에 주의해야한다.
  Marco gli scrive una lettera = Marco scrive loro una lettera.

** 비강세형 간접목적격 당신들에게는 현대 이탈리아어에서 vi를 많이 쓰지만, 좀더 형식적인 Loro도 쓰는데 이때도 역시 위치에 주의해야한다.
  Marco vi scriverà una lettera. = Marco scriverà Loro una lettera.
  마르코가 당신들에게 편지를 쓸 겁니다.
  Signore e signori, preparerò la cena per Loro: la preparerò Loro per le otto.
  신사숙녀 여러분, 제가 당신들을 위해 저녁식사를 준비할겁니다. 그것을(저녁

식사를) 당신들에게 여덟 시에 맞춰 준비하겠습니다.

7) 강조의 의미를 갖는 강세형 간접목적격의 사용

A Chi scrive la lettera Marco? 마르코는 누구에게 편지를 쓰지?		
Lui 그는	scrive	**a me.** 나에게 쓴다. **a te.** 너에게 쓴다. **a Lei.** 당신에게 쓴다. **a lui.** 그에게 쓴다. **a lei.** 그녀에게 쓴다. **a noi.** 우리에게 쓴다. **a voi /a Loro.** 너희에게/당신들에게 쓴다. **a loro.** 그들에게/그녀들에게 쓴다.

2. 지시 대명사 pronome dimostrativo

이탈리아어의 주요 지시대명사에는 questo, quello, codesto 등이 있으며, 지시하는 사람이나 사물의 성과 수에 일치시킨다.

	남성		여성	
	단수	복수	단수	복수
이것(이것들)	questo	questi	questa	queste
저것(저것들)	quello	quelli	quella	quelle
그것(그것들)	codesto	codesti	codesta	codeste

codesto는 말을 듣는 상대방에게 가까이에 있는 사람 또는 사물을 지칭한다.

Che cosa è questa?   Questa è una birra.
이것은 무엇입니까?   이것은 맥주입니다.
Apri codesta finestra! 그 창문을 열어줘.
Questo è il mio, codesto è il tuo e quello è di Mario.
이것은 내 것이고 그것은 너의 것이고 저것은 마리오의 것이다.
Questo è il mio parere ed è molto diverso da quello di Lucia.
이것은 내 의견인데 루치아의 의견과는 아주 다르다.

☞주의

1. questi와 quegli가 단수로 쓰일 때가 있다. 이 경우 사물을 의인화하거나 회화체에서 questo와 quello의 대용으로 쓰인다. 그러나 questo와 quello의 복수로 혼동할 우려가 있어 잘 사용되지는 않는다.
Questi è il professore di mio figlio e quegli è mio zio.
이분은 내 아들의 교수님이시고 저분은 내 삼촌이시다.

2. questi와 quegli는 questo와 quello처럼 문장 중의 후자後者와 전자前者를 표시할 때 쓰인다. (questi와 questo는 후자; quello와 quegli는 전자)
Luigi e Carlo sono entrambi studenti ma questi prende lo studio con serietà, quegli con leggerezza. 루이지와 카를로는 둘다 학생이다. 그러나 후자(카를로)는 매우 열심히 공부를 하나 전자(루이지)는 대충한다.

Maria e Rosanna sono sorelle; quella è bionda, questa è bruna.
마리아와 로산나는 자매이다. 전자(마리아)는 금발이나 후자(로산나)는 갈색머리이다.

I suoi allievi e i miei sono molto diversi; questi sono lenti e pigri, quelli sono studiosi e diligenti. 그의 제자들과 나의 제자들은 매우 다르다. 후자(나의 제자들)는 느리고 게으르나 전자(그의 제자들)는 학구적이고 성실하다.

3. costui(그), costei(그녀), costoro(그들)도 쓰인다. questo와 codesto와 비슷한 의미로, 가까이에 있는 사람을 지칭한다. 그러나 다소 경멸적인 의미를 내포하고 있어서 사용에 주의해야 한다. 문장 중에 주어와 보어로 쓰인다.
Chi è costui? 이 자가 누구지?
Non voglio nulla da costui. 나는 이자로부터 아무것도 원치 않는다.
Non parlarmi di costoro. 저자들에 관하여 내게 말하지 말라.

4. colui(그), colei(그녀), coloro(그들)도 쓰인다. quello와 같은 의미로 멀리 있는 사람을 가리킨다. 주로 관계 대명사 che의 선행사로 쓰인다. 단독으로 쓰일 때는 경멸적인 의미가 강하므로 주의해야한다.
Colei che ci ama è la mamma. 우리를 사랑하시는 분은 엄마시다.
Coloro che desiderano entrare devono esibire la tessera.
입장하고자 하는 사람들은 신분증을 제시해야 한다.
Cesare fu ucciso da colui che amava come un figlio.
시저는 아들처럼 사랑했던 사람에 의해서 살해되었다.
Non voglio avere a che fare con colei.
난 저 여자와 아무 상관도 없는 사람이고 싶어.

5. 중성 지시대명사 ciò(그것, 이것)
Ciò è impossibile. 그것은 불가능하다.
Tutto ciò è vero. 모든 것이 사실이다.
Avete sentito ciò che lui ha detto?   Sì, l´abbiamo sentito.
너희들은 그가 말한 것을 들었느냐?   예 들었습니다.
Abbiamo parlato a lungo di ciò.
우리는 그것에 관하여 오랫동안 대화를 나누었다.
Dissi ciò a lui. (= Glielo dissi) 나는 그에게 그것을 말했다.
Pensate a ciò. (= Pensateci) 그것에 관해서 생각하시오.

Parliamo di ciò. (= Ne parliamo) 그것에 관하여 이야기합시다.

3. 직설법 현재 규칙동사

이탈리아어는 대략 85%의 규칙동사와 15% 내외의 불규칙 동사로 이루어져 있다. 아래에 제시한 1, 2, 3, 4군 동사가 이탈리아어의 규칙동사로서 이탈리아어의 주류를 이룬다.

	제1군 동사 parl-are(말하다)	제2군 동사 ved-ere(보다)	제3군 동사 sent-ire(듣다·느끼다)
io	parl-o	ved-o	sent-o
tu	parl-i	ved-i	sent-i
lui, lei	parl-a	ved-e	sent-e
noi	parl-iamo	ved-iamo	sent-iamo
voi	parl-ate	ved-ete	sent-ite
loro	parl-ano	ved-ono	sent-ono
진행법	parl-ando	ved-endo	sent-endo
과거분사	parl-ato	ved-uto	sent-ito

제 4군 동사 - 어미는 제3군 동사와 동일하나 변화형이 다르다.

	capire(이해하다)	finire(끝내다)
io	cap-isco	fin-isco
tu	cap-isci	fin-isci
lui, lei	cap-isce	fin-isce
noi	cap-iamo	fin-iamo
voi	cap-ite	fin-ite
loro	cap-iscono	fin-iscono
진행법	cap-endo	fin-endo
과거분사	cap-ito	fin-ito

이러한 제4군 동사를 일부 소개하면 다음과 같다. 빈번하게 동사이므로 반드시 암기하는 것이 좋다:

preferire 선호하다 proibire 금지하다 stabilire 설립하다
punire 처벌하다   costruire 건설하다 sostituire 대체하다
unire 결합하다   istruire 교육시키다 obbedire 복종하다

4. 어의 변화 Alterazione

상당수의 이탈리아어의 명사는 접미사를 사용하여 어의를 약간 변형시킬 수 있다. 즉 단어의 마지막 모음 대신에 -ino, -ello, -etto, -one, -accio 등을 붙인다.

원단어	축소의미diminutivo -ino, -etto, -ello	확대의미accrescitivo -one	나쁜의미peggiorativo -accio
gatto	gattino	gattone	gattaccio
paese	paesello	paesone	paesaccio
scarpa	scarpett(scarpina)	scarpona	scarpaccia
casa	casetta	casona	casaccia
serpente	serpentello	serpentone	serpentaccio

-ino를 쓰는 단어: babbo-babbino, mamma-mammina, ragazzo-ragazzino, letto-lettino, uccello-uccellino, mano-manina, bicchiere-bicchierino
-etto: giardino-giardinetto, quadro-quadretto, isola-isoletta
-ello: albero-alberello, asino-asinello, cascata-cascatella
-accio: tempo-tempaccio, parola-parolaccia, ragazzo-ragazzaccio, donna-donnaccia

▶축소어미로 -ino, -ello, -etta를 고루 쓰는 경우도 많다.
rondine-rondinella, rondinina
scatola-scatoletta-scatolina
bacio-bacino, bacetto
camera-cameretta, camerina 참고) camerino(탈의실)
cucina-cucinetta, cucinina
fontana-fontanella, fontanina

▶기타, 애정과 호감을 나타내는 어미vezzeggiativo.
-uccio: cavallo-cavalluccio, tesoro-tesoruccio, femmina-femminuccia
-olo: figlio-figliolo

☞주의
che si mostra gentile, simpatico; affettuoso, premuroso: è un caro ragazzo; siete stati molto cari con me dim. carino, caruccio

① 몇몇 여성명사는 -one를 첨가하여 남성명사화 한다.
una donna - un donnone   una barca - un barcone
una stanza - uno stanzone una strada - uno stradone
una camera - un camerone una tromba - un trombone
una sala - un salone   una scala - uno scalone

② 몇몇 단어는 뜻이 완전히 달라지는 경우도 있다.
aquila 독수리 - aquilone 연
porta 출입문, 방문 - portone 현관문, 대문
sigaro 시거 - sigaretta 담배
ombrello 우산 - ombrellino 양산 - ombrellone 파라솔
cavallo 말 - cavalletto 사진기나 그림을 받치는 삼발이 - cavallone 큰 파도
finestra 창문 - finestrino 기차나 자동차의 창문
carrozza 객차 - carrozzina 유모차
pane 빵 - panino 빠니노(두 쪽의 빵 사이에 재료를 넣어 샌드위치처럼 만든 것)
panca 접는의자 - panchina 벤치
palla 공 - pallone 축구공 - palloncino 풍선
uomo 남자 - omino 애늙은이 - ometto 몸집이 작은 남자

③ 불규칙 변화
cane 개 - cagnolino 강아지
topo 쥐 - topolino 생쥐
cavallo 말 - puledro 망아지
pesce 물고기 - pesciolino 작은 물고기
porco 돼지 - porcellino 새끼 돼지
fiore 꽃 - fiorellino 작은 꽃
fiume 강 - fiumicello 시내
poltrona 안락의자 - poltroncina 작은 안락의자
balcone 발코니 - balconcino 소형 발코니

④ 형용사와 부사도 접미사를 붙여 변형할 수 있다.
bello - bellino, belluccio
caro - carino, caruccio
pallido - pallidino, palliduccio
bene - benino - benone
male - malino - malaccio
povero - poverino, poveretto - poveraccio

기본 회화

- Lei parla italiano?	이탈리아어를 하십니까?
- Sì, un poco.	예, 조금 합니다.
- Ha studiato molto l'italiano?	이탈리아어를 많이 공부하셨습니까?
- No, soltanto tre mesi.	아니오, 겨우 세 달 했습니다.
- È facile per Lei l'italiano?	당신에게는 이탈리아어가 쉽나요?
- Sì, è abbastanza facile.	예, 제법 쉽습니다.
- Lei frequenta una scuola?	학교에 다니십니까?
- Sì, frequento l'università.	예, 대학에 다닙니다.
- Le lezioni sono interessanti?	수업이 재미있습니까?
- Oh, sì, molto interessanti.	예, 대단히 재미있습니다.
- A che ora cominciano le lezioni?	몇 시에 수업이 시작됩니까?
- Scusi, non ho capito.	실례지만 잘못 들었습니다.
- Parlo troppo veloce per Lei?	제 말이 너무 빠릅니까?
- Un po' sì. Parli piano, per favore.	좀 그런 것 같군요. 천천히 말씀해 주세요.
- A che ora cominciano le lezioni?	몇 시에 수업이 시작됩니까?
- Cominciano alle 9 di mattina.	아침 아홉 시에 시작됩니다.
- Tutti i giorni?	매일 그렇습니까?
- No, soltanto 3 volte alla settimana.	아니, 오 일주일에 세 번입니다.
- Lei ha una buona pronunzia.	발음이 좋군요.
- Grazie del complimento.	칭찬해주셔서 감사합니다.
- Non è un complimento: è vero.	칭찬이 아닙니다. 사실입니다.
- Lei è molto gentile.	친절하시군요.
- Perché Lei studia l'italiano?	왜 이탈리아어를 공부하십니까?
- Perché vorrei andare in Italia.	이탈리아에 가고 싶어서요.
- Davvero? Quest'anno?	정말요? 올해요?
- Spero di sì: durante le vacanze.	그러고 싶습니다. 방학 동안에요.
- Benissimo! Tanti auguri!	아주 좋습니다. 행운을 빌어요!
- Tante grazie!	감사합니다.

◑ 연구

1) 「Lei parla italiano?」라고 물었을 경우, 여러 가지 대답을 상정할 수 있다. 이탈리아어를 잘 구사하는 경우: Sì, lo parlo abbastanza bene.
이탈리아어를 조금 구사하는 경우: Sì, lo parlo un po'.
이탈리아어를 전혀 구사하지 못하는 경우: No, non lo parlo affatto.

2) 「Ha studiato」의 표현은 직설법 근과거(passato prossimo)이다. 영어의 현재완료 용법과 비슷하다.

3) 「학교에 가다」와 「학교에 다니다」와는 구별해야 한다. 전자는 「andare a

scuola」로 표현하지만 후자는 「frequentare la scuola」로 표현한다.

4) 「매일매일」이라는 표현으로서 「Tutti i giorni」외에도 「Ogni giorno」를 사용한다. 「하루 종일」은 「Tutto il giorno」. 나 보다 구체적으로 「Dalla mattina alla sera」를 쓰기도 한다.

5) 「일주일에 한번」 - una volta alla settimana, 「하루에 두 번」 - due volte al giorno 「한 달에 세 번」 - tre volte al mese, 「일 년에 네 번」 - quattro volte all'anno

6) 칭찬에 대한 대답으로는 「Grazie del complimento」가 가장 정확하다. 「천만에요」라는 의미의 「Prego」는 「감사합니다 Grazie」에 대한 화답으로 주로 사용된다.

9) Spero di sì. - Spero di no. 그렇기를 바랍니다. - 그렇지 않기를 바랍니다.
Penso di sì. - Penso di no. 그렇게 생각합니다. - 그렇지 않다고 생각합니다.
Credo di sì. - Credo di no 그렇다고 믿습니다. - 그렇지 않다고 믿습니다.

10) Auguri! 는 「축하하다」라는 의미 말고도 「행운을 빈다」라는 의미도 있다.
Auguri di buon compleanno! 생일 축하합니다!

강독

Al mare

Durante i mesi d'estate, giugno, luglio ed agosto, molte famiglie passano le vacanze al mare. L'aria del mare è fresca. Sulla spiaggia ci sono cabine con tavole e sedie. Alcune famiglie affitano una cabina per due o tre settimane; portano i costumi da bagno e gli asciugamani e passano molte ore sulla spiaggia. Il mare non è sempre calmo, qualche volta è agitato. Il sole è forte durante i mesi di luglio e d'agosto ma ci sono gli ombrelloni e, sotto questi ombrelloni, le sedie a sdraio. I ragazzi passano molto tempo nel mare e, dopo un bagno, hanno sempre buon appetito. Alla fine delle vacanze sono abbronzati dal sole.

◐ 어휘

durante ~동안에	il mese 달	passare 보내다
la vacanza 방학	la spiaggia 해변	la cabina 오두막, 방갈로
la settimana 주	portare 가져오다	affitare 빌리다, 세를 얻다
il costume da bagno 수영복	l'asciugamano 수건	
calmo 잔잔한, 조용한	non sempre 항상 ~하는 것은 아니다	
agitato 동요하는, 파도치는	l'ombrellone 파라솔	
la sedia a sdraio 갑판의자(드러눕는 의자)		il bagno 목욕, 해수욕
avere appetito 식욕이 나다	abbronzato 구리빛으로 탄	

연습 문제

1. 다음 밑줄친 부분을 대명사로 바꾸어 다시 쓰시오.

1) Io apro <u>il libro</u>.
2) Maria chiude <u>la finestra</u>.
3) Noi guardiamo <u>gli alberi</u>.
4) Gli studenti ascoltano <u>il professore</u>.
5) Il professore parla <u>a noi, a lui, a lei, a voi, a loro</u>.
6) Noi domandiamo <u>a lui</u> molte cose, e lui risponde <u>a noi</u>.
7) Vedi Giulio? No, non vedo <u>Giulio</u>.
8) Se Emma parla a voi, voi capite <u>Emma</u>?
9) Carlo scrive <u>ad Anna</u> in italiano, e lei risponde <u>a Carlo</u> in inglese.
10) Noi finiamo <u>le lezioni</u> alle cinque.

2. 다음 문장을 읽고 의미상 단수는 복수로, 복수는 단수로 바꾸어 문장을 완성하시오.

1) La lezione finisce a mezzogiorno.
2) Preferite gli spaghetti o la carne?
3) Noi ascoltiamo la musica classica. E voi, che cosa ascoltate?
4) Ti piace andare al cinema? Sì, mi piace.
5) L'insegnante ci proibisce di parlare inglese.

07 Lezione settima

제7과
관계 대명사와 의문 대명사
Pronomi relativi e interrogativi

Pronomi relativi e interrogativi

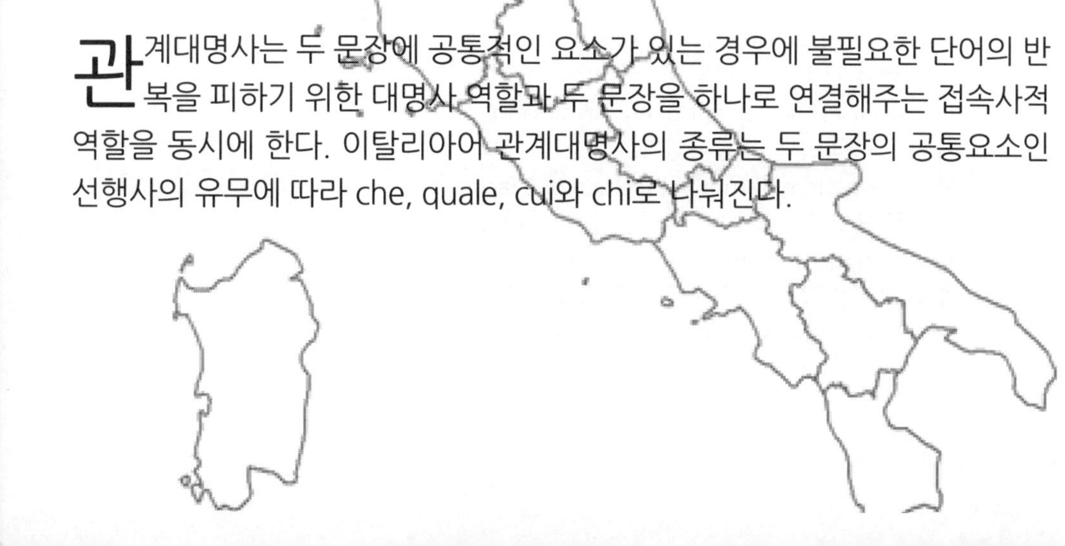

관계대명사는 두 문장에 공통적인 요소가 있는 경우에 불필요한 단어의 반복을 피하기 위한 대명사 역할과 두 문장을 하나로 연결해주는 접속사적 역할을 동시에 한다. 이탈리아어 관계대명사의 종류는 두 문장의 공통요소인 선행사의 유무에 따라 che, quale, cui와 chi로 나눠진다.

Lezione 7

1. 관계 대명사 pronomi relativi

1) Che

관계대명사 che는 이탈리아어의 관계대명사 중에 가장 많이 사용되는 것으로 선행사의 성과 수에 상관없이 형태가 변하지 않으며 선행사가 사람이든 사물이든 제한 없이 사용된다. 주격 및 목적격 역할로만 쓰이며, 전치사 혹은 정관사와 함께 나타날 수 없다.

(1) 주격, 목적격으로 사용된 경우

L'uomo che parla è mio fratello. (선행사가 사람, 주격)
말하고 있는 저 남자는 내 동생이다.
Quell'oro che brilla non è del mio.(선행사가 사물, 주격)
반짝이는 저 금은 내 것이 아니다.
La ragazza che vedo è mia sorella.(선행사가 사람, 목적격)
내가 보는 저 소녀는 내 누이이다.
La lezione che imparo è la letteratura italiana. (선행사가 사물, 목적격)
내가 배우는 수업은 이태리 문학이다.
Il libro che mi ha regalato è molto interessante. (선행사가 사물, 목적격)
네가 나에게 선물한 책이 무척 재미가 있다.
Voglio comprare anch'io quel vestito che indossa tua sorella. (선행사가 사물, 목적격)
나도 네 여동생이 입고 있는 옷을 사고 싶다.

(2) che가 특수하게 사용된 경우: 주격과 목적격 기능 이외에 구어체에서 시간이나 장소인 경우 (in cui로 대체 가능)와 정관사 il과 함께 il che의 형태로 앞 문장 전체를 대신한다.

Non dimenticherò mai il giorno che(=in cui) vi ho conosciuto.
내가 너를 알게 된 그 날을 결코 잊지 않을 것이다.
È un anno che (=da quando) non ci vediamo.
우리가 못 본지 일 년이 되었다.
La domenica che(in cui) ti ho incontrato allo stadio pioveva.
경기장에서 너를 만났던 일요일에는 비가 내리고 있었다.
Paese che vai, usansa che(in cui) trovi.
그 나라에 가면 그 나라의 풍습을 따라라.
La incontrai che(=quando) era primavera.
내가 그녀를 만난 건 봄이었다.
Voglio smettere di fumare, il che non è facile.
담배를 끊고 싶은데 그것은 쉬운 일이 아니다.
Nostro figlio non studia, il che ci preoccupa.
우리 아들은 공부를 하지 않는데, 그것이 우리를 걱정하게 한다.
Io parlo tre lingue, il che è molto utile.

나는 3개 국어를 구사하는데 이것이 매우 유용하다.
Lui non mi ha scritto più, il che mi ha sorpreso.
그는 나에게 더 이상 편지를 쓰지 않았는데. 그것이 나를 놀라게 하였다.
Ti sei messo a lavorare: il che è giusto.
네가 일하기 시작한 것은 옳은 일이다.

2) Quale

관계대명사 quale는 정관사를 동반하여 선행사의 성과 수에 따라 il quale, la quale, i quali, le quali의 형태를 지닌다. 주격과 목적격으로 사용될 때 quale는 che를 대신하여 사용할 수 있으나 현대 이탈리아어에서는 목적격으로 사용되는 경우는 거의 없다. 일반적으로 che에서는 알 수 없는 선행사의 성, 수 정보를 표현해 준다는 점에서 구어체보다는 문어체에서 많이 쓰인다.

L'uomo che(= il quale) ride sempre è sciocco.
항상 웃는 사람은 바보이다.
Il libro, che(=il quale) ha ottenuto il primo premio, è di una giovane scrittrice.
일등상을 받은 그 책은 젊은 여류작가의 것이다.
Il canarino che(=il quale) senti cantare la mattina è del mio vicino di casa.
네게 아침에 노래를 불러주는 카나리아는 내 옆집의 것이다.
Mia zia Maria, che(= la quale) è a Roma, mi scrive spesso.
로마에 계시는 나의 숙모 마리아는 나에게 자주 편지를 쓰신다.
Quei signori che(= i quali) sono entrati ora sono italiani.
지금 들어오시는 분들은 이탈리아인들이다.
Le donne che(= le quali) sono sedute accanto al pianoforte sono le sorelle del signor Rossi. 피아노 곁에 앉아있는 여자들은 롯시 씨의 누이들이다.

3) Cui

관계대명사 cui는 형태가 불변으로 전치사와 함께 사용되거나 소유격으로 사용된다.

(1) 모든 전치사와 결합하여 '전치사+cui' 형태가 된다. 단, a cui에서 전치사 a가 여격(~에게)으로 사용된 경우는 a를 생략하여 cui 단독으로도 나타날 수 있다. '전치사+cui'는 '전치사+정관사+qaule'로 대치할 수 있다. cui는 형태가 불면이면서 정관사가 붙지 않는 반면에 quale는 선행사의 성과 수에 따라 정관사가 동반된다.

L'amico (a) cui(=al quale) scrivo si chiama Luigi.
내가 편지를 보내려는 친구는 루이지라고 한다.
L'amica di cui(=della quale) ti ho parlato è malata.
내가 너에게 말한 그 여자친구는 아프다.
Questo è il motivo per cui(=per il quale) ti ho fatto venire.
이것이 내가 너를 오게 한 이유이다.
Torno spesso a trascorrere qualche giorno nel paese in cui(=nel quale) sono nato.
나는 내가 태어난 마을에서 며칠을 보내기 위해서 자주 온다.

La persona (a) cui(=alla quale) sto scrivendo questa lettera è un mio caro compagno d´infanzia. 내가 쓰고 있는 편지의 수신자는 어린 시절의 친한 친구이다.
Sto portando a termine il lavoro di cui(=del quale) vi ho parlato.
내가 너희들에게 이야기한 그 일을 끝내가고 있다.
La casa in cui(=nella quale) abitate è del nonno di Antonio.
너희들이 살고 있는 집은 안토니오의 할머니 집이다.
Quelle signorine (a) cui (=alle quali) hai domandato la strada non sono di questa zona. 네가 길을 물었던 숙녀들은 이 지역 사람들이 아니다.

(2) cui가 소유격 관계대명사로 사용되는 경우는 cui 앞에 피소유 명사의 성과 수 맞는 정관사가 와서 '정관사+cui+명사'의 형태가 된다.

L'uomo, il cui cervello non funziona, è pazzo.
두뇌가 작용하지 않는 사람은 미친 사람이다.
Un corpo, le cui parti e i cui organi funzionano bene, è sano.
각 부분과 기관이 잘 작용하는 신체는 건강하다.
Dante Alighieri, la cui opera è ancora universalmente ammirata, è morto in esilio.
범세계적으로 여전히 찬양을 받는 작품을 쓴 단테 알리기에리는 유배 중에 죽었다.
La donna, il cui viso esprime una grande gioia, è la madre del bambino che ha preso il primo premio.
얼굴에 큰 기쁨을 띠우고 있는 여인은 일등상을 받은 아이의 어머니이다.

5) Chi

관계대명사 chi는 선행사를 관계대명사 속에 포함하고 있는 형태로, 영어의 the one who에 해당하며 전치사와 함께 쓰일 수 있다. 전치사 없이 단독으로 쓰일 때에는 '~하는 사람은'의 의미를 가지며 colui che, colei che, coloro che, le persone che로 대신할 수 있다.

	Chi	non studia 공부하지 않는 사람은	non impara 배우지 못한다
Colui Colei	che		
Coloro Le persone		non studiano 공부하지 않는 사람은	non imparano 배우지 못한다

Chi(= colui che) si contenta del suo stato è felice.
자신의 상태에 만족하는 사람은 행복하다.
Non sempre è buona chi è bella.
아름다운 여인이 항상 착한 것은 아니다.
Chi(=Colei che)comanda in quella casa sono le donne.

그 집에서 명령하는 사람은 여인네들이다.
Non mi fido di chi non ti fidi. (= Non mi fido di colui del quale non ti fidi.)
네가 신뢰하지 않는 사람을 나도 신뢰하지 않는다.
Abito da chi voi siete stati. (= Abito da colui da cui voi siete stati.)
나는 너희들이 살았던 사람의 집에 살고 있다.
Chi(=Colui che) va piano va sano e va lontano.
천천히 가는 사람은 안전하게 멀리 간다.
Chi(=Colui che) non lavora, non mangia.
일하지 않은 자는 먹지도 말라.
Chi(=Colui che) dorme, non piglia pesci.
잠자는 자는 물고기를 낚지 못한다(게으른 자는 원하는 것을 얻지 못한다).

6) 기타

(1) Chi, chi: 관계대명사 chi는 'chi, chi'의 형태로 「누구는, 누구는」의 의미로 부정대명사 역할을 한다. 영어의 'some, others'에 해당된다.

> Tutti dobbiamo morire: chi presto, chi tardi.
> 모든 사람은 죽게 마련이다. 누구는 빨리 누구는 늦게.
> Nessuno ci ascoltava: chi rideva, chi sonnecchiava, chi chiacchierava.
> 아무도 우리말을 듣지 않았다. 누구는 웃고, 누구는 졸고, 누구는 잡담하고 있었다.

(2) Ciò che, quello che: '~하는 것'의 의미로 영어의 what(=the thing which)에 해당하며 quanto로 대신할 수 있다.

> Ciò che(=quello che, quanto) ti dico è vero.
> 내가 너에게 말하는 것은 사실이다.
>
> Non capisco bene quello che(=ciò che, quanto) ti piace.
> 네가 좋아하는 것을 나는 이해할 수 없다.

(3) Tutto ciò che, tutto quello che: '하는 모든 것'의 의미로 all that에 해당되며, quanto로 대신할 수 있다.

> Tutto ciò che(=quanto) brilla non è oro.
> 반짝인다고 다 금은 아니다.
> Non posso credere a tutto ciò che(=quanto) avete raccontato.
> 너희들이 한 말 모두를 믿을 수 없다.

(4) Quanti: tutto ciò che와 tutto quello che 대신에 quanto를 사용할 수 있는 것처럼, tutti quelli che대신에는 quanti를 쓸 수 있다.

> Ho fatto quanto(=tutto quello che) ho potuto.
> 나는 내가 할 수 있는 모든 것을 했다.
> Quanto i genitori fanno per i figli non sarà mai ripagato da nessuna ricompensa.

부모가 자식들에게 하는 모든 것은 그 어떤 보상으로 갚을 수 없을 것이다.
Quanti(=tutti quello che) lo conoscono hanno la massima stima di lui.
그를 아는 모든 사람들은 그에 대해 최고의 찬사를 한다.
Quanti(=tutti quello che) lavorano devono pagare la tasse.
일을 하는 모든 사람들은 세금을 내야 한다.

(5) Dove: 관계 부사 dove는 '~하는 곳에'의 의미로 in cui를 대신 할 수 있다. 영어의 in which=where와 같다.

L'aula dove(=in cui) studiamo è molto piccola.
우리가 공부하는 강의실은 매우 작다.
Ho visitato il convento dove(=in cui) è morto Tommaso d'Aquino.
나는 토마스 아퀴나스가 돌아가신 수도원을 방문했다.
Il quartiere, dove(=in cui) abitiamo ora, è il più tranquillo della città.
우리가 지금 살고 있는 지역은 이 도시에서 가장 조용한 곳이다.

2. 의문 대명사 pronomi interrogativi

1) Chi: 영어의 who, whom, whose에 해당하며, '누구, 누가, 누구를' 등의 의미로 주어, 목적어 그리고 전치사와 함께 사용된다. 사람에게만 사용되며 형태가 변하지 않는다.

Chi sei? 너는 누구냐?
Chi è là? 저기 있는 사람은 누구입니까?
Di chi parli? 너는 누구에 대하여 이야기하느냐?
A chi mandi quella lettera? 너는 누구에게 이 편지를 보내느냐?
Chi sono quei signori anziani? 저 어르신들은 누구신지요?
Chi ha comperato quel bel quadro? 누가 저 아름다운 그림을 샀느냐?
Dimmi chi ha comperato quel bel quadro. 누가 저 아름다운 그림을 샀는지 내게 말해라.
Di chi è quella poesia? 저 시는 누구의 것이냐?
Non ricordo di chi è quella poesia. 누구의 시인지 기억이 나지 않는다.

2) Che, che cosa, cosa: '무엇, 무엇이, 무엇을'의 의미로 영어의 what에 해당하며 주로 사물을 지칭한다. Che cosa와 cosa는 의문형용사와 의문대명사로 사용할 수 있는 Che와 달리 의문 대명사로만 사용되며 essere 동사 앞에서 모음생략이 가능하다.

Che cerchi? 무엇을 찾니?
Che cosa vuoi? 무엇을 원하니?
Che c'è di nuovo? 새로운 무언가가 있니?
Di che parla? 당신은 무엇에 관하여 말씀하고 계십니까?
Che cosa vuol dire questa parola? 이 말은 무슨 뜻인가?
Che ti ha commosso così? 무엇이 너를 그렇게 감동스럽게 했니?
Non so che pensi di fare. 나는 네가 무엇을 하려고 생각하는지 모르겠다.

  Di che è fatta questa cravatta? 이 넥타이의 재료는 무엇입니까?
  Cosa è(=Cos´è)/ questo ? 이것은 무엇입니까?
  Che cosa è(=Che cos'è) questo ? 이것은 무엇입니까?

3) Quale: '어떤 것, 어떤 사람'의 의미로 사람과 사물을 지칭할 수 있다. 영어 which나 what에 해당하며, 수에 따라 변화하여 복수형태는 quali이다. Quale는 essere 동사 앞에서 어미가 절단되어 qual è가 된다.

  Qual è il tuo indirizzo e-mail? 너의 이메일 주소가 어떻게 되니?
  Qual è il tuo segreto? 너의 비밀이 뭐니?
  Quali sono le tue riviste preferite? 네가 좋아하는 잡지들은 어느 것들이니?
  Quali di questi quadri preferite? 이 그림들 중 어느 것들이 너희들 마음에 드니?
  Qual è lo scopo della tua vita? 네 인생의 목표는 무엇이냐?
  Qual è il prezzo di questa merce? 이 물건 값이 얼마니?
  Non so quali siano le sue intenzioni? 네 의도가 어떤 것인지 모르겠다.

☞주의!
  Che와 Quale는 형용사로서도 쓰인다. che는 내용 및 형태, quale는 선택의 의미와 관련해서 상용된다는 점에서 구분된다.(지시 형용사 편 참조)

  Che lezione abbiamo oggi? 오늘 무슨 수업이 있지?
  Che tempo fa? 날씨가 어때?
  Che musica ti piace? 무슨 음악을 좋아하니?
  Di quali ragazzi parli? 어느 소년들에 대하여 이야기 하느냐?
  Con quale treno parti? 어느 기차로 출발하느냐?

4) Quanto: '얼마, 몇 명, 몇 개'의 의미로 사람과 사물 모두 지칭한다. 영어의 how many, how much에 해당하며, 성과 수에 따라서 quanto,quanta quanti quante 로 변화한다. 일반적으로 시간(tempo), 값(denaro), 거리(distanza) 등 숫자(numero)를 질문할 경우에 단독으로 quanto를 쓰며, 사람들(uomini, persone)의 뜻하는 복수명사가 생략되었다고 이해될 경우에는 quanti나 quante를 쓴다.

  Quanto costa questo dizionario? 이 사전은 얼마입니까?
  Non so quanto costano queste mele al chilo. 이 사과는 1킬로에 얼마입니까?
  Quanto c'è da qui all'aeroporto ? 공항까지 여기서 얼마나 걸리죠?
  Quanti voteranno per il nostro partito? 몇 명이나 우리 정당에 투표할까?
  Non so quanti aderiranno alla tua proposta. 네 제안에 몇 명이 동의할지 모르겠다.
  Ogni quanto passa l'autobus per il centro? 시내까지 버스가 얼마나 자주 지나갑니까?
  Dimmi quanti sono arrivati? 몇 명이나 도착했는지 말해 주렴.
  Quanti ne abbiamo oggi? (ne= di giorni) Ne abbiamo tre.
  오늘 며칠입니까? 3일 입니다.
  Zucchero? Quanto ne vuole?
  설탕은? 얼마나 넣으시겠습니까?

Matite?   Quante ne vuole?
연필은?   얼마나 원하십니까?

3. 주요 불규칙 동사 직설법 현재(I)

규칙동사는 -are, -ere, -ire 부분을 제외한 어근에 각각의 활용어미를 연결시켜 변화하지만, 불규칙동사는 어근과 활용어미가 불규칙적인 변화를 취하며 독자적으로 변화한다. 이탈리아어 동사들 중에서 사용 빈도수가 높은 주요 동사들은 거의 불규칙으로 변화하므로 반드시 암기를 해야 한다. 다음은 1군 불규칙 동사 andare(가다), dare(주다), fare(하다)와 2군 불규칙 동사 sapere(알다)의 주어에 따른 변화형과 현재분사 및 과거분사 형태들이다.

	andare	dare	fare	stare	sapere
io	vado	do	faccio	sto	so
tu	vai	dai	fai	stai	sai
lui, lei	va	dà	fa	sta	sa
noi	andiamo	diamo	facciamo	stiamo	sappiamo
voi	andate	date	fate	state	sapete
loro	vanno	danno	fanno	stanno	sanno
진행형	andando	dando	facendo	stando	sapendo
과거분사	andato	dato	fatto	stato	saputo

위에 소개한 andare를 비롯한 주요 불규칙 동사들은 명사와 결합하여 관용표현을 만들어 낸다. 동사 뒤에 오는 명사에 따라 전치사 단독으로 오는 경우와 전치사와 정관사가 결합된 형태가 오는 경우 혹은 전치사 없이 정관사나 부정관사가 오는 경우가 있기 때문에 주의해서 사용해야 한다.

1) andare(=to go) 동사의 활용 표현

andare a casa 집에 가다
andare al cinema 영화관에 가다.
andare a teatro 연극 구경 가다
andare a spasso 산보가다
andare a piedi 걸어서 가다
andare in bicicletta 자전거 타고가다
andare in automobile (in macchina) 자동차 타고가다
andare in autobus 버스 타고가다
andare in treno 기차 타고가다
andare al mare 바다에 가다
andare in montagna 산에 가다
andare in campagna 야외에 가다
andare in città 도시에 가다
andare a Roma 로마에 가다
andare in Francia 프랑스에 가다
andare a ballare 춤추러 가다
andare a giocare 놀러가다
andare a trovare un amico 친구를 만나러 가다
andare a prendere un'amica 친구를 데리러 가다

2) dare(= to give) 동사의 활용 표현

　　　　dare il buon giorno 아침인사를 하다　dare la buona sera 저녁인사를 하다
　　　　dare la buona notte 밤인사를 하다　　dare noia 실례를 끼치다
　　　　dare una festa 축제를 열다　　　　　dare un tè 차(茶)를 대접하다
　　　　dare una mancia 팁을 주다　　　　　dare mano 도와주다
　　　　dare del tu 2인칭 친근체를 사용하다　dare del Lei 3인칭 존칭을 사용하다
　　　　dare in affitto 임대하다　　　　　　dare un film 영화 한편을 상영하다
　　　　dare l'addio 굿바이 인사를 하다　　　dare alla luce 태어나다, 생산하다
　　　　dare nell'occhio 주의를 요하다　　　dare delle prove 증거를 제시하다
　　　　darsi allo studio 공부에 전념하다　　dare esame 시험을 보다

☞ 주의!
　　　dà는 dare동사의 3인칭 단수형태이며 da는 전치사이다.
　　　Maria dà una mancia al ragazzo.
　　　마리아가 소년에게 팁을 준다.
　　　Il ragazzo riceve la mancia da Maria.
　　　소년이 마리아로부터 팁을 받는다.

3) fare(= to do) 동사의 활용 표현

　　　　fare il bagno 목욕을 하다　　　　　fare la braba 면도하다
　　　　fare colazione 식사를 하다　　　　 fare fortuna 성공하다
　　　　fare rumore 소음을 내다　　　　　fare una domanda 질문을 하다
　　　　fare una telefonata 전화하다　　　　fare una visita 방문을 하다
　　　　fare una passeggiata 산보를 하다　　fare una gita 여행하다
　　　　fare un viaggio 여행하다　　　　　fare presto 빨리하다
　　　　fare tardi 늦게 하다　　　　　　　fare in tempo 제 시간에 하다
　　　　fare rumore 시끄럽게 하다　　　　fare danno 해를 끼치다
　　　　fare il conto 계산하다　　　　　　fare appetito 식욕을 돋구다
　　　　fare avanti 전진하다　　　　　　　fare dietro 후진하다
　　　　fare le spese 시장보다　　　　　　fare benzina 기름을 넣다
　　　　fare il bambino 아이를 낳다　　　　fare del proprio meglio 최선을 다하다

　　　Non fa niente! 상관없어!
　　　Che fai di bello? 특별한 일 있어(좋은 일 있어?)
　　　Che tempo fa?　　　　　　　　　　날씨가 어때?
　　　Fa bel tempo, Fa freddo, Fa caldo　 날씨가 좋다, 날씨가 춥다, 날씨가 덥다.

4) stare(= to stay) 동사의 활용표현

　　　　stare a casa 집에 머물다　　　　　stare a letto 잠자리에 머물다
　　　　stare a Roma 로마에 머물다　　　　stare in Italia 이탈리아에 머물다

stare in albergo 호텔에 머물다
stare in pensione 펜션에 머물다
stare alla pioggia 비오는데 있다
stare al sole 햇볕(야외)에 있다
stare all'aperto 실외에 있다
stare al coperto 실내에 있다
stare alla finestra 방관하다
stare in fila 줄서 있다
stare attento 주의하다
stare sull'attenti 차렷 자세로 있다
stare a galla 표류하다
stare in ansia 고심하다

Come stai? 잘 지내니?
stare male 잘 못 지내다
stare bene 잘 지내다
Dove stai di casa? 어디에 사니?
Sto vicino alla stazione. 역 근처에 산다.
Sto lontano dalla stazione. 역에서 먼 곳에서 산다.

☞ 참고 : satre 동사의 관용표현들!

　　a) Stare per +동사원형: 이제 막 ~하려 하다.
　　Sto per partire. 　나는 막 출발하려 한다.
　　La lezione sta per finire. 수업이 막 끝나려 한다.
　　Sta per piovere. 막 비가 오려고 한다.

　　b) Stare a +동사원형: ~하고 있다
　　Sta a studiare l'italiano. 그는 이탈리아어를 공부하고 있다.
　　Stanno ancora a mangiare. 그들은 아직도 먹고 있다.

　　c) 진행형: stare + 동사의 Gerudio 형태
　　Sto parlando. 　나는 이야기하고 있다.
　　Stiamo studiando. 우리는 공부하고 있다.

5) sapere(= to know) 동사의 활용 표현
　　sapere l'italiano 이탈리아어를 안다
　　sapere l'inglese 영어를 안다
　　sapere ballare 춤을 출 줄 안다
　　sapere cantare 노래할 줄 안다
　　sapere sonare il pianoforte 피아노를 칠 줄 안다
　　sapere giocare a tennis 테니스를 칠 줄 안다
　　Non so che fare. 무엇을 해야 할지 모르겠다.
　　Lo so. 안다.　　　　　　Non lo so. 모른다.
　　Non so nulla. 아무것도 모른다.
　　Non so nulla di Maria. 마리아에 대해서 전혀 모른다(소식을 들은 바가 없다).

☞ 참고: 동사 sapere와 conoscere의 차이
　　　동사 sapere와 conoscere의 뜻은 모두 '~알다'이지만, 목적어 위치에 오는 대상

과 그 의미에 따라 두 동사 모두 사용가능한 경우와 두 동사 중에 하나만 가능한 경우로 구분된다.

(1) 두 동사 모두 사용가능한 경우: '사물, 언어 등을 안다'는 의미로 사용할 때
So(=conosco) bene l'italiano 나는 이탈리아어를 잘 안다
Non so(=conosco) bene l'italiano 이탈리아어를 알다
Lui sa(=conosce) il mio unmero di telefonino 그는 내 핸드폰 번호를 안다.

(2) sapere만 사용하는 경우: '어떤 사실이나 방법, 장소 등을 안다'는 의미로 사용할 때
Marco sa guidare la macchina. 마르코는 운전할 줄 안다
Io so sonare il pianoforte. 나는 피아노를 칠 줄 안다
Loro sanno dove abito io. 그들은 내가 어디에 사는지 안다.

(3) conscere만 사용하는 경우: '사람 혹은 사람과 관련된 사물을 안다'는 의미로 사용될 때
Conosci Mario? 마리오를 아니?
Conosci la madre di Gianni? 쟈니의 어머니를 아니?
Conosco la casa di Gianna. 나는 쟈나의 집을 안다.

기본 회화

A: Scusi, mi sa dire che autobus devo prendere per andare a San Pietro?
B: Il sessantaquattro(64).
A: Passa di qui?
B: Credo di sì, ma non ne sono sicuro. Adesso guardo il cartello.
A: Spero di sì. Sono stanca di camminare con questo caldo.
B: Sì, ferma proprio qui. Per lo sa che non si può salire senza biglietto.
A: Che vuol dire? Non capisco.
B: Bisogna avere un biglietto da un euro.
A: Ah, sì; ora capisco. E a quale fermata devo scendere?
B: Al capolinea, cioè all'ultima fermata.
A: Grazie mille!
B: Prego!

실례합니다, 베드로 성당으로 가려면 어느 버스를 타야합니까?
64번 버스입니다.
이곳을 지나갑니까?
그런 것 같아요. 하지만 확실치 않군요. 지금 표지판을 보겠습니다.
지나가면 좋을 텐데. 이런 더위에 걷기가 힘이 들어요.
예, 이곳을 지나가는 군요. 티켓 없이 탈수 없다는 것을 아셔야 합니다.
무슨 말이세요? 이해를 못하겠는 데요.
일 유로짜리 티켓이 필요합니다.
아, 그래요, 이젠 알겠어요. 그런데 어느 정거장에서 내려야죠?
시발점, 즉 종착역에요.
대단히 감사합니다.
천만에요.

◐ 연구

1) 「mi sa dire」(제게 알려 주세요 혹은 제가 알 수 있을까요)라는 표현은 참으로 많이 쓰이는 좋은 표현이다. 모든 것을 물을 때 사용할 수 있다. 예컨대 시간을 물을 때도 「Che ore sono?」보다 「Mi sa dire che ore sono?」가 훨씬 부드럽다.

2) 대명사 <ne>는 <di ciò> (즉 ~에 대하여)를 대신하는 대명사로서 셀 수 없는 명사를 대신할 때 주로 쓰인다.

   No lo so. 나는 그것을 모른다.
   Non ne so. 나는 그것에 대해서 모른다.
   Adesso lo dico. 지금 나는 그것을 말하고 있다.
   Adesso ne parlo. 지금 나는 그것에 대해서 말하고 있다.

3) 「lo sa che」의 용법은 강조형으로 「che 이하의 내용을 아셔야 합니다」라는 의미가 포함되어 있다.

4) vuole dire: 의미하다

Che vuol dire questa parola? 이 단어는 무슨 뜻입니까?

5) 「cioè」즉, 다시 말하면

강독

Al mercato

Ogni mattina, Anna, la domestica della signora Valli, si alza di buon'ora e va al mercato c'è una macelleria dove Anna compra la carne: manzo, vitello o agnello.

Quando la signora Valli desidera del pesce, Anna lo compra dal pescivendolo: sogliola, merluzzo, triglia, ecc.

Guarda i prezzi della verdura; piselli, fagiolini, zucchini; poi della frutta: mele, pere, uva, meloni e cocomeri.

La frutta è buona per la salute, e non è cara nei mesi estivi: così ogni famiglia ne mangia molta, o cruda o cotta. La macedonia di frutta è sempre gradita, non è vero?

Ogni domenica la signora Valli prepara una macedonia di frutta e invita i suoi nipoti a fare colazione. Buon appetito a tutti!

◐ 어휘

il mercato 시장   la domestica 하녀
alzarsi 일어서다   di buon'ora 아침일찍
la macelleria 푸주간   la carne 육류
manzo 쇠고기   vitello 송아지 고기
agnello 양고기   desiderare 원하다
il pesce 생선   comprare 사다

il pescivendolo 생선가게
merluzzo 대구
guardare 바라보다
la verdura 채소
il fagiolino 콩
la frutta 과일
la pera 배
il melone 멜론
la salute 건강
cruda 날것으로
la macedonia di frutta 과일 샐러드
gradita 환영받는
invitare 초대하다

sogliola 혀가자미
triglia 숭어
il prezzo 가격
il pisello 완두콩
la zucchina 마디호박
la mela 사과
l'uva 포도
il cocomero 수박
i mesi estivi 여름철
cotta 구워서, 익혀서
fare colazione 아침식사하다
preparare 준비하다
il nipote 조카

연습 문제

1. 다음 문장의 관계대명사 〈quale〉는 〈cui〉으로 〈cui〉은 〈quale〉로 바꾸시오.

1) Io ho due occhi con cui vedo, una bocca con cui mangio, due mani con cui lavoro, un cervello con cui penso.

2) Gli arti con i quali camminiamo sono le gambe.

3) Il letto sul quale dormo è molto duro.

4) La città in cui abito è molto interessante.

5) Mio fratello, a cui scrissi ieri, è arrivato stamattina.

6) I miei amici, a cui scrivo spesso, mi rispondono regolarmente.

7) Gli animali con cui viviamo sono animali domestici.

2. 빈칸에 적절한 대명사(관계 대명사, 의문대명사)를 넣으시오.

1) Il libro .... ho comprato non mi piace.

2) Era un uomo .... tutti amavano e di .... tutti parlavano bene.

3) Il medico, ... nome è Roberti, abita vicino a me.

4) La persona di .... parlate è molto conosciuta.

5) Non mi ricordo più .... mi hai detto.

6) Ecco il giornale .... cercate.

7) .... ride sempre è sciocco.

8) Noi sapevamo parlare italiano, ... ci fu molto utile.

9) É una persona con .... non si può parlare di cose serie.

10) Non posso fare .... tu dici.

11) Questa è la ragione per .... ti scrivo.

12) Non so .... fare, ... dire, ... pensare.

13) Quella ragazza, ... padre è ricchissimo, non dà valore al denaro.

14) Tutti .... esiste è opera di Dio.

15) Felice è .... si contenta di .... ha.

16) In .... mese siamo? A .... scuola vai? .... imparate a scuola?

17) Con .... scrivete sulla lavagna?

18) .... vi ha dato questi libri? Di .... libri stai parlando?

19) Per .... sono quei libri? E' bello il libro .... hai letto?

20) .... è il tuo autore preferite?

21) .... altro libro ha scritto questo autore?

22) .... è la tua finestra? .... vedi dalla tua finestra?

23) ....città è la capitale dell'Italia? Con .... paesi confina?

23) Da .... mari è circondata?

24) .... scoprì l'America? In .... anno fu scoperta?

3. 다음 물음에 목적어를 직접 목적 대명사로 만들어 문장을 완성 하시오.

1) Hai visto il giardino?

2) Hai visto i fiori?

3) Hai visto la piscina?

4) Hai visto le piante?

5) Avete chiuso la porta?

6) Avete chiuso il portone?

7) Avete chiuso le finestre?

8) Avete chiuso i cassetti?

9) Avete comprato il pennello?

10) Avete comprato i colori?

11) Avete comprato le vernice?

12) Avete comprato le matite?

13) Chi ha costruito quelle case?

14) Chi ha sorvegliato i lavori?

15) Chi ha perduto questo anello?

16) Chi ha perduto questi occhiali?

17) Chi ha perduto queste chiavi?

08 Lezione ottava

제8과
재귀동사
Verbi riflessivi

Verbi riflessivi

자기 자신을 나타내는 재귀대명사(pronomi riflessivi) mi, ti, si, ci, vi, si 와 함께 쓰일 때 이를 재귀동사라 하며 동사의 동작이 주어로 되돌아오는 동사를 일컫는다. 재귀동사의 용법에 따라 본질적 재귀동사, 형식적 재귀동사, 상호 재귀동사, 대명동사의 형태로 쓰인다. 재귀동사의 활용 형태는 일반 동사의 변화형 앞에 재귀대명사를 위치시켜 나타낸다.

Lezione 8

1. 재귀동사 verbi riflessivi

재귀동사는 목적어를 갖는 타동사에서 오는 경우가 많다. 그 목적어가 자기 자신이 될 때, 재귀대명사를 사용하여 타동사를 재귀대명사로 만들 수 있다.

Marco lava il cane. 마르코가 개를 씻긴다. (lavare 씻기다 - 타동사)
Marco si lava. 마르코가 씻는다. (lavarsi 씻다 - 재귀동사. Marco lava sé의 의미).

재귀 동사의 활용형태는 재귀대명사를 뺀 일반동사의 활용 앞에 재귀대명사를 위치시킨다.

io mi lavo	noi ci laviamo
tu ti lavi	voi vi lavate
lui si lava	loro si lavano

▶주요 재귀동사에는 다음과 같은 것들이 있다.

alzarsi 일어나다, 일어서다   svegliarsi 잠이 깨다
addormentarsi 잠이 들다   lavarsi 씻다
fermarsi 멈추다, 머무르다   sedersi 앉다
divertirsi 즐기다   chiamarsi 불리다. 이름이 ~이다.
vestirsi 옷을 입다   spogliarsi 옷을 벗다
mettersi 입다, 쓰다, 걸치다   esprimersi 자기의사를 표현하다
presentarsi 자기자신을 소개하다, 모습을 드러내다
accorgersi 깨닫다, 알아차리다   decidersi 결정하다
sbrigarsi 서두르다   aciugarsi 몸을 닦다
pettinarsi 머리를 빗다   truccarsi 화장하다
arrabbiarsi 화를 내다   sentirsi 자신이 어떻다고 느끼다
farsi la barba 수염을 깎다   rallegrarsi 기쁘다, 즐겁다
affretarsi 서두르다   riposarsi 쉬다
ammalarsi 병들다   annoiarsi 싫증을 내다
lamentarsi 불평하다, 탄식하다   avvicinarsi 다가가다

Io mi chiamo Marco Rossi.   제 이름은 마르코 롯시입니다.
Lui si avvicina alla stazione.   그는 역으로 다가간다.
Mi sono divertito un mondo!.   나는 굉장히 재밌게 놀았다.

1) 재귀동사의 형태 및 용법

① 본질적 재귀동사(verbo riflessivo proprio) 형태

재귀 대명사가 동사의 직접 목적어 역할을 하는 경우이다.
(예) alzarsi(일어나다)의 직설법 현재형 활용

io mi alzo	noi ci alziamo
tu ti alzi	voi vi alzate
lui si alza	loro si alzano

Ogni mattina Anna si alza alle sei.
안나는 매일 아침 6시에 일어난다.
I bambini si svegliano tardi la mattina.
아이들은 아침에 늦게 일어난다.
Maria si trucca troppo.
마리아는 화장을 너무 많이 한다.
Prima di uscire, si guarda allo specchio.
나가기 전에 그는 거울에 모습을 비춰본다.

② 형식적 재귀동사(verbo riflessivo apparente)
재귀 대명사가 동사의 간접목적어 역할을 하며 직접목적어가 따로 나오는 경우이다.

Marco lava le mani al bambino. 마르코는 아이의 손을 씻겨 준다.
　　　　　직접목적어　간접목적어
→ Marco gli lava le mani. 마르코는 그의 손을 씻겨 준다.

Marco lava le mani a sé stesso. 마르코는 자신의 손을 씻는다.
　　　　　직접목적어　간접목적어
→ Marco si lava le mani. 마르코는 자기 손을 씻는다.

(예) lavarsi le mani(손을 씻다)의 직설법 현재형 활용

mi lavo le mani	ci laviamo le mani
ti lavi le mani	vi lavate le mani
si lava le mani	si lavano le mani

Io mi lavo i capelli. 나는 머리를 감는다.
Noi ci puliamo i denti. 우리는 이를 닦는다.
Se tu cadi di qua, ti romperai le gambe.
네가 여기서 넘어지면 다리가 부러질 것이다.
Stasera cosa ti metti? Mi metto questa gonna.
오늘 저녁 뭐 입을 거니? 이 치마를 입을 거야.
Mi faccio la barba. 나는 면도를 한다.
Mi taglio i capelli. 나는 내 머리를 깎는다.

☞ 주의
farsi + 동사원형 (+da 행위자): 행위자로 하여금 ~하게 하다
Mi faccio fare la barba (dal barbiere). 나는 이발사에게서 면도를 한다.
Maria si fa tagliare i capelli (dal parrucchiere).
마리아는 미용실에서 머리를 자른다.

③ 상호 재귀동사(verbo riflessivo reciproco)
복수형의 주어만 사용되며, 두 개 이상의 주어가 서로 동작에 의해서 영향을 끼친다.
(예) amarsi(서로 사랑하다)의 직설법 현재형 활용

| noi ci amiamo |
| voi vi amate |
| loro si amano |

Antonio e Maria si amano. 안토니오와 마리아는 서로 사랑한다.
Quei ragazzi si odiano tra di loro. 저 아이들은 저희들끼리 서로 증오한다.
Dobbiamo aiutarci reciprocamente. 우리는 서로 도와야 한다.
Noi si stringiamo la mano. 우리는 서로 악수를 한다.
I bambini si salutano. 아이들은 서로 인사를 한다.
Gli studenti si guardano senza parole. 학생들은 서로 말없이 쳐다본다.
Ci conosciamo da molto tempo. 우리는 오래 전부터 서로 알고 지낸다.

④ 대명동사(verbo intransitivo pronominale)
형식은 재귀동사와 같으나 재귀 대명사가 동사의 간접 혹은 직접 목적어 역할을 하지 않고 단지 동사의 일부분에 불과한 경우이다. 재귀대명사를 취하기 때문에 재귀동사의 범주에 들어가긴 하지만, 사실 자동사의 성격을 띤다. di나 in 등의 전치사가 뒤따르는 경우가 많다.

a) 절대적 대명동사: 재귀대명사를 뺀 형태로는 존재하지 않는 것들로 vergognarsi, accorgersi, pentirsi, impadronirsi, rifugiarsi, imbattersi 등이 여기 속한다.
(예) vergognarsi(부끄러워하다)의 직설법 현재형 활용

mi vergogno	ci vergogniamo
ti vergogni	vi vergognate
si vergogna	si vergognano

La madre si vergogna di quello che ha fatto suo figlio.
어머니는 자기 아들이 한 일에 대하여 부끄러워한다.
Mi congratulo del tuo successo.
나는 너의 성공을 축하한다.
Mi pento di averti dato retta.
나는 너의 말에 귀를 기울인 것을 후회한다.
Non si accorge ancora che si è già fatto tardi.

그는 벌써 늦었다는 것을 아직도 모르고 있다.
Mi sono imbattuto in un vecchio amico.
나는 옛 친구와 마주쳤다.

b) 자동사에 재귀대명사를 첨가하여 강조 용법으로 쓰는 대명동사: partirsi, partirsene, sedersi, andarsene, starsene 등이 여기에 속한다.

(예) andarsene(가다)의 직설법 현재형 활용

me ne vado	ce ne andiamo
te ne vai	ve ne andate
se ne va	se ne vanno

È già tardi, me ne vado. 이미 늦었네, 나 간다.
Non voglio sedermi qui. 나 여기에 앉고 싶지 않다.
Lei se ne sta soletta. 그녀는 홀로 남아있다.
Alla morte l'anima se ne parte dal corpo.
죽으면 영혼이 육체로부터 떨어져 나간다.
Loro se ne stanno al sole. 그들은 태양아래 있다.

c) 타동사에도 재귀대명사를 첨가하여 강조 용법으로 쓸 수 있다. offendersi, annoiarsi, preoccuparsi, rassegnarsi 등 다수의 동사가 여기 속한다.

Non ti preoccupare di me. 내 걱정은 하지 마.
Io mi sono rassegnato. 나는 체념했다.
Maria si offende facilmente. 마리아는 쉽게 기분이 상한다.

2) 강조 재귀동사 형식

재귀동사를 쓰지 않더라도 문법적으로 완벽한 문장이지만 재귀동사를 씀으로써 행위 자체를 강조하거나 행위가 주어를 위한 것임을 강조하는 경우이다.

Mangio un gelato. → Mi mangio un gelato. (내가 아이스크림을 먹는다는 사실을 강조)
Compro un libro. → Mi compro un libro. (나를 위한 책임을 강조)
Ho comprato una casa. → Mi sono comprato una casa. (나를 위한 집임을 강조)
Ho letto un libro. → Mi sono letto un libro. (내가 책을 읽었다는 사실을 강조)

☞ 주의

재귀 동사 trovarsi(위치하다)와 장소를 나타내는 부사 ci, vi 가 결합하는 경우 위치에 조심해야한다.

mi *ci* trovo	*vi* ci troviamo
ti *ci* trovi	vi *ci* trovate
ci si trova	*ci* si trovano

Lezione 8 103

☞ **참고**

다음의 동사는 두 가지 뜻이 있음에 유의하시오.

cercare -	① 찾다: Che cosa fai?	Cerco le mie scarpe.	
	너 뭐하니?	신발을 찾고 있어	
	② 애쓰다: Che cosa fai?	Cerco di dormire.	
	너 뭐하니?	잠자려 애쓰고 있어	
mettersi -	① 착용하다: Che cosa fai?	Mi metto le scarpe.	
	뭐하니?	신발을 신고 있어	
	② 착수하다: Che cosa fai?	Mi metto a studiare.	
	뭐하니?	공부를 시작한다.	
sentirsi -	① 느끼다: Mi sento stanco.	나는 피곤을 느낀다.	
	② 하고 싶다: Non mi sento di uscire.	나는 외출하고 싶지 않다.	

2. 주요 불규칙 동사 직설법 현재(II)

	potere	volere	dovere	tenere	rimanere
io	posso	voglio	devo	tengo	rimango
tu	puoi	vuoi	devi	tieni	rimani
lui,lei	può	vuole	deve	tiene	rimane
noi	possiamo	vogliamo	dobbiamo	teniamo	rimaniamo
voi	potete	volete	dovete	tenete	rimanete
loro	possono	vogliono	devono	tengono	rimangono
진행법	potendo	volendo	dovendo	tenendo	rimanendo
과거분사	potuto	voluto	dovuto	tenuto	rimasto

1) potere동사(= can)의 활용 - 보통 조동사로 쓰이나 가끔 본동사로 쓰이기도 한다.

    Non posso fumare.   나는 담배를 피울 수 없다.
    Che posso fare per Lei?   무엇을 도와 드릴까요?
    Posso aiutare?   도와 드릴까요?
    Posso entrare?   들어가도 됩니까?
    Posso fumare una sigaretta?   담배를 피워도 됩니까?
    Non posso fare a meno di fumare una sigaretta dopo pranzo.
    나는 식사 후에 담배를 피우지 않고는 못 배긴다.
    (non potere fare a meno di ~하지 않고는 못 배긴다).
    Se vuoi, possiamo andare al cinema. 네가 원하면 영화구경 갈수 있다.
    Non ne posso più.   더 이상 참을 수 없다, 더는 못하겠다.

2) volere동사(= to want)의 활용 - 보통 조동사로 쓰이나 역시 본동사로도 쓰인다.
    Volere bene a   ~를 사랑하다

Voglio bene a te = Ti voglio bene. 너를 사랑한다.
Cosa vuoi? 무엇을 원하세요?
Non voglio nulla, grazie. 아무것도 원치 않습니다, 고맙습니다.
Vuoi ancora del vino? 포도주를 좀 더 드시겠습니까?
Sì, grazie. 예 좀 더 주세요.
No, grazie. 아니요 됐습니다.
Vuole andare al cinema stasera? 오늘 저녁 영화 보러 가시겠습니까?
Volentieri! 기꺼이 가겠습니다.
Che cosa vuol dire questa parola? 이 단어는 무슨 뜻입니까?
Vuol dire <con piacere>. <기꺼이, 기쁘게>라는 뜻입니다.
Signora, la vogliono al telefono! 부인, 전화가 왔습니다.
volerci: ~이 필요하다, (시간이) 걸리다.
Quando piove ci vuole l'ombrello. 비가 오면 우산이 필요하다.
Questa sedia è rotta: ci vuole un falegname. 이 의자가 망가졌다. 목수가 필요하다.
Quanto ci vuole da qui al teatro? 여기서 극장까지 시간이 얼마나 걸립니까?
Ci vuole un'ora. 한 시간 걸립니다.
Ci vogliono due ore. 두 시간 걸립니다.

3) Dovere 동사(= must)의 활용 - 주로 조동사로 쓰이나 가끔 본동사로도 쓰인다.
조동사로 쓰일 경우: ~해야한다, ~임에 틀림이 없다, ~일 것이다
명사로 쓰이는 경우: 의무
본동사로 쓰이는 경우: 빚지다

Ognuno deve fare il proprio dovere. 각자는 자신의 의무를 다해야 한다.
Devo leggere? 내가 읽어야 합니까?
Che cosa devo fare? 내가 무엇을 해야 합니까?
Dov'è il babbo? 아빠가 어디에 있습니까?
Dev'essere nello studio. 서재에 계실거야.
Il treno deve arrivare alle tre, perciò io devo essere alla stazione prima delle tre.
기차가 3시에 도착할 것이다, 따라서 나는 3시 전에 역에 나가있어야 한다.
Quanto Le devo? 제가 당신에게 얼마를 드려야합니까?
Lei mi deve dieci euro. 제게 10유로 주셔야합니다.
Ecco dieci euro: ora non le devo più nulla.
여기 10유로 있습니다. 이제 당신께 빚진 게 없습니다.

4) tenere동사(= to hold, keep, take)
Dove tieni lo zucchero? 설탕을 어디에 두었느냐?
Lo tengo in quel cassetto. 저 서랍에 두었습니다.
Noi non teniamo persone di servizio, ma la nosrta casa è ben tenuta.
우리는 일하는 사람을 두고 있지 않습니다, 그러나 우리 집은 잘 정돈되어 있습니다.
Io tengo la corrispondenza, il babbo tiene l'amministrazione.

나는 연락을 책임지고 아빠는 행정을 맡고 계시다.
Molte persone tengono la penna nella mano sinistra.
많은 사람들이 왼손으로 펜을 잡는다.
In Italia i veicoli tengono la destra, in Inghilterra la sinistra.
이탈리아에서 자동차는 우측통행을 하고 영국에서는 좌측통행을 한다.

☞ 주의

tenere a + 명사, 동사원형: 소중하게 생각하다. 이 때 a 전치사구 부분을 particella "ci"로 받을 수 있다.
Io tengo molto alla famiglia. 나는 가족을 매우 소중하게 생각한다.
→ Io ci tengo molto. 나는 그것을 매우 소중하게 생각한다.
Teniamo molto a fare questo lavoro. 우리는 이 일을 하는 것을 매우 소중하게 생각한다.
→ Ci teniamo molto. 우리는 그것을 매우 소중하게 생각한다.

5) rimanere동사(= to stay, remain)

Se rimani ancora cinque minuti, mi fai molto piacere.
네가 5분만 더 머물러 있으면 내게 큰 기쁨일 텐데.
Rimango qui fino alle sei. 6시 까지 여기에 머무르겠다.
La domenica non vado fuori, rimango a casa.
나는 일요일에 외출하지 않고 집에 있는다.
Sono rimasto a lavorare fino a tardi. 나는 늦게까지 일하러 남았다.
L'ufficio rimane chiuso tutto agosto. 사무실은 8월 내내 닫혀 있습니다.

기본 회화

A: Salve! Come mai da queste parti? 안녕하세요! 그런데 여기 어쩐 일이세요?
B: Vado a trovare un'amica. 친구 만나러 가는 길이에요.
A: È tanto tempo che non ci vediamo. Come stai?
참으로 오래간만이네요. 어떻게 지내세요?
B: Non c'è male, e tu che fai di bello? 나쁘진 않아요. 뭐 좋은 일 없어요?
A: Le solite cose, niente di speciale. 늘 그렇죠. 특별한 건 없구요.
B: Lavori sempre nello stesso ufficio? 여전히 같은 직장에서 근무해요?
A: Eh, sì, è difficile trovare un altro lavoro. 네, 다른 일을 구하기가 어려워요.
B: Lo so. Anch'io cerco un lavoro da molti mesi.
나도 알아요. 나 역시 여러 달 전부터 일자리를 찾고 있어요.
A: Senti, che fai questa sera? 그런데, 오늘 저녁 뭐 할거예요?
B: Non ho nessun impegno. 아무 일도 없어요.
A: Allora usciamo insieme? 그러면 함께 외출할까요?
B: D'accordo! 좋아요.

● 연구

1) 만나서 나누는 인사는 다양하나 많이 쓰이는 말들이 Salve 와 Ave 이다. 영어의 Hellow 쯤에 해당한다고 생각하면 된다. Ave Maria! 도 그 뜻은 「안녕하세요, 마리아님!」 이다. da questi parti 는 「이곳에」, 「이 지역에」 라는 뜻으로 보다 쉽게 <qui>로 대체할 수도 있다.

2) <trovare>동사는 보통 「발견하다」 라는 의미로 쓰이나 「만나다」 라는 의미로도 쓰인다. 즉 <incontrare>의 의미로 쓰인다. 따라서 위문장을 다음과 같이 다시 쓸 수 있다. Vado a incontrare un'amica. 혹은 Vado a vedere un'amica.

3) cercare lavoro: 일자리를 구하다
   trovare lavoro: 일자리를 찾다(일자리를 잡다)

4) Da quanto tempo cerchi un lavoro?(얼마 전부터 일자리를 찾고 있나요?)라는 질문에 대한 답변으로 Cerco un lavoro da molti mesi. 가 가능하다.

5) Senti: 친한 사이에 이야기를 나누던 중 주위를 환기 시킬 때 즉 「내 말 좀 들어봐요」 의 의미이다.

6) <D'accordo>는 <Sono d'accordo>, 즉, 「동의한다」 라는 의미이다.

강독

La mia giornata

Io mi chiamo Riccardo Berni e mi occupo di compra e vendita di case in un'agenzia della città.

Mi sveglio ogni mattina alle sette. Un nuovo giorno comincia. Mi alzo, mi metto la vestaglia e le pantofole, poi vado alla finestra a vedere che tempo fa. Se c'è il sole e la giornata si presenta buona mi rallegro, se piove mi rattristo un poco, ma mi consolo pensando che quando abbiamo da fare, non ci accorgiamo se il tempo è bello o brutto. Poi vado nella stanza da bagno, mi faccio la barba, mi lavo e mi pettino. Infine torno in camera e mi vesto.

Dopo colazione m'incammino verso il garage, prendo la macchina e vado in ufficio. Parlo coi clienti, mi interesso dei loro desideri, li accompagno fuori se è necessario, cercando di concludere gli affari.

All´una ritorno a casa dove la famiglia mi aspetta. Ci mettiamo a tavola e mangiamo con grande appetito. Dopo il pasto, mio padre si riposa nella sua poltrona accanto alla radio e ascolta le notizie(ma spesso si addormenta); mia madre si contenta di sedersi per qualche minuto a leggere il giornale; io accendo una sigaretta e vado in giardino, mi diverto col cane o mi fermo a parlare col giardiniere.

Alle tre ognuno si affretta a tornare al suo lavoro. Per me ci sono altre interviste coi clienti, lettere, telefonate. Non mi fermo un minuto e non mi accorgo che il tempo passa così presto.

Alle otto la famiglia si riunisce di nuovo per la cena. Dopo una lunga giornata di lavoro, ci sentiamo finalmente tranquilli e contenti.

Facciamo una vita semplice, ma non ci annoiamo. Dopo cena, se non ci sentiamo di uscire, guardiamo la T.V. o parliamo del più e del meno. L'ora di coricarsi si avvicina. Quando sono in camera mia, mi spoglio, mi metto il pigiama e mi lavo; poi vado a letto e mi addormento profondamente. La giornata è finita.

◐ 어휘

occuparsi di ~에 몰두하다, 근무하다.
un'agenzia 지점, 가게
cominciare 시작하다
mettersi 걸치다, 착용하다
le pantofole 슬리퍼
rallegrarsi 기뻐하다
consolarsi 자위하다
accorgiarsi 알아차리다, 깨닫다.
la stanza da bagno 목욕탕
verso ~을 향하여
di nuovo 다시
svegliarsi 깨어나다
alzarsi 일어나다
la vestaglia 가운
presentarsi 나타나다, 제시하다.
rattristarsi 슬퍼하다
avere da fare 할 일이 있다
farsi la barba 면도하다
il garage 차고
la cena 저녁식사
fare una vita semplice 단순한 삶을 영위하다.
parlare del più e del meno 이런저런 이야기를 하다.
andare a letto 잠자리에 들다.

연습 문제

1. 빈 칸에 주어진 동사를 활용하여 문장을 완성하시오.

1) Di solito io .... molto presto. (svegliarsi)

2) Se non ti dispiace, noi .... qui per la notte. (fermarsi)

3) Complementi, Su Jin! .... davverro bene in italiano. (esprimersi)

4) Spesso i bambini .... tardi la sera. (addormentarsi)

5) Allora, noi .... a studiare! (mettersi)

6) Se faccio tardi, la mamma .... (arrabbiarsi)

7) Noi .... un caffè. (prendersi)

8) Noi .... a più tardi. (vedersi)

9) Come .... quella ragazza? (chiamarsi)

10) Quando torno a casa, io .... la doccia. (farsi)

2. 빈 칸에 주어진 동사를 활용하여 문장을 완성하시오.

1) Qui tu .... fare quello che .... (potere, volere)
2) Quanto tempo .... per finire questo lavoro? (volerci)
3) .... almeno tre giorni. (volerci)
4) Voi .... venire con noi? (volere)
5) Questo libro non mi serve più. Lo .... tu? (tenere)
6) Non .... uscire stasera, perché abbiamo molto da fare. (potere)
7) Dopo tre ore di studio, tu non ne .... più! (potere)
8) Se lui si comporta così, ci .... essere una ragione. (dovere)
9) Grazie di aiuto! Io ti .... molto. (dovere)
10) Marco .... a queste foto; .... anch'io. (tenere)

promemoria

09 Lezione nona

제9과
법과 시제
Modi e Tempi

Modi e Tempi

화자의 표현 방식을 법(i modi)라 한다. 이탈리아어의 법은 시제(tempi), 인칭(persona) 그리고 성(sesso)과 수(numero)에 따라 동사가 굴절되어 나타나는 한정법(i modi finiti)과 굴절되지 않는 부정법(i modi infiniti)으로 구분된다. 한정법에는 직설법(indicativo), 접속법(congiuntivo), 조건법(condizionale), 명령법(imperativo) 등이 있으며, 부정법에는 제룬디오(gerundio), 부정사(infinito), 분사(participio)가 있다. 이들을 간략하게 소개하면 다음과 같다:

Lezione 9

1. 법의 정의와 구분

▶ 직설법(Indicativo): 현실과 객관적인 사실성을 바탕으로 직설적이고 직접적으로 표현하는 어법이다. 직설법이 포함하는 시제는 현재(presente), 근과거(passato prossimo), 반과거(passato imperfetto), 원과거(passato remoto), 선립과거(trapassato remoto), 대과거(trapassato prossimo), 단순미래(futuro semplice), 선립미래(futuro anteriore) 이다.

▶ 접속법(Congiuntivo): 직설법과는 달리 주관적이며 완곡하고 감정변화가 가미된 정제된 어법이다. 접속사로 연결된 종속절에서 사용되며 이 어법의 시제에는 현재(presente), 과거(passato), 반과거(imperfetto), 대과거(trapassato prossimo)가 있다.

▶ 조건법(Condizionale): 주로 조건절과 가정절을 이끄는 어법으로 직설법보다 완곡하고 예의바르며 세련된 표현 방법으로 가능성을 표현할 때, 정중한 방식으로 의견을 표현할 때, 요구 또는 의향을 표현할 때 사용된다. 접속법과 함께 쓰이기도 하며 이 어법의 시제에는 현재(presente)와 과거(passato)가 있다.

▶ 명령법(Imperativo): 타인에 대한 명령, 권유, 금지, 충고, 요청 등을 표현하는 어법이다. 명령법에는 긍정 명령과 부정명령이 있으며, 시제로는 현재(presente)와 미래(futuro)가 있다.

▶ 부정법(Modo infinito): 동사에 시제(tempi), 인칭(persona)그리고 성(sesso)과 수(numero)가 굴절되어 나타나지 않아 부정법이라 하며, 함축형(le forme implicite)이라고도 한다. 부정법에는 현재분사와 과거분사(participio passato, participio presente)와 제룬디오 현재(gerundio presente)와 제룬디오 과거(gerundio passato) 그리고 부정사 현재(infinito presente)와 부정사 과거(infinito passato)가 있다.

위의 내용을 도표로 나타내보면 다음과 같다:

법(modi)		시제(tempi)		
		현재	과거	미래
한정법	직설법	현재	근과거 반과거 원과거 선립과거 대과거	단순미래 선립미래
	접속법	현재	근과거 반과거 대과거	
	조건법	현재	과거	
	명령법	현재		미래
부정법	제룬디오(gerudio)	현재	과거	
	분사	현재	과거	
	부정사	현재	과거	

2. 시제의 구분: 단순시제와 복합시제

이탈리아어의 시제는 단순시제와 복합시제로 구분되다. 단순시제는 동사의 어미변화만으로 시제 및 인칭이 표현되는 것을 말하며 복합시제는 "조동사 + 과거분사"의 형태로 구성된다.

시제	구분	형태
단순시제	직설법 현재 반과거 원과거 단순미래 명령법 현재 단순미래 접속법 현재 반과거 조건법 현재	어미변화
복합시제	직설법 근과거	조동사의 직설법 현재 + 과거분사
	직설법 대과거	조동사의 직설법 반과거 + 과거분사
	직설법 선립과거	조동사의 직설법 원과거 + 과거분사
	선립미래	조동사의 단순미래 + 과거분사
	접속법 과거	조동사의 접속법 현재 + 과거분사
	접속법 대과거	조동사의 접속법 반과거 + 과거분사
	조건법 과거	조동사의 조건법 현재 + 과거분사

3. 조동사의 선택

복합시제에 사용되는 조동사(i verbi ausiliari)에는 essere, avere 동사가 있다. 그 선택법은 다음을 기준으로 한다.

1) 조동사 essere가 사용되는 경우: 대부분의 자동사
   (1) 왕래발착을 나타내는 이동 자동사:
      andare(가다), venire(오다), partire(출발하다), ritornare(돌아오다), arrivare(도착하다), entrare(들어가다), uscire(외출하다), salire(오르다), scendere(내려오다) 등

   (2) 장소상태 및 존재의 의미를 나타내는 자동사:
      stare(머물다), rimanere(남다), restare(남다), essere(있다), esistere(존재하다) 등

   (3) 재귀동사:
      fermarsi(머물다), riposarsi(쉬다), alzarsi(일어나다), informarsi(정보를 구하다) 등

   (4) 변화를 나타내는 자동사:
      crescere(성장하다), diventare(되다), nascere(태어나다), morire(죽다), invecchiare(늙다), ingiovanire(젊어지다) 등

   (5) 비인칭 동사:
      piacere(좋아하다), succedere(발생하다), accadere(생기다), apparire(나타나다), sembrare(보인다), bastare(충분하다), occorrere(필요하다), bisognare(필요하다) 등

2) 조동사 avere가 사용되는 동사: 대부분의 타동사
   (1) 직접 목적어를 필요로 하는 타동사:
      mangiare(~을 먹다), ripetere(~을 반복하다), capire(~을 이해하다), dare(~을 주다), sentire(~을 느끼다), lavare(~을 씻다), studiare(~을 공부하다), comprare(~을 사다) 등

   (2) 직접 목적어의 의미를 내재적으로 포함하고 있는 완전자동사:
      dormire(잠을 자다), sognare(꿈을 꾸다), ridere(웃음을 웃다), sorridere(미소를 짓다), piangere(울음을 울다), pranzare(점심을 먹다), cenare(저녁을 먹다), camminare(걸음 을 걷다), parlare(말을 하다), telefonare(전화를 하다), vaiggiare(여행을 하다), passeggiare(산책을 하다) 등

   (3) essere를 조동사로 사용할 때 과거분사는 항상 주어의 성과 수에 일치시킨다.

Lui è nato nel 1990. 그는 1990년생이다.
Lei è nata nel 1990. 그녀는 1990년생이다.
Noi siamo nati nel 1990. 우리는 1990년생이다.
Loro sono nate nel 1990. 그녀들은 1990년생이다.

(4) avere를 조동사로 사용할 때 과거분사는 원칙적으로 불변이다.

Marco ha incontrato Maria. 마르코는 마리아를 만났다.
Maria ha incontrato Marco. 마리아는 마르코를 만났다.

(5) avere 조동사 앞에 직접 목적격 약형 대명사(lo, la, li, le)가 오면 과거분사는 주어의 성과 수가 아니라 직접 목적격 약형 대명사의 성과 수에 일치되어야 한다.

Lui ha mangiato il gelato? Sì, l'ha mangiato. (lo → l')
그는 아이스크림을 먹었니? 응, 그것을 먹었어.
Lui ha mangiato la pizza? Sì, l'ha mangiata. (la → l')
그는 피자를 먹었니? 응, 그것을 먹었어.

(6) 타동사와 자동사로 모두 기능 가능한 동사들은 문장 내에서의 그 쓰임을 보고 자동사인지 타동사인지를 구분해야 하며, 그 구분에 따라 조동사 essere와 avere 중 하나를 선택해야 한다.

동사	타동사(avere를 취함)	자동사(essere를 취함)
bruciare	~을 태우다	타다
cominciare	~을 시작하다	시작되다
passare	~을 보내다	지나가다
cambiare	~을 바꾸다	바뀌다
finire	~을 끝내다	끝나다
suonare	~을 연주하다	울리다
scendere	~을 내려오다	내려오다
continuare	~을 계속하다	계속되다
saltare	~을 건너뛰다	오르다
guarire	~을 치료하다	회복되다
salire	~을 오르다	오르다

(7) 동사 vivere(살다)와 piovere(비가 오다), nevicare(눈이 내리다), diluviare(홍수지다), fulminare(번개가 치다), gelare(얼음이 얼다), tuonare(천둥치다), grandinare(우박이 내리다), brinare(서리가 내리다) 등 기후를 나타내는 동사들은 조동사 essere와 avere 모두 취할 수 있다.

Sono vissuto (=Ho vissuto) a Venezia per cinque anni.
나는 5년 동안 베니스에 살았다.
È piovuto(= Ha piovuto). 비가 왔다.
È nevicato(= Ha nevicato). 눈이 내렸다.

4. 직설법 연구(I)

1) 직설법 현재(Il presente indicativo)

직설법 현재형의 동사 어미변화는 이미 앞장에서 제시했으므로, 이 장에서는 직설법 현재 동사의 쓰임새를 살펴보고자 한다.

(1) 현재의 동작, 상태 등의 사실을 표현할 때

   Il treno passa davanti a noi. 기차가 우리 앞을 지나간다.
   Siamo stanchi morti. 우리는 너무나 피곤하다.
   Il bimbo dorme tranquillamente. 아이가 고요히 잠을 자고 있다.

(2) 현재의 습관적 행위를 표현할 때

   Ogni giorno mi alzo alle sei e vado a letto alle nove.
   매일 나는 여섯시에 일어나고 아홉시에 잠자리에 든다.
   Marco viene sempre a scuola in ritardo.
   마르코는 항상 학교에 늦게 온다.

(3) 보편적, 항구적 진리를 표현할 때

   Tutto ciò che brilla non è oro.   반짝인다고 다 금은 아니다.
   La terra gira intorno al sole.   지구는 태양 주위를 돈다.
   Due più cinque fa sette.   2더하기 5는 7이다.

(4) 현재에도 통용되는 옛 성현이나 작가들의 말을 인용할 때

   Gesù dice: "Beati i poveri di spirito, perché il regno dei cieli è di essi".
   예수께서 말씀하시기를 "마음이 가난한 사람은 행복하다. 하늘나라가 그들의 것이기 때문이다."

(5) 과거에 시작되었으나 현재까지 동작이나 상태가 그대로 유지될 때

   Lui abita a Roma da cinque anni.
   그는 5년 전부터 로마에 살고 있다.
   Sono già tre settimane che Anna non mi scrive.
   안나가 내게 편지를 하지 않은지 벌써 3주가 되었다.
   Il capitano guarda le Stella Polare da un'ora.
   선장이 한 시간 전부터 북극성을 바라보고 있다.

(6) 회화체에서 가까운 과거에 일어난 동작이나 가까운 미래에 있을 확실한 동작을 보다 생동감 있게 표현할 때

   Voi venite da Seoul?   Sì, ne veniamo.

너희들 서울에서 왔니?　　　예, 서울에서 왔습니다.
Aspetta un momento, torno subito.
잠시 기다려라, 곧 돌아오마.

(7) 문학작품에서 역사적 사실을 극적으로 나타내고자 할 때

Dante nasce a Firenze nel 1265 e muore a ravenna il 14 settmbre 1321.
단테는 1265년 피렌체에서 태어나 1321년 9월 14일 라벤나에서 사망했다.

(8) 속담이나 격언 등을 나타낼 때

Chi non lavora, non mangia.
일하지 않은 자는 먹지도 말라.
Chi dorme, non piglia pesci.
잠자는 자는 물고기를 낚지 못한다(게으른 자는 원하는 것을 얻지 못한다).

2) 직설법 근과거(Indicativo passto prossimo)

1) 근과거의 형태

현재로부터 가까운 미래에 발생한 객관적인 사실을 표현할 때 사용되는 근과거는 복합시제로서 완료의 의미를 지니며 다음과 같은 형태로 나타난다.

근과거의 형태	essere 현재형 또는　　　+　과거분사 avere 현재형

2) 근과거의 사용

(1) 과거에 완료된 동작이나 상태의 결과가 현재까지 영향을 미칠 때

Anna è nata nel 1960.　　안나는 1960년생이다.
Sono stato malato e non mi sento ancora bene.
나는 몸이 아팠고 아직도 상태가 좋지 않다.
Hai ereditato un ricco patrimonio.
너는 많은 유산을 상속받았다.

(2) 현재라는 시간 개념이 포함되어 있는 주기(금세기, 금년, 금주, 금일 등)를 표현할 때

Il nostro secolo è stato turbato da guerre e rivoluzioni.
금세기는 전쟁과 혁명으로 혼란스러웠다.
Questa mattina mia madre si è alzata presto.
오늘 아침 어머니께서 일찍 일어나셨다.
Quest´ anno abbiamo già visitato tre volte la Galleria degli Uffizi.
올해 우리는 이미 3번이나 웃피치 박물관을 방문했다.

(3) 현재시점을 기준으로 지금까지의 경험을 표현할 때

    Non sono stato mai in Italia.
    나는 한 번도 이탈리아에 가본 적이 없다.
    Hai visto quel film?   No, non l'ho visto ancora.
    저 영화를 보았니? 아니, 아직 안 보았어.
    Ho mangiato parecchie volte la bistecca fiorentina.
    나는 여러 번 피렌체 스타일의 스테이크를 먹어보았다.

(4) 최근에 일어난 동작이나 상태 등 가까운 과거를 표현할 때

    La settimana scorsa sono andato a Pusan.
    지난 주 나는 부산에 갔다.
    Due anni fa, ho venduto tutti i miei francobolli.
    이 년 전에 나는 나의 모든 우표를 팔았다.
    Ieri ho letto un libro molto interessante.
    어제 나는 매우 재미있는 책을 읽었다.

3) 직설법 반과거(Indicativo passto imperfetto)

반과거는 이탈리아어로 imperfetto이다. 이 단어는 완료 및 종결을 뜻하는 perfetto앞에 부정 접두어 im이 붙어서 만들어진 것으로 과거에 완전히 완료 및 종결되지 않은 행위를 나타낼 때 사용한다. 직설법 반과거는 동사의 어미변화를 통해 표현된다.

1) 반과거의 형태

(1) essere와 avere 동사의 직설법 반과거 형태

	essere	avere
io	ero	avevo
tu	eri	avevi
lui,lei	era	aveva
noi	eravamo	avevamo
voi	eravate	avevate
loro	erano	avevano

(2) 제1(-are), 제2(-ere), 제3(-ire)군 동사의 직설법 반과거의 규칙 형태

	-are	-ere	-ire
	amare	temere	servire
io	am-avo	tem-evo	serv-ivo
tu	am-avi	tem-evi	serv-ivi
lui,lei	am-ava	tem-eva	serv-iva
noi	am-avamo	tem-evamo	serv-ivamo

voi	am-avate	tem-evate	serv-ivate
loro	am-avano	tem-evano	serv-ivano

(3) 반과거 동사의 불규칙 형태

동사 fare, dire, tradurre, bere, porre는 라틴어 facere, dicere, traducere, bevere, ponere에서 유래한 것이다.

	fare	dire	tradurre	bere	porre
	facere	dicere	traducere	bevere	ponere
io	facevo	dicevo	traducevo	bevevo	ponevo
tu	facevi	dicevi	traducevi	bevevi	ponevi
lui, lei	faceva	diceva	traduceva	beveva	poneva
noi	facevamo	dicevamo	traducevamo	bevevamo	ponevamo
voi	facevate	dicevate	traducevate	bevevate	ponevate
loro	facevano	dicevano	traducevano	bevevano	ponevano

2) 반과거의 사용

   (1) 과거의 습관적이고 반복적인 동작이나 상태를 표현할 때

   Ogni mattina mi alzavo alle sei. 나는 매일 아침 6시에 일어나곤 했다.
   La domenica andavo in montagna. 나는 일요일에 산에 가곤 했다.

   (2) 과거의 불특정 기간 동안 계속되었던 동작이나 상태를 표현할 때

   Quando ero ragazzo, andavo spesso a quel fiume a pescare.
   내가 어렸을 때 그 강에 낚시하러 종종 가곤 했다.
   I Romani dominavano il Mediterraneo. 로마인들이 지중해를 지배했었다.

   (3) 과거의 어떤 특정 시점의 분위기, 상태, 날씨 등을 묘사하거나 기억이나 작품 속의 등장인물들의 모습, 성격, 분위기를 묘사할 때

   Era una bella notte e le stelle brillavano nel cielo.
   그날 밤은 달빛이 아름답고 별들은 하늘에서 반짝이고 있었다.
   Quella mattina, quando mi sono alzato, il cielo era nuvoloso.
   그날 아침 내가 일어났을 때 하늘은 잿빛이었다.
   Mio nonno era un uomo piuttosto piccolo, aveva gli occhi chiari, vestiva modestamente e camminava un po' curvo.
   나의 할아버지는 다소 키가 작고, 눈이 밝으며 옷을 검소하게 입고 조금 구부정하게 걷는 분이셨다.
   Mi ricordo ancora, lei aveva un cappotto nero e una sciarpa a righe.

아직도 기억나는데, 그녀는 검정 외투에 줄무늬 목도리를 하고 있었다.
La mia casa di prima era troppo piccola per quattro persone.
나의 이전 집은 네 사람이 살기에 너무 작았었다.

(4) 과거에 동시에 일어난 동작이나 상황을 묘사할 때

Mentre studiavo, i miei amici giocavano a carte.
내가 공부하는 동안 내 친구들은 카드놀이를 하였다.
Potevo lavorare bene la notte quando tutti dormivano e la casa era silenziosa.
나는 모두 잠을 자고 집이 조용할 때 일을 잘 할 수 있었다.
Con chi parlavi mentre aspettavi l'autobus?
네가 버스를 기다리는 동안 누구랑 말을 하고 있었니?
Mentre il professore spiegava, gli studenti prendevano appunti.
교수님이 설명을 하는 동안 학생들은 필기를 하고 있었다.

4) 직설법 원과거(Indicativo passato remoto)

1) 직설법 원과거의 형태

(1) essere와 avere 동사의 직설법 원과거 형태

	essere	avere
io	fui	ebbi
tu	fosti	avesti
lui,lei	fu	ebbe
noi	fummo	avemmo
voi	foste	aveste
loro	furono	ebbero

(2) 직설법 원과거의 규칙 형태

	-are	-ere	-ire
	amare	temere	servire
io	am-ai	tem-ei	serv-ii
tu	am-asti	tem-esti	serv-isti
lui,lei	am-ava	tem-è	serv-ì
noi	am-ò	tem-emmo	serv-immo
voi	am-aste	tem-este	serv-iste
loro	am-arono	tem-erono	serv-irono

(3) 직설법 원과거의 불규칙 형태

	-are	-ere	-ire
	fare	nascere	dire
io	feci	nacqui	dissi
tu	facesti	nascesti	dicesti
lui,lei	fece	nacque	disse
noi	facemmo	nascemmo	dicemmo
voi	faceste	nasceste	diceste
loro	fecero	nacquero	dissero

2) 직설법 원과거의 사용

(1) 과거의 특정한 시점에 발생한 동작이나 상태를 표현할 때.

Cristoforo Colombo scoprì l'America nel 1492.
크리스토퍼 콜럼부스는 1492년 아메리카를 발견했다.
Sulla riva del Trasimeno Annibale sterminò l´esercito romano.
트라시메노湖의 제방위에서 한니발 장군은 로마군대를 무찔렀다.

(2) 과거의 일정한 기간 동안 계속된 동작이나 상태를 표현할 때(즉 시작과 끝이 명확한 사건)

Lui frequentò l'università dal 1975 al 1980.
그는 1975년 부터 1980년 까지 대학을 다녔다.
Quell'estate, rimasi per un mese alla villa del nonno.
그 해 여름 나는 할아버지의 별장에서 한 달간 머물렀다.
Lo sposalizio del mare, festa veneziana, si celebrò ogni anno dal 1177 al 1797, il dì dell´Ascensione.
베네치아의 축제인 바다의 결혼이 1177년부터 1797년 까지 성모승천 대축일 날(8월 15일)에 거행되었다.

(3) 소설이나 이야기 중에 등장하는 인물의 동작, 행위를 나타낼 때

Gli attori e le attrici recitarono molto bene, e alla fine dell'atto il sipario calò fra uno scroscio di applausi.
남녀 배우들은 연기를 매우 잘 했다. 연극이 끝나자 막이 박수소리를 받으며 내려갔다.
Quando fu lì per lasciar andare la prima asciata, rimase col braccio sospeso in aria, perché sentì una vocina sottile sottile.
그가 막 첫 번째 도끼질을 하려했을 때 팔을 허공에서 멈추었다. 왜냐하면 아주 미약한 목소리를 들었기 때문이다.

(4) 과거의 어떤 계속적인 동작 상태가 다른 짧은 동작에 의해서 중단이 되었다면 전자는 반과거 후자는 원과거이다.

Mentre andavo al bar, incontrai degli amici.
바에 가는 동안 친구들을 만났다.

Mentre andavo al Teatro Nazionale, incontrai il mio professore.
국립극장을 가다가 나의 교수님을 만났다.

(5) 속담이나 금언에 원과거가 쓰이기도 한다(직설법 현재와 같은 용법).

Roma non fu fatta in un giorno.
로마는 하루에 만들어지지 않았다.
Il poco mangiare e il poco parlare non fece mai male.
적게 먹고 적게 말하는 것은 결코 해롭지 않다.

☞ 참고 :

〈직설법 원과거와 근과거의 관계〉

이탈리아어 문법에서 구별하기 까다로운 것이 두 시제의 구분이다. 사실 구분을 하지 않고 혼동하여 사용해도 크게 잘못된 것은 아니나 학교 문법에서는 구분을 원칙으로 한다. 두 시제는 똑같이 과거에 있어서 완료된 동작이나 상태를 나타낸다. 차이점은 현재와 관련이 있느냐 없느냐의 관계로서 결정된다.

Ieri incontrai tuo padre.
Ieri ho incontrato tuo padre.

두 예문 다 「나는 어제 너의 아버지를 만났다」이다. 그러나 첫 문장은 현재와는 전혀 관계없는 과거의 사실에 불과하나 두 번째 문장은 현재까지 영향을 끼치는 최근의 사실로서 쓰이고 있다.

Lui nacque nel 1988.
Lui è nato nel 1988.

두 예문 다 「그는 1988년에 태어났다」이다. 그러나 첫 문장은 지금은 살았는지 죽었는지 분명치 않으나 두 번째 문장은 지금도 살아있다는 뜻이다.
이상에서 알 수 있듯이 원과거와 근과거는 「현재」와의 관련성만을 제외한다면 함께 혼동하여 쓸 수 있다. 따라서 이 두 시제를 반과거(imperfetto)와 상대적 의미로 완전과거(passato perfetto)라고 한다.

〈직설법 원과거(혹은 근과거)와 반과거와의 관계〉

원과거와 근과거가 과거에 있어서 완료된 동작이나 상태를 나타내는데 반하여 반과거는 시작과 끝의 시점이 분명치 않은 과거의 계속적 동작이나 상태를 나타내 준다. 이러한 차이점을 보다 자세히 정리하면 다음과 같다.

(1) 과거의 계속적인 동작이나 상태가 어떤 순간적인 동작에 의해서 중단될 때 전자는 반과거 후자는 원과거(근과거)이다.

Mentre andavo a Teatro, incontrai(혹은 ho incontrato) tuo padre.
극장에 가다가 너의 아버지를 만났다.

(2) 과거의 어느 시점을 기준으로 계속 진행 중인 동작이나 상태는 반과거이고
완료된 동작 상태는 원과거(혹은 근과거)이다.

Stamattina alle sei pioveva ancora.
오늘 아침 6시에도 여전히 비가 내렸다.
Stamattina ha piovuto fino alle sei.
오늘 아침 6시 까지 비가 내렸다.

(3) 불특정 기간 계속된 동작이나 상태는 반과거로써 표시하나 일정기간 계속된
동작이나 상태는 원과거(근과거)로 표시한다. 이 경우 기간의 길고 짧음은 관
계가 없다.

Quando ero giovane, abitavo a Roma.
젊었을 때 나는 로마에 살았다.
Ho abitato(abitai) a Roma dal 1960 al 1967.
나는 1960년부터 1967년 까지 로마에서 살았다.

(4) 소설이나 이야기 중에 나오는 풍경, 사건의 배경, 등장인물의 성격, 모습의 묘
사는 반과거로써 그리고 사건이나 그 등장인물의 동작의 묘사는 원과거(근과
거)로써 한다.

La scena era illuminata dalle luci della ribalta e rappresentava un bosco.
무대는 무대 앞에 위치한 조명에 의해서 밝혀지고 숲을 표현하고 있었다.
Gli attori e le attrici recitarono molto bene, e alla fine dell'atto il sipario calò
fra uno scroscio di applausi.
남녀 배우는 연기를 아주 잘했다. 연극이 끝나자 우뢰와 같은 박수 속에 막이 내
렸다.

기본 회화

A - giornalista(기자)   B - professore(교수)

A: Dov'è nato professore Lee?   이교수님은 어디서 출생하셨습니까?
B: Sono nato a Seoul.   서울입니다.
A: Quanti anni ha?   연세는 어떻게 됩니까?
B: Sono vecchio: ne ho cinquanta.   늙었지요, 50살입니다.
A: Complimenti!   놀랍군요!
A: Sembra molto più giovane!   훨씬 젊어 보입니다.
B: Dice davvero?   정말이세요?
A: Certo!   분명히 그렇습니다.

A: È sposato?   결혼하셨습니까?
B: Sì, sono sposato.   예, 결혼했습니다.

A: Come e quando ha conosciuto Sua moglie?
B: Per caso, vent'anni fa.
A: È stato il primo amore della Sua vita?
B: Sì, a priam vista mi sono innamorato cotto di mia moglie.

부인을 언제 어떻게 만나셨습니까?
20년 전에 우연히 만났습니다.
첫사랑 이었습니까?
예, 아내를 처음 본 순간 깊은 사랑에 빠졌습니다.

A: Fa qualche sport?
B: Sì, gioco a tennis, perché ho capito che aiuta a restare giovani.

스포츠를 하십니까?
예, 테니스를 칩니다. 왜냐면 젊음을 유지하는데 도움이 되거든요.

◐ 연구

1) 출생지를 묻는 가장 일반적인 문장은 「Dov'è nato?」이다. 그러나 상대방의 출신지, 지방에 대한 관심을 가지고 있을 땐 「Di dove è?」를 쓴다. 전자에 대한 대답은 「Sono nato a ...」이고 후자에 대한 대답은 「Sono di ...」이다.

2) 나이를 묻는 질문도 가장 보편적인 것이 「Quanti anni ha?」이나 가끔 「Qual è la Sua età?」를 쓰기도 한다. 전자에 대한 대답은 「Io ho cinquata anni」혹은 「Ne ho cinquanta」이다. 여기서 <ne>는 <of the years> 즉 「수많은 세월들 중 50년을 가지고 있다」라는 의미가 된다. 후자에 대한 대답은 「La mia età è ... 」이다.

기타 <ne>의 용법을 예문을 통해 살펴보면:

Hai molti amici? - Sì, ne ho molti.
친구가 많으세요? 예, 많습니다.
Prende molti caffè? - Sì, ne prendo molti.
커피를 많이 드십니까? 예, 많이 마십니다.
Conosce molte persone? - Sì, ne conosco molte.
사람을 많이 알고 계십니까? 예, 많은 사람을 알고 있습니다.
Conosce molte persone? - No, ne conosco poche.
Conosce molte persone? 아니오, 조금 알고 있습니다.
Hai molta fame? - No, ne ho poca.
많이 배고프니? 아니 조금 배가고파.

3) 「~ 처럼 보인다」라는 의미의 동사는 sembrare 와 parere이다. 이는 비인칭 동사로서 3인칭 단수만이 쓰인다.

4) 「결혼하셨습니까?」라는 질문은 「È sposato?」혹은 「Ha famiglia?」이다.

강독

IL FUOCO E LA LUCE

L'Europa ha un clima mite, cioè né troppo freddo, né troppo caldo, ma il clima varia secondo il tempo e la stagione.

Quando è freddo, noi riscaldiamo le nostre case. Nei tempi passati la gente sopportava il freddo con grande coraggio. Le vecchie case erano vaste, piene di corridoi e di spifferi, le stanze avevano finestre immense e soffitti altissimi; le persone che abitavano in quelle case si coprivano di scialli, tremavano, tossivano, starnutivano, si rifugiavano intorno al caminetto, dove arrostivano davanti e gelavano di dietro.

Le case moderne sono generalmente piccole, raccolte e facilmente riscaldabili con stufe, caminetti, o termosifoni. Nei caminetti bruciamo la legna; nelle stufe, legna o carbone, ma ci sono anche stufe a gas, a kerosene e stufe elettriche. Per il riscaldamento centrale abbiamo caldaie a kerosene, a gasolio, oppure a gas.

Naturalmente, un bel fuoco a legna è sempre una grande attrattiva. Quando fuori piove o tira vento, è una gioia stare in una comoda poltrona accanto al fuoco, prendendo il tè e parlando coi nostri amici. E se siamo soli, il fuoco fa compagnia, ed è piacevole ascoltare il suo crepitìo e guardare le fiamme che cambiano continuamente forma e colore.

Purtroppo la stagione fredda è dura per i poveri, che non hanno il denaro per comprare il combustibile e riscaldare le loro case. Essi di solito stanno in cucina, dove il fuoco che serve per cucinare li tiene anche caldi.

Noi cuciniamo il nostro cibo su fornelli a gas o fornelli elettrici.

Ma in qualche vecchia casa c'è ancora l'ampio focolare coi fornelli a carbone, perché un tempo le massaie cucinavano solo a carbone o alla fiamma, affumicando le pareti e i soffitti. Una cucina moderna è invece bianca e lucente, c'è il forno elettrico o a gas, l'acqua corrente calda e fredda, il frigorifero, la lavatrice, ecc. Tutto è semplice, pratico e pulito.

● 어휘

né ... né ~도 아니고 ~도 아니다
tirare vento 바람이 불다.
il clima 기후
il caldo 더위
il corridoio 복도
il soffitto 천장
il caminetto 벽난로
il carbone 석탄
L'attrattiva 매력
la fiamma 불꽃
variare 변하다
tremare 떨다
tossire 기침하다
bruciare 태우다
gelare 얼다

pieno di... ~로 가득차다.
fare compagna 친구가 되다.
il freddo 추위
il coraggio 용기
il spiffero 바람받이
lo sciallo 숄, 망토
la legna 땔감
il kerosene 등유
il riscaldamento centrale 중앙난방
il crepitìo 불꽃이 이는 소리
sopportare 참다, 견디다
coprirsi di ~를 뒤집어쓰다
starnutire 재채기 하다
arrostire 굽다, 데우다
rifugiarsi 피신하다, 피해가다

연습 문제

1. 다음의 부정법 동사를 근과거 복수 1인칭으로 활용하시오.

1) <u>Partire</u> ieri mattina e <u>tornare</u> ieri sera.
2) <u>Andare</u> in campagna e <u>divertirsi</u> molto.
3) <u>Entrare</u> dal tabaccaio e <u>comperare</u> le sigarette.
4) <u>Incontrare</u> un amico e <u>fermarsi</u> a parlare con lui.
5) Quando <u>arrivare</u> a casa <u>non potere</u> aprire la porta.
6) Non <u>chiamare</u> un fabbro, perché <u>ricordarsi</u> che era festa.
7) <u>Riposarsi</u> un poco, <u>fumare</u> una sigaretta, poi <u>passare</u> da una finesrta.

2. 다음의 부정법 동사들을 근과거로 활용하시오.

1) Domenica scorsa noi <u>alzarsi</u> presto e <u>andare</u> a fare una merenda in campagna.
2) Noi <u>mangiare</u> con grande appetito. Anche Zazà <u>mangiare</u> molto.
3) Dopo il pasto io <u>andare</u> nel bosco, <u>cercare</u> i fiori e <u>trovare</u> molte violette.
4) I ragazzi <u>preferire</u> andare al ruscello a pescare.
5) Ma non <u>pescare</u> nulla e tornare indietro.
6) A un tratto noi <u>sentire</u> uno strano rumore. "Cos'è?" io <u>esclamare</u>.
7) "Forse è una serpe," <u>esclamare</u> mia sorella, e <u>cominciare</u> a correre.
8) Noi la <u>seguire</u>. Poi noi <u>fermarsi</u> e <u>guardare</u> indietro.
9) Allora noi <u>accorgersi</u> che non era una serpe, ma Zazà che correva dietro alle lucertole.
10) Noi <u>divertirsi</u> molto quel giorno, e Zazà <u>divertirsi</u> più di tutti.

3. 다음의 부정법 동사를 반과거로 활용하시오.

1) "Quando io <u>essere</u> giovane," <u>dire</u> mia nonna, "le strade non <u>essere</u> bene illuminate come oggi. Dei lumi a gas <u>essere</u> piantati in cima a rari lampioni, e un uomo chiamato lampionaio li <u>accendere</u> verso sera, uno ad uno; all'alba lo stesso uomo li <u>spengere</u>."
2) Tutte le volte che io <u>passare</u> di là, <u>vedere</u> quel piccolo mendicante; ma non <u>mendicare</u>, <u>vendere</u> fiammiferi, pipe e altri piccoli oggetti.
3) Molti <u>passare</u>, <u>guardare</u>, ma non <u>comprare</u> nulla; altri <u>fermarsi</u>, <u>parlare</u> col ragazzo, gli <u>domandare</u> dove <u>stare</u>, di chi <u>essere</u> figlio, se <u>andare</u> a scuola, perché non <u>fare</u> qualche altra cosa.
4) Il bambino li <u>fissare</u> coi suoi occhi grandi e tristi, ma non <u>rispondere</u>, non <u>potere</u> rispondere: <u>essere</u> sordomuto.

10 Lezione decima

제10과
비교급과 최상급
Comparativo e Superlativo

품질형용사의 성질과 상태를 비교하는 방법에는 형용사의 원래 성질을 나타내는 원급(grado positivo)과 비교급(grado comparativo), 최상급(grado superlativo)이 있다. 비교급에는 우등·열등·동등 비교급이 있고, 최상급은 상대적 최상급과 절대적 최상급으로 나뉘며, 상대적 최상급에는 우등 및 열등 최상급이 있다.

Lezione 10

1. 동등 비교급

동등비교에 쓰이는 관용어구는 주로 così ~ come와 tanto ~ quanto이다. 문장의 간소화를 위 così와 tanto를 생략하기도 한다.

Luigi è così intelligente come Mario.
루이지는 마리오만큼 현명하다.
Mario è tanto intelligente quanto Luigi.
마리오는 루이지만큼 현명하다.
Lui è così felice come me.
그는 나만큼 행복하다.
Mario è così saggio come buono.
마리오는 선량한 만큼 현명하다.
La guerra è tanto terribile quanto inutile.
전쟁은 無益한 만큼 끔찍스럽다.
Anna è così magra come alta.
안나는 키 큰 만큼 말랐다.
Leggere è così piacevole come vedere un film.
독서는 영화감상만큼 즐거운 일이다.
Non è così tardi come pensavo.
내가 생각한만큼 늦지는 않다.
Mario è così felice d'estate come d'inverno.
마리오는 겨울에도 여름만큼 행복해 한다.
I soldati sono tanto desiderosi del riposo quanto della vittoria.
병사들은 승리의 열망만큼 휴식의 바람을 가지고 있다.
Noi amiamo tanto Mario quanto Luigi.
우리는 루이지 만큼 마리오를 사랑한다.

☞주의

양이나 수의 비교에는 tanto ~ quanto를 쓴다.
Mario ha tanti libri quante riviste.
마리오는 잡지만큼 많은 책을 소장하고 있다.
Mario ha tante matite quante ne hai tu.
마리오는 너 만큼 많은 연필을 가지고 있다.
Mario ha tante matite quante ne ha sua sorella.
마리오는 자기 여동생만큼 많은 연필을 가지고 있다.

2. 우등 및 열등 비교급

원급	비교급
bello	più bello di(che) ~ 보다 더 아름다운
bello	meno bello di(che) ~ 보다 덜 아름다운
bello	bello come(quanto) ~ 만큼 아름다운

▶ 우등 비교급: più ~ di(che) ~ 보다 더
▶ 열등 비교급: meno ~ di(che) ~ 보다 덜
▶ 동등 비교급: così ~ come/ tanto ~ quanto ~만큼 ~한

위에서 알 수 있듯이 영어의 「than」(~ 보다) 에 해당하는 단어가 「di」와 「che」 이다. 각각 어떠한 경우에 쓰이는지 살펴보기로 하자.

1) <di>가 쓰이는 경우
① 하나의 형용사로 두 개의 명사를 비교할 때

　　Gennaio è più lungo di febbraio.　1월은 2월보다 더 길다.
　　Febbraio è meno lungo di gennaio.　2월은 1월보다 더 짧다.

② 대명사나 수사를 비교할 때

　　Io sono più bella di te.　　내가 너보다 더 예쁘다.
　　Luigi lavora più di me.　　루이지는 나보다 더 일을 한다.
　　Ho studiato più di venti pagine. 나는 20페이지 이상을 공부했다.

2) <che>가 쓰이는 경우
① 하나의 명사가 두개의 형용사로 비교될 때.

　　Questa macchina è più bella che comoda.
　　이 자동차는 편하다기보다는 아름답다.
　　Lei è più simpatica che bella.
　　그녀는 예쁘다기보다는 성격이 좋다.

② 물질명사를 비교할 때

　　Beviamo più acqua che vino.
　　우리는 포도주 보다 물을 더 마신다.
　　Nell´insalata c´è più olio che aceto.
　　샐러드에는 식초보다는 오일이 더 많다.

③ 전치사가 뒤따라 나올 때.

Lezione 10

Il clima è più freddo a Milano che a Napoli.
기후는 나폴리에서 보다 밀라노에서 더 춥다.
Mario è più felice in primavera che in inverno.
마리오는 겨울 보다는 봄에 더 행복해 한다.

④ 동사를 비교할 때.

Comandare è più difficile che obbedire.
명령하는 것은 복종하는 것 보다 더 어렵다.

⑤ 명사끼리 비교할 때.

Lui è più poeta che prosatore.
그는 산문작가라기 보다 시인이다.

⑥ 완전한 명사구를 비교할 때

È più lodevole un rifiuto schietto che una ingannatrice promessa.
거짓 약속 보다는 순수한 거절이 보다 바람직하다.

⑦ 수량을 비교할 때

I coreani bevono più tè che caffè.
한국인들은 커피보다는 차를 더 마신다.
Questo progetto ha più svantaggi che vantaggi.
이 프로젝트는 장점보다 단점이 더 많다.
Questi giorni la gente mangia meno pesce che carne.
요즘 사람들은 생선보다 고기를 더 많이 먹는다.
Ho più matite che penne.
나는 펜보다 연필을 더 많이 가지고 있다.

☞예문

In estate la terra è arida come la pietra.
여름에는 땅이 돌처럼 단단하다.
La pioggia è utile quanto il sole.   비는 태양 만큼이나 유익하다.
Il mese di maggio è generalmente caldo come il settembre, ma a volte più caldo e a volte meno caldo, secondo la stagione.
5월은 일반적으로 9월만큼이나 덥다. 그러나 계절에 따라 가끔 더 덥기도 하고 덜 덥기도 하다.
La vita di città è più interessante ma meno sana della vita di campagna.
도시의 삶은 시골의 삶 보다 더 재미가 있으나 덜 건강하다.

3. 최상급

원급	상대적 최상급	절대적 최상급
bello	il più bello di	molto(tanto, assai) bello
bello	il meno bello di	bellissmo

1) 상대적 최상급

비교 대상이 있는 최상급이다.

▶ 우등: 정관사 + (명사) + più + 형용사 + di ~중에서 가장 ~한
▶ 열등: 정관사 + (명사) + meno + 형용사 + di ~중에서 가장 덜 ~한

La primavera è la stagione più bella di tutte.
봄은 모든 계절 중에서 가장 아름다운 계절이다.
L'inverno è la stagione più fredda dell'anno.
겨울은 일년 중 가장 추운 계절이다.
Roberto è il più ricco della famiglia, ma anche il meno intelligente.
로베르토는 가족들 중 가장 부유하나 가장 현명하지 않다.
I monti più alti dell'Europa sono il Monte Bianco e il Monte Rosa.
유럽에서 가장 높은 산은 몬테 비앙코(몽 블랑)와 몬테 로사이다.

2) 절대적 최상급

비교대상이 없는 최상급으로 매우 ~하다는 강조의 뜻으로 사용된다.

Oggi il tempo è bellissimo. 오늘은 날씨가 매우 좋다.
In estate l'aria è caldissima. 여름에는 대기가 아주 뜨겁다.
Al Polo Nord la temperatura è bassissima.
북극에는 기온이 아주 낮다.
Le Alpi sono montagne altissime.
알프스 산맥은 매우 높은 산들이다.
La neve è bianchissima.   눈은 아주 하얗다.
Io lavoro moltissimo.   나는 아주 열심히 일한다.
Questo compito è fatto benissimo. 이 숙제는 아주 잘 되었다.

☞ 많이 쓰이는 불규칙 비교급 및 최상급

	원급	비교급	최상급
좋은	buono	migliore(più buono)	ottimo(buonissimo)
나쁜	cattivo	peggiore(più cattivo)	pessimo(cattivissimo)
커다란	grande	maggiore(più grande)	massimo(grandissimo)

작은	piccolo	minore(più piccolo)	minimo(piccolissimo)
높은	alto	superiore(più alto)	supremo(altissimo)
낮은	basso	inferiore(più basso)	infimo(bassissimo)

Un ottimo giovane   아주 훌륭한 청년
Un pessimo affare   아주 고약한 일
Un albergo di infimo ordine   가장 낮은 등급의 호텔
Abitano al piano superiore o inferiore?
그들은 높은 층에 사느냐, 낮은 층에 사느냐?
Non ne ho la minima idea.
나는 그것에 관하여 전혀 생각을 하지 않는다.
Le sigarette svizzere sono migliori di quelle italiane.
스위스제 담배는 이탈리아제보다 더 품질이 좋다.
Luigi è il figlio maggiore(più vecchio).
루이지는 장남이다.
Carlo è il figlio minore(più giovane).
카를로는 막내아들이다.
È una buona idea. 좋은 생각이다.
È un'ottima idea. 정말 좋은 생각이다.

☞ 기타 특수 표현

sempre+비교급: 점점 더(덜) ~하다
più ~ e più ~: ~하면 할수록 더 ~하다
più ~ e meno ~: ~하면 할수록 덜 ~ 하다
In autunno i giorni diventano sempre più corti.
가을에는 낮이 점점 더 짧아진다.
Capiscono l'italiano sempre meglio ogni giorno.
나는 이탈리아어를 날마다 점점 더 잘 이해한다.
Più lavoro e più guadagno.   일을 더 하면 더 번다.
Meno mangio e meglio sto.   덜 먹으면 몸상태가 더 좋다.

☞ 알아두면 유용한 형용사

primavera - primaverile	giorno - giornaliero
estate - estivo	settimana - settimanale
autunno - autunnale	mese - mensile
inverno - invernale	anno - annuale

기본 회화

A: A che ora fa colazione Lei?   당신은 몇 시에 아침을 드세요?
B: Alle sette e mezzo.   일곱 시 반입니다.
A: Dove fa colazione?   어디서 하십니까?
B: A casa. E Lei?   집에서 합니다. 당신은요?
A: Io non faccio mai colazione;   저는 아침식사를 하지 않습니다.
A: prendo solo un caffè.   커피만을 마시지요.
B: Gli italiani non mangiano le uova con il prosciutto la mattina?   이탈리아인들은 아침에 햄과 함께 달걀을 먹지 않습니까?
A: No, noi italiani di solito non facciamo colazione così. Prendiamo solo un caffè o un cappuccino con un cornetto.   아닙니다, 우리 이탈리아인들은 보통 아침을 그렇게 먹지 않습니다. 크로아상과 함께 커피나 카푸치노를 마십니다.

◐ 연구

1) 아침식사 colazione 점심식사 pranzo 저녁식사 cena
   아침/점심/저녁 식사를 하다: fare colazione/pranzo/cena

2) l'uovo는 남성 단수명사이다. 그러나 복수는 le uova로 여성이다. 이처럼 단수, 복수가 불규칙한 명사의 예는 다음과 같다.
   l'uomo - gli uomini 사람들   il dito - le dita 손가락들
   il bue - i buoi 황소들   il braccio - le braccia 양팔
   la mano - le mani 손(手)들   il labbro - le labbra 아래·윗입술
   l'ala - le ali 날개들   il grido - le grida 고함소리들
   l'uovo - le uova 달걀들   il miglio - le miglia 마일

3) 이탈리아에서 커피caffè는 보통 에스프레소를 의미한다. 아메리카노는 caffè americano라 한다.

Lezione 10

강독

LE STAGIONI

Vi sono quattro stagioni in un anno: la primavera, l'estate, l'autunno e l'inverno. Ogni stagione dura tre mesi.

La primavera è la stagione più bella di tutte. Comincia il 2I marzo e finisce il 20 giugno. Non è più freddo e non è ancora caldo. Il clima è dolce, gli uccelli cantano, i primi fiori spuntano nei prati e nei giardini e l'aria è piena di profumi. Il solo inconveniente è che il tempo è variabile, specialmente in marzo: ora il sole brilla nel cielo, e dopo pochi minuti piove e tira vento. Ma il mese di maggio è bellissimo, stiamo meglio fuori che in casa, ed è molto piacevole far passeggiate e merende in campagna.

La seconda stagione è l'estate. Fa caldo. Le giornate diventano sempre più lunghe e afose. Tutte le scuole sono chiuse, e coloro che non sono obbligati a rimanere in città vanno al mare o in montagna. Nei campi i contadini mietono il grano sotto il sole, la terra è dura e arida come la pietra, le verdure seccano per mancanza di pioggia. Ma ad un tratto ecco un temporale, con lampi, tuoni e fulmini. I temporali sono violenti ma brevi: lì per lì l'aria sembra più fresca, ma dopo fa caldo come prima.

L'autunno è una stagione dolcissima. Molta gente preferisce l'autunno alle altre stagioni perché è la più tranquilla. A poco a poco le giornate diventano più corte e la luce del sole è meno brillante, ma i campi non sono stati mai cosi ricchi, e i boschi mai così belli. Le foglie di molti alberi cambiano colore e diventano rosse e gialle. Soltanto i cipressi, i pini, l'alloro e gli abeti non cambiano mai colore, e perciò sono detti sempreverdi. L'autunno è la stagione della vendemmia e della caccia. Mentre i contadini colgono l'uva per fare il vino, sentiamo in lontananza gli spari dei cacciatori, e i ragazzi tornano dai boschi con cestini pieni di funghi e di more. Ma verso la fine dell'autunno, la vita diventa meno piacevole: comincia a piovere e l'aria è improvvisamente fresca. Gli ultimi fiori si piegano sotto la pioggia insistente, le foglie si staccano dagli alberi, cadono a terra e sono spazzate dal vento. Allora non è più attraente stare in campagna, e noi desideriamo di tornare in città, nelle nostre comode case e al nostro lavoro.

L'inverno è la stagione più fredda e più sconfortante di tutte.

La campagna è squallida, gli alberi sono nudi e le piante inaridite dal gelo. In inverno abbiamo pioggia, nebbia, vento e neve. Il cielo è quasi sempre grigio, l'aria è umida, le strade sono bagnate e fangose: la miglior cosa è stare in casa vicino al fuoco. Ma nel periodo più freddo e più triste, la gaia festa del Natale viene a rallegrare tutte le case. I bambini hanno l'albero di Natale, e per i grandi ci sono balli, feste, teatri, spettacoli e concerti. La gente cerca di passare il tempo meglio che può, in attesa di vedere nel cielo la prima rondine, venuta da lontano ad annunziare la fine dell'inverno e il ritorno della primavera.

어휘

il clima 기후
l'uccello 새
cantare 노래하다
spuntare 피어나다
il prato 목장
il profumo 향기
Il solo inconveniente 유일하게 불편한 것
varialbile 가변적인
fare passeggiate 산보하다
brillare 빛나다
piacevole 즐거운, 기분 좋은
fare merenda 간식을 먹다
essere obbligato a ~ 반드시 ~해야하는
afoso 무더운
per mancanza di ~가 부족해서
seccare 마르다
mietere il grano 밀을 수확하다
ad un tratto 갑자기
preferire A a B: <B>보다 <A>를 더 좋아하다
lì per lì 당장에는
il bosco 숲
il temporale 폭풍우
il cipresso 사이프러스
il pino 소나무
l'alloro 월계수나무
l'abeto 전나무
la caccia 사냥
sempreverde 상록수
l'uva 포도
la vendemmia 포도수확
la mora 검은 딸기
fare il vino 포도주를 만들다
il fungo 버섯
gli spari dei cacciatori 사냥꾼들의 총소리
verso ~무렵, ~을 향해
in lontananza 멀리서
squallida 황폐한
pieno di ~으로 가득한
la pioggia insistente 계속 내리는 비
improvvisamente = all'improvviso 갑자기
bagnato e fangoso 젖고 진흙투성이인
la miglior cosa 최고의 것   meglio che può 가능한 한 잘
l'albero di Natale 성탄 트리   in attesa di ~을 기다리며
la prima rondine 첫 번째 제비
essere spazzato dal vento 바람에 휩쓸리다

날씨에 관한 표현들
Il tempo è bello(buono).   날씨가 좋다
Il tempo è brutto(cattivo).   날씨가 궂다.
Il tempo è incerto(variabile).   날씨가 변동적이다.
Il tempo è piovoso(pessimo, orribile, caldissimo, afoso, meraviglioso).
비가 온다. 날씨가 (아주 나쁘다, 끔찍하다, 아주 덥다, 무덥다, 멋지다.)
Che tempo fa?   날씨가 어때요?
C'è il sole.   해가 있다.
C'è la nebbia.   안개가 있다.
Tira vento.   바람이 분다.
Sta per piovere.   비가 오려 한다.
Piove a dirotto.   비가 억수같이 온다.
Fa un freddo cane.   너무 춥다
Si rasserena.   날씨가 개다.
Che bella giornata!   아 날씨 좋다!
Che tempo orribile!   끔찍한 날씨야!
Non fa che piovere!   그저 비만 오는군!

연습 문제

1. 다음에 주어진 단어들을 사용하여 비교급 문장을 만드시오.

1) autunno - freddo - inverno
2) etate - calda - primavera
3) cavallo - grande - cane
4) estate - piove - autunno
5) città - popolata - campagna
6) sole - utile - pioggia
7) andare a teatro - piacevole - stare in casa
8) beviamo - in estate - in inverno
9) quando piove - stare in casa - uscire
10) voi - giovani - noi
11) gennaio - lungo - dicembre
12) onore - prezioso - denaro
13) Molti libri - divertenti - istruttivi
14) sono stanco - sera - mattina

11 Lezione undicesima

제11과
직설법 시제
Tempo indicativo

Tempo indicativo

선립과거는 원과거와 밀접한 관계를 가지는 복합시제이다. 대과거가 어느 일정한 시점 이전에 일어난 계속적 동작, 상태를 표시하는 반면 선립과거는 원과거와 함께 사용되어 주절보다 시제가 앞서서 일어났다는 것을 분명히 밝히고자 할 때 사용된다. 그러나 원과거 시제가 회화체에서 거의 사용되지 않듯이 원과거와 함께 사용되는 선립과거도 현대 이탈리아어에서는 거의 사용되지 않으며, 과거보다 더 이 전에 발생한 사건은 뒤에 배울 직설법 대과거가 대신한다.

Lezione 11

1. 직설법 선립과거 Indicativo trapassato remoto

1) 선립과거의 형태

선립과거의 형태는 "조동사의 직설법 원과거+과거분사"이다. 모든 복합시제와 마찬가지조동사로 essere를 취할 때 과거분사는 주어의 성과 수에 일치해야 한다.

선립과거의 형태	essere 직설법 반과거 또는 avere 직설법 반과거	+ 과거분사

아래의 표는 essere와 avere를 각각 조동사로 선택하는 andare와 amare의 선립과거 형태이다.

	andare	amare
io	fui andato(a)	ebbi amato
tu	fosti andato(a)	avesti amato
lui,lei	fu andato(a)	ebbe amato
noi	fummo andati(e)	avremo amato
voi	foste andati(e)	aveste amato
loro	furono andati(e)	ebbero amato

2) 선립과거의 사용

선립이라는 용어 자체가 먼저 일어난다는 뜻이므로 단문보다는 주절과 종속절이 함께 오는 복문에서 사용된다. 이 경우 주절의 시제는 반드시 직설법 원과거로 표현되어야 하며, 선립과거가 나타나는 종속절은 quando, dopo che, (non) appena 등의 시간을 나타내는 접속사에 연결되어져야 한다.

Appena ebbe proferito queste parole, si morse la lingua.
그는 이 말을 내뱉고서 곧 후회했다.
Quando i nemici si furono ritirati, le truppe avanzarono immediatamente.
적군이 후퇴했을 때 우리 편 군대가 즉각 진격해 나갔다.
Loro salutarono ii genitori quando la cerimonia fu cominciata.
예식이 시작한 뒤에 그들은 부모님께 인사드렸다.
Gli scrissi la risposta appena ebbi ricevuto la sua lettera.
그의 편지를 받자마자 나는 그에게 답장을 썼다.
Lei soffrì molto dopo che tu fosti per l'America.
그녀는 네가 미국으로 떠나버린 후 무척 괴로워했다.
Mario uscì dopo che ebbe finito il suo studio.
마리오는 그의 공부를 끝낸 후에 외출했다.

2. 직설법 대과거 Indicativo trapassato prossimo

직설법 대과거는 과거의 사건보다 그 이전에 발생했었던 사건을 나타내기 위해 사용되는 것으로 근과거, 반과거, 원과거, 선립과거 등 모든 과거시제 중에서 가장 앞선 시제이다.

1) 직설법 대과거의 형태

직설법 대과거의 형태는 "조동사의 직설법 반과거+과거분사"이다. 모든 복합시제와 마찬가지로 조동사로 essere를 취할 때 과거분사는 주어의 성과 수에 일치해야 한다.

선립과거의 형태	essere 또는 직설법 반과거 + 과거분사 avere

아래의 표는 essere와 avere를 각각 조동사로 선택하는 andare와 amare의 대과거 형태이다.

	andare	amare
io	ero andato(a)	avevo amato
tu	eri andato(a)	avevi amato
lui, lei	era andato(a)	aveva amato
noi	eravamo andati(e)	avevamo amato
voi	eravate andati(e)	avevate amato
loro	erano andati(e)	avevano amato

2) 직설법 대과거의 사용

(1) 과거의 시점 이전에 일어나 완료된 동작을 표시할 때

Quando siamo arrivati, il treno era già partito. (근과거-대과거)
우리가 도착했을때, 기차는 이미 떠나고 없었다.
Quando ho acceso il televisore, il film era già cominciato. (근과거-대과거)
내가 텔레비전을 켰을 때, 영화는 이미 시작되어 있었다.
Le cose andarono nel modo che lui aveva previsto. (원과거-대과거)
그가 예측했던 대로 사건이 진행되었다.
Il professore capì che il ragazzo non aveva studiato. (원과거-대과거)
교수는 그 소년이 공부하지 않았던 것을 알아차렸다.
Poiché aveva piovuto per più di due settimane, i fiumi stavano per straripare.(대과거-반과거) 비가 2주 이상 내렸기 때문에 강들이 범람하려 하였다.
Io lo sapevo già che Marco era partito per Roma. (반과거-대과거)
나는 마르코가 로마로 떠난 것을 이미 알고 있었다.

(2) 과거시점 이전의 계속된 동작과 상태 그리고 습관적, 반복적 동작 상태를 표시할 때: 대과거의 형태가 조동사의 반과거와 과거분사가 결합된 복합시제이므로 반과거의 용법과 관련되어 있다.

Prima di decidermi, avevo avuto abbastanza tempo per ripensarci.
결정을 내리기 전에 나는 충분히 그것을 다시 생각할 시간을 가졌다.
Ogni sera, quando suo padre aveva terminato il lavoro, andavano insieme in chiesa.
매일 밤 그의 아버지가 일을 끝내면 그들은 함께 교회에 가곤했다.
Mio nonno raccontava spesso quello che aveva sofferto in guerra.
내 할아버지는 전쟁 때 고통 받은 일들을 자주 이야기 하곤 했다.

3. 단순미래와 선립미래 Futuro semplice e futuro anteriore

1) 단순미래의 형태

	amare	temere	sentire
io	am-erò	tem-erò	sent-irò
tu	am-erai	tem-erai	sent-irai
lui,lei	am-erà	tem-erà	sent-irà
noi	am-eremo	tem-eremo	sent-iremo
voi	am-erete	tem-erete	sent-irete
loro	am-eranno	tem-eranno	sent-iranno

2) 단순미래의 사용

(1) 미래에 일어날 동작이나 상태를 표시할 때.

Loro andranno in Italia l'anno prossimo.
그들은 내년에 이탈리아에 갈 것이다.
Fra poco pioverà.
잠시 후에 비가 올 것이다.
Ti aspetterò davanti alla stazione di Seoul.
너를 서울역 앞에서 기다릴게.
Quando verrà la zia, andremo a cenare fuori.
아주머니가 오시면 저녁 식사하러 밖으로 나갈 것이다.

(2) 현재의 가능성이나 추측을 표현할 때.

시제가 현재라도 가능성이나 추측을 표현할 때에, '아마 ~일 것이다(forse + 동사의 현재형)'를 의미한다.

Mario non si vede ancora, sarà ammalato(forse è ammalato).

마리오가 아직도 안 보인다. 아마 아픈가 보다.
Giovanna è pallida, avrà la febbre.
죠반나의 안색이 창백하다. 아마 열이 있나보다.
Che ora è? - Saranno le undici(=Forse sono le undici)
지금 몇 시지? 아마 11시쯤 됐을 거야.

(3) 명령법 대용으로 사용할 수 있다. 억양에 따라서 조심스런 명령이 될 수 있고 단호한 명령이 될 수 있다.

Amerai il prossimo tuo come te stesso.
이웃을 네 자신처럼 사랑하여라.
Tu non farai storie e te ne andrai subito.
변명하지 말고 즉시 떠나라.
Voi ci aspetterete all´uscita dell´università.
대학교 입구에서 우릴 기다려라.

(4) 말하는 사람의 겸손을 나타낼 때에 조건법 현재의 대용으로, 다른 사람의 의견에 이의를 나타낼 때 사용된다.

In conclusione io dirò(=direi) che non sono persuaso dei vostri argomenti.
결론적으로 말해서 저는 당신 의견에 수긍할 수 없습니다.
Sarà come dici tu, ma io non sono d'accordo.
네가 말하는 대로겠지만, 나는 동의하지 않는다.

(5) 구어체에서 미래시제 대신 종종 직설법 현재형으로 표현할 수 있으며, 이 경우에 시간부사가 자주 등장한다.

Arrivo(=Arriverò) subito . 금방 도착할 거예요.
Torno(=Tornerò) fra un po'. 잠시 후에 돌아올게.
Rimani(=Rimarrai) a casa stasera? 오늘 저녁 집에 남아있을 거니?

3) 선립미래의 형태

선립미래의 형태	essere 단순미래 또는 avere 단순미래	+ 과거분사
	andare	amare
io	sarò andato(a)	avrò amato
tu	sarai andato(a)	avrai amato
lui,lei	sarà andato(a)	avrà amato
noi	saremo andati(e)	avremo amato
voi	sarete andati(e)	avrete amato
loro	saranno andati(e)	avranno amato

4) 선립미래의 사용

(1) 선립미래는 시간부사 종속절로 사용되어 미래에 일어날 일의 순서를 나타내며, 영어의 미래완료형과 같은 용법으로 단순미래의 사건이 일어나기 바로 전에 일어나 완료된 동작이나 상태를 표시한다.

Noi andremo al mare quando avremo finito le scuole.
학교가 끝나면 우리는 바다로 갈 것이다.
Quando lui arriverà qui, avrò finito il mio lavoro.
그가 여기에 도착할 때면 나는 이미 나의 일을 끝냈을 것이다.

(2) 과거의 불확실한 일, 예측, 의심, 가능성을 표현할 때.

L'avrò anche detto, ma non ricordo bene.
내가 이미 그것을 말했을 것이다. 그런데 잘 생각이 나지 않는다.
Loro avranno anche fatto un bel sconto, ma per me lo giudico sempre troppo caro. 그들이 할인도 해 주었을 테지만, 내게는 그것이 항상 비싸다는 생각이 든다.
Saranno anche arrivati, ma qui non si vede nessuno.
그들 역시 도착했을 텐데 여기에 아무도 보이지 않는다.
Dove saranno andate carla e Sandra?
카를라와 산드라는 어디에 갔을까?

(3) 과거 행위에 대한 이의를 나타낼 때.

기본 회화

A: Andrai fuori questo fine-settimana? 이번 주말에 야외에 나갈 거니?
B: Sì, se farà bel tempo andrò via. 그래, 날씨가 좋으면 갈 거야.
A: Dove andrai? 어디 갈 건데?
B: Al mare, da amici miei. 바다에 있는 내 친구들 집에 갈 거야.
A: Ci Starai tutti e due i giorni? 이틀 다 그곳에 머물거니?
B: Sì, tornerò domenica notte. 그래, 일요일 밤에 돌아올 거야.
A: Anch'io prenderò due giorni 나 역시 이틀간의 휴가를 가질

    di vacanza.
B: Dove andrai? In montagna?
A: Per forza! A mio marito non piace né la campagna né il mare
B: In ogni caso è meglio andare in montagna che restare in città.
A: Povera me! Preferisco stare all'ombra e invece dovrò camminare a lungo sotto il sole!

예정이야.
어디 갈 건데? 산에?
그러고 싶어! 내 남편은 들도 산도 좋아하지 않아.
여하튼 도시에 남아 있기보다는 산에 가는 것이 더 좋은 일이야.
그런데 난 참으로 딱한 사람이야! 그늘에 있는 것이 더 좋거든, 그런데 햇빛을 받으면서 오래 걸어야 하니 어쩌면 좋아!

◐ 연구

1) andare fuori: 야외로 나가다.

2) 산에 가다: andare in montagna   바다에 가다: andare al mare   들에 가다: andare in campagna

3) 「~의 집에」, 「~가게」라는 표현은 전치사 「da」로써 한다.

   Maria의 집에: da Maria = a casa di Maira
   그의 집에: da lui = a casa di lui
   내 집에: da me = a casa di me
   담뱃가게에: dal tabaccaio = al negozio di tabaccaio
   이발소에: dal barbiere = al negozio di barbiere
   - Sabato andrò a casa di un'amica mia = Sabato andrò da un'amica mia.
    토요일에 나는 여자 친구 집에 갈 것이다.

4) <piacere>동사는 특수하게 사용되는 동사이다.

  전치사 a + 명사/대명사 + piace + 단수 명사(다른 품사의 명사적용법도 포함)
  전치사 a + 명사/대명사 + piacciono + 복수 명사(다른 품사의 명사적용법도 포함)
   A me piace la musica. = Mi piace la musica.
   나는 음악을 좋아한다.
   - A mia moglie piacciono i libri. 내 아내는 책들을 좋아한다.
   - A mio figlio piace il nuoto(=nuotare). 내 아들은 수영을 좋아한다.

5) 「~도 아니고 ~도 아니다」라는 표현은 「non... né ... né」라는 표현법을 쓴다.

   - Non mi piace né la musica né lo sport.
    나는 음악도 스포츠도 좋아하지 않는다

6) <Ci>는 장소를 나타내는 부사의 역할을 한다.

   - Starà in Italia a lungo? - Sì, ci starò a lungo.
    이탈리아에 오래 머물거에요? - 예 그곳에 오래 머물거에요.

7) 앞서 설명했듯이 단순미래는 현재의 추측을 뜻한다.

- Come mai gli autobus non passano?
버스가 왜 지나가지 않지?
- Ci sarà uno sciopero!
아마 파업일 거야!
- Secondo te, quanti anni ha quella ragazza?
네가 보기에 저 여자애가 몇 살로 보이니?
- Ne avrà venti.
20살쯤 되 보인다.

강독

Mio padre a tavola

- *Natalia Ginzburg*

Mio padre a tavola mangia moltissimo, ma così in fretta, che sembra non mangi nulla, perché il suo piatto è subito vuoto: ed è convinto di mangiare poco, e ha trasmesso questa sua convinzione a mia madre, che lo prega di mangiare. Lui invece sgrida mia madre perché trova che mangia troppo.

Tutti noi, secondo mio padre, mangiamo troppo.

Delle pietanze che a lui non piacciono, dice che gli fanno male.

Se viene in tavola una pietanza che non gli piace, s'infuria: Perchè fate la carne in questo modo! Lo sapete che non mi piace! — Se per lui solo fanno un piatto di qualcosa che gli piace, s'arrabbia lo stesso:

— Non voglio cose speciali! Non fatemi cose speciali! Io mangio tutto, — dice. — Non sono difficile come voi. —

A mio padre piace la frutta molto matura; perciò quando a noi capita qualche pera un po' guasta, la diamo a lui.

— Ah, mi date le vostre pere marce! Begli asini siete! — dice con una gran risata e mangia la pera in due bocconi.

◐ 어휘

in fretta: 급하게, 빨리
trasmettere: 전달하다, 전하다
la pietanza: 요리, 한 접시의 음식
stare sullo stomaco: 위에 그대로 남아있다, 소화가 안 되다.
fare bene: ~에 좋다, 유익하다
arrabbiarsi: 화를 내다, 분노하다
un po' guasto: 조금 상한, 조금 부패한

è convinto di: 납득하다, 이해하다, 확신하다.
sgridare: 힐난하다
infuriarsi: 화를 벌컥내다.
fare male: ~에 나쁘다, 좋지 않다.
lo stesso: 여전히

연습 문제

1. 다음의 부정법 동사를 선립과거 혹은 대과거로 활용하시오.

1) Appena <u>proferire</u> queste parole, si morse la lingua.
2) Non interruppe il suo discorso, finché <u>non dire</u> tutto quello che voleva dire.
3) Quando i nemici <u>ritirare,</u> le nostre truppe avanzarono immediatamente.
4) Quando siamo arrivati, il treno <u>partire</u> già.
5) Le cose andarono nel modo che lui <u>prevedere.</u>
6) Appena <u>incontrare</u> quella donna, la abbracciai.
7) Poiché <u>piovere</u> per più di due settimane, i fiumi stavano per straripare

2. 다음 부정법 동사를 단순미래 혹은 선립미래로 활용하시오.

1) Che cosa <u>fare</u> Lei, quando <u>potere</u> parlare bene italiano?
2) Quando io <u>uscire</u> di casa Sua, <u>essere</u> le undici.
3) Appena io <u>arrivare</u> all'albergo, <u>coricarsi.</u>
4) Quando lui <u>arrivare</u> qui, <u>finire</u> il mio lavoro.

promemoria

12 Lezione dodicesima

제12과
접속법과 조건법
Congiuntivo e Condizionale

직설법은 현실에 바탕을 두고 확실한 사건이나 상황을 표현함으로 확실성, 객관성을 나타내는 반면에, 접속법은 주절이 불확실성, 주관적 판단, 희망·기대·바람, 걱정·두려움, 기분이나 감정 상태 등을 나타낼 때 종속절에 사용된다. 또한 비인칭 구문, 특정한 접속사가 이끄는 종속절이나 문장구조에 따라 사용될 수도 있으며 독립적으로 사용될 수도 있다. 접속법의 시제에는 현재, 과거, 반과거, 대과거가 있다. 조건법은 완곡한 표현에도 사용되고, '만약 ~라면, ~었다면'이라는 다른 요소가 조건이 되어 결과의 실현여부를 나타내는데 사용된다. 조건법의 시제에는 현재, 과거가 있다.

Lezione 12

1. 접속법의 어미변화

1) 접속법 현재

	am-are	tem-ere	sent-ire
io	am-i	tem-a	sent-a
tu	am-i	tem-a	sent-a
lui, lei	am-i	tem-a	sent-a
noi	am-iamo	tem-iamo	sent-iamo
voi	am-iate	tem-iate	sent-iate
loro	am-ino	tem-ano	sent-ano

2) 접속법 과거

> 조동사의 접속법 현재 + 과거분사

▶ amare, andare 동사의 접속법 과거 활용

io	abbia amato	sia andato(a)
tu	abbia amato	sia andato(a)
lui, lei	abbia amato	sia andato(a)
noi	abbiamo amato	siamo andati(e)
voi	abbiate amato	siate andati(e)
loro	abbiano amato	siano andati(e)

3) 접속법 반과거

	am-are	tem-ere	sent-ire
io	am-ssi	tem-essi	sent-issi
tu	am-ssi	tem-essi	sent-issi
lui, lei	am-sse	tem-esse	sent-isse
noi	am-assimo	tem-essimo	sent-issimo
voi	am-aste	tem-este	sent-iste
loro	am-assero	tem-essero	sent-issero

3) 접속법 대과거

> 조동사의 접속법 반과거 + 과거분사

▶ amare, andare 동사의 접속법 대과거 활용

| io | avessi amato | fossi andato(a) |

tu	avessi amato	fossi andato(a)
lui, lei	avesse amato	fosse andato(a)
noi	avessimo amato	fossimo andati(e)
voi	aveste amato	foste andati(e)
loro	avessero amato	fossero andati(e)

2. 접속법의 쓰임새

1) 주절의 동사가 다음과 같이 불확실성, 주관적 판단, 의심, 희망·기대·바람, 걱정·두려움, 감정 상태 등을 나타낼 때 접속사 che 이하의 종속절 동사는 접속법을 사용한다.

① 불확실성, 주관적 판단, 의심

non essere certo/sicuro/chiaro/convinto, pensare, credere, immaginare, supporre, dubitare 등

② 가능성·불가능성

essere possibile/impossibile/probabile/improbabile 등

③ 희망·기대·바람

volere, non volere, desiderare, preferire, atendere, sperare, aspettare 등

④ 걱정·두려움

dubitare, temere, avere paura 등

⑤ 감정상태

essere contento/lieto/felice/soddisfatto, avere piacere, meravigliarsi, stupirsi, sorprendersi, vergognarsi, lamentarsi, pentirsi 등

Non sono certo che Marco abbia ragione. 나는 마르코가 옳은지 확신할 수 없다.
Spero che lui venga qui. 나는 그가 여기 오기를 바란다.
Penso che Maria ti abbia dimenticato. 나는 마리아가 너를 잊었다고 생각한다.
Ho paura che lui abbia preso una decisione sbagliata.
나는 그가 잘못된 선택을 했을까봐 걱정이다.
Non so se lui sia arrivato. 그가 도착했는지 모르겠다.
Aspetto che il professore sia di buon umore. 나는 교수님이 기분 좋으시길 기대한다.
Mi vergogno che mio figlio abbia commesso tale errore.
내 아들이 그런 잘못을 범해서 부끄럽다.

2) 비인칭 동사나 비인칭 구문일 경우, 종속절의 동사는 접속법을 사용한다.

① 필요, 중요, 선호, 적합성
▶ 비인칭 구문: essere necessario/indispensabile
essere importante/preferibile/opportuno/giusto
essere bene/meglio 등
▶ 비인칭 동사: bisognare, occorrere, convenire, importare 등

② 가능성·불가능성, 우연, 불확실성
▶ 비인칭 구문: essere possibile/impossibile/probabile/improbabile/raro
▶ 비인칭 동사: accadere, succedere, avvenire, capitare, può darsi, sembrare, parere 등

③ 감정
▶ 비인칭 구문: essere meraviglioso/stupendo/sorprendente/straordinario/strano 등
▶ 비인칭 동사: piacere, dispiacere, rincrescere, dolere 등

Bisogna che Maria parta subito. 마리아는 빨리 출발할 필요가 있다.
È meglio che Lei abbandoni quel progetto. 당신은 그 계획을 포기하는 것이 좋습니다.
È necessario che lui chieda scusa ad Anna. 그가 안나에게 사과를 할 필요가 있다.
È probabile che loro siano d'accordo con te. 그들이 네 생각에 동의할 수도 있다.
È giusto che quel funzionario corrotto sia stato destituito dal suo incarico.
그 부패한 관료가 면직된 것은 정당하다.
Capita anche che i più ricchi siano i più infelici.
가장 부유한 사람이 가장 불행할 수도 있다.
Può darsi che la conferenza non abbia luogo. 강연회가 열릴 것 같지 않다.
È straordinario che tu abbia superato quel concorso difficile.
네가 그처럼 어려운 시험을 통과했다니 놀라운 일이다.
Pare che il pericolo sia inevitabile. 위험은 피할 수 없을 것 같다.
Mi dispiace che tu abbia perso il treno. 네가 기차를 놓쳐서 유감이다.

3) 특정 접속사가 이끄는 종속절의 동사는 접속법을 사용한다.

① 양보: benché, sebbene, nonostante che
② 조건: purché, nel caso che, a condizione che, a patto che, basta che
③ 목적: affinché, perché
④ 기타: come se, senza che, prima che, fino a che

Benché piovesse, partirono ugualmente. 비가 옴에도 불구하고 그들은 출발을 하였다.
Sebbene avessi sentito che mi chiamava, non volli rispondergli.
그가 나를 부르는 소리를 들었음에도 나는 대답하고 싶지 않았다.
Nel caso che mi sia possibile, verrò a trovarti. 가능하다면 너를 만나러 가겠다.
Ho coperto il libro perché non si sciupi. 책이 더렵혀지지 않도록 겉표지를 쌌다.

Non uscirò finché tu non sia entrato. 네가 돌아올 때까지 나가지 않겠다.
Mi risponde come se fosse completamente estraneo alla faccenda.
그는 마치 사건의 완전한 이방인인 것처럼 내게 대답한다.
Non dovete parlare tra di voi prima che finisca la lezione.
수업이 끝나기 전에는 너희들끼리 말을 해서는 안된다.

☞ 주의

▶ 양보를 나타내는 anche se(비록~일지라도) 다음에는 직설법이 나온다.
Fino all'anno scorso ho viaggiato molto, ance se la mia situazione ecomonica non era buona.
내 경제 사정이 좋지 않았음에도 나는 작년까지 여행을 많이 했다.

▶ perché가 목적(~하도록, ~하게끔)이 아니라 이유(~이기 때문에)를 뜻할 때는 직설법을 쓴다.
Ho finito questo lavoro da sola perché non mi hanno aiutato.
그들이 나를 도와주지 않았기 때문에 나는 이 일을 혼자서 끝냈다.

4) 부정 대명사·형용사·부사 다음에 접속법 동사를 쓴다.

chiunque, qualunque, qualsiasi, dovunque, comunque

Chiunque mi cerchi, non farlo entrare. 누가 나를 찾든지 간에 들여보내지 마라.
Qualunque cosa tu dica, non mi convincerai.
네가 무슨 말을 하든 너는 나를 확신시킬 수 없을 것이다.
Qualunque cosa voi facciate, sono certo che non vi crederanno.
너희들이 무엇을 하든 그들이 너희들을 믿지 않을 것은 확실하다.
Io verrò con voi dovunque andiate. 너희들이 어디를 가든 나는 너희와 같이 가겠다.
È sempre contento comunque vadano le cose.
상황이 어떻든 간에 그는 언제나 만족한다.

5) 문장의 도치

È fin troppo chiaro che Marce non dice la verità
→ Che Marce non dica la verità, è fin troppo chiaro.
마르코가 진실을 말하지 않는 것은 너무나 명백하다.

È notto a tutti che Omero era cieco.
→ Che Omero fosse cieco è noto a tutti.
호머가 맹인이었던 것은 모두가 아는 사실이다.

Anche tuo padre dice che tu hai sbagliato.

→ Che tu abbia sbagliato, lo dice anche tuo padre.
네가 실수한 거라고 네 아버지도 말씀하신다..

☞ **참고**
  dire, sapere 동사를 쓰는 주절이 종속절 뒤에 나올 때 대명사 lo를 쓴다.

6) 접속사 che가 이끄는 관계절 앞의 선행사가 다음과 같을 경우 관계절속의 동사는 접속법을 쓴다.

① 선행사가 상대적 최상급일 경우
  È il miglior uomo che io abbia conosciuto.
  그는 내가 알고있는 가장 훌륭한 사람이다.
  Ho visto il più bel paesaggio che si possa immaginare.
  상상할 수 있는 가장 아름다운 경치를 보았다.
  Questa è l´unica via che conduca alla chiesa.
  이 길은 교회로 가는 유일한 길이다.

② 선행사가 che이하의 관계절에서 바라고 요구하는 자격, 조건의 대상일 경우
  Stiamo cercando una signorina che sappia l'inglese.
  우리는 영어를 할 줄 아는 미혼 여성을 찾고 있다.
  Chiama un ragazzo che porti questa lettera al signor Rossi.
  이 편지를 롯시씨에게 전달해 줄 아이를 불러라.
  Mi dia una medicina che sia efficace per il mal di denti.
  치통에 효과가 있는 약을 주십시오.

③ 선행사가 부정형의 명사나 불특정 명사가 나올 때
  Non c'è nessuno che sia contenta della sua sorte.
  자신의 운명에 만족하는 사람은 없다.
  Non c´è uomo che sia esente da diffeti.
  결점이 없는 사람은 없다.
  C´è qualcuno che possa andare a comprare un giornale?
  신문을 사러 갈 사람이 없을까?

6) 독립적으로 사용되는 접속법

① 희망이나 기원, 축복을 나타낼 때 접속법 현재를 쓴다.
  Il gioco spa per cominciare. Che vinca il migliore!
  경기가 시작되려 한다. 잘하는 쪽이 이기기를!
  Viva l'Italia! 이탈리아 만세!
  Dio protegga la Corea! 하느님이 대한민국을 보호해주시길!

② 실현불가능할 수도 있는 희망이나 기원, 과거에 일어나지 않았던 바람을 표현할 때 접속법 과거 또는 대과거를 쓴다.

Magari avesse la tua età! 내가 네 나이라면 얼마나 좋겠어!
Marco ha avuto un incidente d'auto. 마르코가 차 사고가 당했어.
Mi avesse ascoltato e avesse preso il treno! 내 말을 듣고 기차를 탔더라면!

③ 제 삼자에 대한 간접 명령문에서 접속법 현재를 쓴다.

È venuto all'improvviso Marco. 갑자기 마르코가 왔어.
Che aspetti! Così impara a telefonare prima di venire.
기다리라고 해! 그렇게 해서 오기 전에 전화하는 걸 배우겠지.

▶ 접속법은 조건법과 함께 가정문에 사용된다. 이는 뒷장에서 구체적으로 설명하기로 한다.

3. 조건법의 어미변화

1) 조건법 현재

	amare	temere	sentire
io	am-erei	tem-erei	sent-ieri
tu	am-eresti	tem-eresti	sent-iresti
lui, lei	am-erebbe	tem-erebbe	sent-irebbe
noi	am-eremmo	tem-eremmo	sent-iremmo
voi	am-ereste	tem-ereste	sent-ireste
loro	am-erebbero	tem-erebbero	sent-irebbero

2) 조건법 과거

조동사의 조건법 현재 + 과거분사

▶ amare, andare 동사의 조건법 과거 활용

	amare	andare
io	avrei amato	sarei andato(a)
tu	avresti amato	saresti andato(a)
lui,lei	avrebbe amato	sarebbe andato(a)
noi	avremmo amato	saremmo andati(e)
voi	avreste amato	sareste andati(e)
loro	avrebbero amato	sarebbero andati(e)

4. 조건법의 쓰임새

기본적으로 조건법 시제는 행위의 실현 가능성에 초점을 맞춘다. 즉, 조건법 현재는 현재나 미래의 실현가능한 행위, 조건법 과거는 현재이지만 실현 불가능한 행위 또는 과거에 실현하지 못한 행위를 표현하는데 쓰인다.

- ▶ Oggi mangerei volentieri gli spaghetti, se ci sono.
  오늘 스파게티가 있다면 기꺼이 먹겠어. - 현재 실현가능한 일
- ▶ A pranzo oggi avrei mangiato volentieri gli spaghetti, ma non ci sono.
  오늘 점심에 스파게티가 있다면 기꺼이 먹을 텐데, 없네. - 현재 실현불가능한 일
- ▶ Ieri avrei mangiato volentieri gli spaghetti, ma non c'erano.
  어제 스파게티를 기꺼이 먹었을 텐데, 없었어. - 과거에 실현불가능했던 일.

1) 현재 또는 미래의 실현가능한 일을 표현할 때

| se + 접속법 반과거(조건절), 조건법 현재(주절) |

Se tu decidessi di partire adesso, faresti ancora in tempo.
만일 네가 지금 출발하기로 결정하면 아직 제 시간에 도착할 거야.
Se piovesse domani, non uscirei di casa.
내일 비가 오면 집에서 나가지 않을 거야.
Se gli scrivessimo, ci risponderebbe.
만일 우리가 그에게 편지를 쓴다면 그는 우리에게 답장을 할 것이다.
Se cambiassi lavoro, guadagnerei di più.
내가 만약 직장을 바꾼다면 돈을 더 벌겠지.

☞ 주의

구어체에서 현재나 미래에 실현가능한 현실적인 일을 표현할 때 흔히 직설법 시제도 쓴다. 직설법 시제를 쓸 때에는 가능성possibilità 보다 현실성realtà에 좀 더 바탕을 두는 것으로 뉘앙스의 차이일 뿐이다.
Se puoi venire con noi, siamo contenti.
Se potessi venire con noi, saremmo contenti.
네가 우리와 같이 갈 수 있다면 우린 기쁘겠어.
Se verrai, non ti pentirai. 와보면 후회하지 않을 거야.

2) 현재 사실의 반대되는 내용(실현 불가능한 내용)을 표현할 때

| se + 접속법 반과거(조건절), 조건법 현재(주절) |

Se fossi ricco, ti comprerei un palazzo.
내가 부자라면 네게 큰 저택을 사줄 텐데.
Se fossi ricco, ti comprerei subito un anello di brillanti.

만일 내가 부자라면 네게 즉시 다이아 반지를 사줄 텐데.
Se non abitaste così lontano, verrei spesso da voi.
너희들이 그렇게 멀리 살지 않는다면 내가 자주 너희들 집에 갈 텐데.
Se l´asse della terra non fosse inclinato, non avremmo le stagioni.
지구의 축이 기울지 않다면 사계절이 없을 것이다.

3) 과거사실의 반대되는 내용을 표현할 때

> se + 접속법 대과거(조건절), 조건법 과거(주절)

Se avessi conosciuto Maria, l'avrei sposata.
내가 만일 마리아를 알았더라면 그녀와 결혼했을 텐데.
Se fossimo arrivati al porto due ore prima, avremmo potuto vedere la partenza di quel transatlantico.
만일 우리가 두 시간 일찍 항구에 도착했더라면 그 호화여객선의 출발을 볼 수 있었을 텐데.
Se avessi avuto più pazienza, ci saresti riuscito.
네가 인내심이 좀 더 있었더라면 해내었을 텐데.

☞ 주의
　▶ 가정문에서 직설법 반과거가 접속법 대과거 및 조건법 과거를 대치할 수 있다.

　Se mi avesse aspettato, sarei venuta anch'io con lui.
　그가 날 기다려줬다면 나도 그와 같이 갔을 거야.
　→ Se mi aspettava, venivo anch'io con lui.
　Se me l'avessi chiesto, te l'avrei fatto.
　네가 나한테 그걸 청했으면, 내가 그걸 해줬을 텐데.
　→ Se me lo chiedevi, te lo facevo.

　▶ 조건절의 결과가 현재까지 지속될 때

> se + 접속법 대과거(조건절), 조건법 현재(주절)

Se aveste studiato di più, parlereste meglio italiano.
만일 너희들이 공부를 좀 더 했더라면 지금 이탈리아어를 더 잘 구사할 수 있을 텐데.
Se allora non avesse sperperato il patrimonio, ora non avrebbe problemi economici.
그가 만일 그 때 유산을 낭비하지 않았더라면 지금 경제적인 어려움은 없을 텐데.

　▶ 가정의 내용은 현재이지만 주절의 결과는 이미 과거에 일어나 완료된 상황을
　　이야기할 때는 『Se + 접속법 반과거, 조건법 과거』의 용법을 쓴다.
Se lui fosse una persona generosa, ti avrebbe già aiutato.
그가 만일 좋은 사람이라면 이미 너를 도와줬겠지.
Se Maria non arrivasse adesso, avrei sprecato invano tutto questo tempo.

만일 마리아가 지금 도착하지 않는다면 나는 이 모든 시간을 헛되이 보낸 게 되겠지.

4) 과거속의 미래

과거의 두 가지 행위 중에서 나중에 일어날 일을 표현할 때(~할 거라고 ~했다) 조건법 과거를 쓴다.

Pensavo che il tempo sarebbe cambiato presto.
날씨가 곧 변할 거라고 생각했다.
Una settimafa fa Marco ha detto che il suo figlio sarebbe tornato ieri.
마르코는 1주일 전에 아들이 어제 돌아올 거라고 말했다.
In quel momento abbiamo capito che la situazione sarebbe cambiata in meglio.
그 순간에 우리는 상황이 호전될 거라는 것을 알았다.

5) 기타 쓰임새

① 대화를 공손하고 부드럽게 표현할 때

Potrei chiederLe un favore?
부탁 하나 해도 될까요?
Potrebbe prestarmi quel libro?
그 책을 좀 빌려주시겠습니까?
Io direi che le cose sono andate diversamente da come voi dite.
저는 상황이 여러분이 말씀하신 것과 다르게 진행되었다고 하겠습니다.

② 가능성 및 추측을 완곡하게 표현할 때

Sarebbe impossibile contare le stelle del cielo.
하늘의 별을 헤아리는 것은 불가능 할 것이다.
Le truppe regolari avrebbero invaso il paese.
정규군이 그 나라를 침공했을 것이다.
Secondo voci non sicure, la delegazione dovrebbe partire domani.
확실치 않은 소식에 의하면 대표단이 내일 출발할 예정이라고 한다.

기본 회화

Klaus è appena tornato dall'Italia, quando incontra Pietro, un amico italiano che lavora in Germania.

- Pietro: Come sono andate le vacanze, Klaus?
- Klaus: Non c'è male! Sono contento, anche se quest'anno di sole ne ho preso poco.
- Pietro: Infatti non sei diventato nero come l'anno scorso.
- Klaus: Quest'anno purtroppo ho avuto poca fortuna con il tempo: non ha fatto freddo, ma è piovuto diverse volte.
- Pietro: Hai fatto almeno qualche bagno?
- Klaus: Ne ho fatti molti soprattutto i primi giorni, perché il tempo è stato veramente bello fino alla metà di agosto.
- Pietro: Sei rimasto al mare anche con il tempo brutto?
- Klaus: No, nei giorni di tempo cattivo ho girato un po' l'Italia con alcuni amici.
- Pietro: Dove sei stato?
- Klaus: In varie città dell'Italia centrale. Firenze e Pisa le ho viste piuttosto bene, invece Roma l'ho vista solo in parte.
- Pietro: Peccato! Hai perduto molto!
- Klaus: Comunque ho già deciso di vederla tutta l'estate prossima.
- Pietro: Hai buttato una monetina nella Fontana di Trevi?
- Klaus: Sì, e perciò... sono sicuro di tornarci.

클라우스는 이탈리아에 막 도착했고 독일에서 일하고 있는 이탈리아 친구인 피에트로를 만난다.

- P: 클라우스, 휴가 어땠어?
- K: 괜찮았어! 올해는 햇빛을 조금밖에 못 쬐었지만 뭐, 만족해.
- P: 아닌 게 아니라 너는 작년처럼 햇볕에 타지 않았네!
- K: 날씨에 관한한 올해는 불행하게도 운이 없었어. 춥지는 않았으나 비가 여러 번 왔거든.
- P: 적어도 해수욕은 좀 했겠지?
- K: 특히 처음 며칠은 많이 했지. 8월 중순까지는 날씨가 매우 좋았거든.
- P: 날씨가 나쁠때도 바다에 머물렀니?
- K: 아니야, 날씨가 나쁠 때는 몇몇 친구와 이탈리아를 조금 여행했어.
- P: 어디에 갔었어?
- K: 중부 이탈리아 여러 도시들을 여행했어. 피렌체와 피사는 제법 잘 봤어, 그런데 로마는 부분적으로만 보았지.
- P: 아까워라! 많은걸 놓쳤구먼!
- K: 아무튼 내년 여름에는 로마를 다 보기로 결정했어!
- P: 트레비 분수에 동전은 던졌니?
- K: 그래, 그래서 그곳으로 돌아갈 거라고 확신해.

● 연구

1) 「Non c'è male」 - 그다지 나쁘지 않아, 괜찮아.
   비슷한 표현으로 「così e così 그저 그래」 와 「abbastanza bene 제법 괜찮아」 가 있다.

2) 「infatti」 - 앞에 나온 말을 확인하면서 맞장구를 치는 형식으로 많이 쓰는 말인데, 「사실, 아닌 게 아니라」 의 의미이다.

3) 「avere poca fortuna con il tempo」 - 날씨에는 운이 없다.

4) almeno 적어도

강독

Il compleanno
- G. Arpino

Di solito Ugo tornava a casa alla sera col treno delle otto da Torino, ma quel giorno sarebbe arrivato alle tre, essendo sabato. (...)

Alla sera avremmo fatto festa, saremmo andati al cinema. Ugo compiva trent'anni. Prima di sposarci, quando passeggiavamo in campagna e io gli chiedevo se mi voleva bene, se me ne avrebbe voluto anche dopo, quando non saremmo stati più giovani, Ugo mi guardava e io arrossivo, e allora lui scherzava per togliermi d'imbarazzo.

Per la sua festa avevo preparato una crema di cioccolata, gli avevo comprato le iniziali del suo nome da appuntare sulla cravatta alla domenica. Era una fortuna che il compleanno accadesse di sabato; avremmo potuto stare insieme. Con lui vicino non mi vergognavo di apparire grossa, in quel grembiule di donna incinta che mi sformava ancora di più.

Se non parlavamo un poco tra noi al sabato e alla domenica, durante la settimana non ne avremmo avuto più il tempo. Ugo usciva di casa prima delle sei del mattino, con la borsa del pranzo. Tornava alle otto, mangiava quello che gli avevo lasciato e poi mi raggiungeva a letto, se qualcuno non veniva a cercarlo. A quell'ora io ero già addormentata. Appena buio mi coricavo, contenta al pensiero che il mio sonno di piombo avrebbe fatto bene anche al bambino che portavo dentro di me.

Ma a volte mi accorgevo, quasi improvvisamente, che da giorni io e Ugo non ci eravamo parlati e allora aspettavo il sabato come una liberazione da un troppo lungo silenzio.

Al mattino, quando Ugo doveva alzarsi, mi svegliavo sempre a tempo. A volte, prima di uscire, lui ritornava vicino al letto con una tazzina di caffè.

Non sempre, perchè di solito doveva correre via subito. Ma si alzava con appena un minuto di anticipo, allora ritornava certamente vicino al letto con la tazzina di caffè per me.

Non era come altri suoi compagni, per cui una donna sposata è una preoccupazione, un peso, e, anche se le vogliono bene, davanti agli amici si divertono a prenderla in giro. Ugo mi rispettava.

◐ 어휘

arrossire: 낯을 붉히다
togliere d'imbarazzo: 당황스러움을 없애다. 부끄러움을 제거하다
crema di cioccolata: 초콜렛 크림
appuntare: 새기다   accadere: 발생하다, 일어나다
vergognarsi di: ~에 대하여 부끄러워하다
il grembiule: 부인들이 집에서 입는 작업복(실내복)
sformare: 형태가 변하다. 모양이 변하다.
la donna incinta: 임산부   la borsa del pranzo: 도시락
raggiungere: 도달하다, 달성하다.
addormentarsi: 잠이 들다.   essere addormentato: 잠이들다
coricarsi: 잠자리에 들다.   accorgersi: 알아채리다
improvvisamente: 갑자기   a tempo: 적당한 시간에, 적절한 때
preoccupazione: 걱정, 근심   divertirsi: 즐기다

연습 문제

1. 밑줄 친 동사를 적절한 법과 시제로 바꾸시오.

   1) È meglio che Lei <u>abbandonare</u> quel progetto.
   2) Mi dispiace che tu <u>avere perso</u> quel treno.
   3) Nel caso che mi <u>essere</u> possibile, verrò a trovarti.
   4) Qualunque cosa voi <u>fare</u>, sono certo che non vi crederanno.
   5) Abbiamo fatto tutto in segreto senza che loro <u>accorgersene</u>.
   6) Non occorre che tu mi <u>scrivere</u> tutti i giorni, basta che tu mi <u>mandare</u> tue notizie ogni tanto.
   7) È bene che i bambini <u>alzarsi</u> presto, <u>mangiare</u> soltanto alle ore dei pasti, <u>andare</u> fuori tutti i giorni, <u>fare</u> il bagno prima di andare a letto, e <u>dormire</u> bene.
   8) Spero che tu <u>essere</u> buono e <u>avere</u> voglia di studiare.
   9) Tuo padre non vuole che tu <u>sprecare</u> il denaro in cose inutili.
   10) Non occorre che voi mi <u>ripetere</u> tante volte la stessa cosa. Credete che io <u>essere</u> sordo, non <u>sentire</u> e non <u>avere</u> capito?
   11) Scriveò a Marco, prima che <u>sapere</u> la notizia da altri.
   12) Sebbene <u>tenerci</u> molto, Anna è pronta a rinunciare al viaggio se sarà necessario.
   13) Preferisco arrivare a casa prima che <u>farsi</u> buio.

14) Dovunque <u>andare</u>, Anna si trova sempre bene.

15) Titti si chiedono come quel ragazzo <u>guadagnare</u> tanti soldi in così poco tempo.

2. 밑줄 친 동사를 적절한 법과 시제로 고치시오.

1) Maria non era mai contenta benché <u>avere</u> tutto ciò che voleva. .

2) Sapevo che Andrea <u>essere</u> ricco, e credevo che <u>essere</u> felice, sebbene non sempre il denaro <u>portare</u> la felicità.

3) Se qualcuno mi <u>cercare</u>, diteglio che io non <u>essere</u> in casa.

4) Mi dispiace che tu <u>non avere ricevuto</u> la mia lettera.

5) So che voi <u>ricevere</u> molto denaro ieri; è meglio che voi lo <u>depositare</u> in banca, non è prudente che lo <u>tenere</u> in casa.

6) Non vedevo l'ora che l'inverno <u>finire</u> e <u>venire</u> la primavera.

7) Questo è il libro più interessante che io <u>avere letto</u>; benché io non <u>conoscere</u> l'autore personalmente, penso che lui <u>essere</u> una persona molto simpatica.

8) Ho comprato molte azioni industriali sperando che <u>salire</u> e mi <u>dare</u> un buon guadagno; invece, se io le <u>vendere</u> adesso, ci <u>perdere</u> più della metà: perciò la cosa migliore è che io le <u>tenere</u>, finché esse non <u>salire</u> di nuovo e io <u>potere</u> almeno riprendere il denaro che ci ho messo.

9) Qualunque cosa io gli <u>dire</u>, Marco mi rispondeva male.

10) Se in quel momento <u>smettere</u> di piovere, noi <u>uscire</u> a far due passi.

11) Se io <u>dire</u> la verità, nessuno mi crederebbe.

12) Se noi <u>dire</u> quello che pensiamo, la gente <u>si offendere</u> e noi <u>avere</u> più nemici che amici.

13) Se tu gli <u>dare</u> molto denaro, lui lo <u>spendere</u> tutto e male.

14) Ti <u>prestare</u> io i soldi che ti servivano.

15) Siete già tornati? Immaginavo che voi <u>fare</u> tardi.

13 Lezione tredicesima

제13과
명령법
Imperativo

Imperativo

명령법은 명령의 의미를 갖는 법으로 1인칭 단수형의 명령법은 존재하지 않는다. 2인칭 단 복수형은 친근체 명령형이며, 1인칭 복수형은 '~하자'는 청유형의 의미를 갖는다. 그리고 존칭의 의미를 갖는 3인칭 Lei의 단 복수형은 형식체 명령형이다. 명령법은 아래의 예처럼 명령, 희망, 권고, 권유, 초대 등을 나타내며 시제에는 현재시제와 미래시제가 있다.

Lezione 13

1. 명령법 현재의 형태와 용법

1) 명령법 현재의 어미변화

	am-are	tem-ere	sent-ire
tu	am-a	tem-i	sent-i
Lei	am-i	tem-a	sent-a
noi	am-iamo	tem-iamo	sent-iamo
voi	am-ate	tem-ete	sent-ite
loro	am-ino	tem-ano	sent-ano

2) 명령법 현재의 용법

명령은 항시 미래의 동작을 나타내므로 엄밀히 말해서 명령법 현재와 미래의 시간차는 없다.

(1) 2인칭 단수. 복수로써 명령, 금지, 희망 등을 나타낸다.

　　Abbi pazienza, fra poco il tempo cambierà.
　　참아라, 곧 날씨가 바뀔 것이다.
　　Spiegami perché hai fatto questo errore.
　　왜 네가 이 실수를 했는지 내게 설명해라.
　　Non parlate troppo; lasciatemi scrivere questa lettera, vi prego.
　　너희들 말을 너무 많이 하지마라. 부탁인데 이 편지를 쓰도록 배려해 주렴.

(2) 1인칭 복수로써 권유의 뜻 혹은 온건한 명령을 나타낸다.

　　Domani andiamo a visitare quel museo.
　　내일 그 박물관을 보러 가자.
　　Non scherziamo!　장난치지 말자!
　　(Non scherzare! (너) 장난치지마!/ Non scherzate! 너희들 장난치지마!)
　　Beviamo per tutta la notte! 밤새 마시자!

(3) 3인칭 단·복수 형태의 존칭어인 Lei, Loro에 대한 명령은 간접명령으로 '누군가 ~ 하도록'의 의미를 나타낸다.

　　Signorina, apra questa lettera, scriva e spedisca subito la risposta.
　　아가씨, 이 편지를 열어보시고, 어서 답장을 쓰시고 부치세요.
　　Signori, se Loro vogliono stare bene, vadano a letto presto la sera, si alzino presto la mattina, riposino dopo i pasti e dormano con le finestre chiuse.
　　신사분들, 건강하시려면 저녁에 일찍 주무시고, 아침에 일찍 일어나시고, 식사 후 휴식을 취하시고 창문을 닫은 채 주무십시오.
　　La cameriera entri in camera, pulisca accuratamente e chiuda le finestre.
　　여종업원을 방으로 보내, 정성껏 청소하게 하고 창문을 닫게 하세요.

I pedoni attraversino la strada passando sulle strisce pedonali.
보행자들은 횡단보도로를 지나서 길을 건너가십시오.

2. 명령법 미래의 형태와 용법

명령법 미래의 어미변화는 직설법 단순미래의 어미변화와 동일하다.

1) 명령법 미래는 미래에 대한 명령, 희망, 권고 등을 나타낸다.

   Ci racconterete tutto ciò che vedrete là.
   당신이 그곳에서 보게 될 모든 것을 우리에게 이야기해야 합니다.
   Per domani scriverete(scrivete) cinque esempi della forma passiva.
   내일까지 수동태 예문 5개를 쓰시오.

2) 절대적이며 강력한 명령을 나타낸다.

   Onorerai(Onora) il padre e la madre.
   부모를 공경하여라.
   Amerai(Ama) il prossimo tuo come te stesso.
   이웃을 네 자신처럼 사랑하시오

☞ 참고

간접인칭대명사나 직접목적 대명사와 함께 쓰이는 경우에 명령법 2인칭인 단수 형태는 다음과 같이 어미를 생략하여 사용할 수 있다.

da' = dai, di' = dici,   sta' = stai,   va' = vai
fa' = fai, to' = togli,   ve' = vedi,   gua' = guarda

또한 위의 동사들은 자음으로 시작하는 간접, 직접, 재귀 대명사들인 약형대명사들과 접어 ci, ne 등과 함께 쓰일 때 약형 대명사의 첫 자음이 중복된다. 그러나 간접목적격 약형대명사 gli는 예외로서 자음으로 시작되더라도 g가 중복되지 않는다.

Dammi una mano!	나를 도와줘!
Dammelo!	나에게 그것을 줘!
Dammi quel dizionario.	그 사전을 내게 줘!
Dille ciò!	그녀에게 그것을 말해!
Dimmi la verità!	내게 사실을 말해!
Fallo subito!	어서 그것을 해!
Fammi un favore!	내 부탁 하나 들어줘!

Lezione 13

3. 명령법 현재형에서 대명사들의 위치

명령법이 대명사와 함께 사용될 경우에 존칭명령에서만 재귀 대명사, 직접 목적격 및 간접 목적격 약형 대명사, 복합 대명사 등 모든 대명사들이 동사 앞에 위치하며, 2인칭 명령에서는 대명사가 동사 뒤에 위치한다.

1) 재귀 대명사의 위치: alzarsi의 활용

	단수	복수
1인칭		alziamo*ci*
2인칭	alza*ti*	alzate*vi*
3인칭	*si* alzi	*si* alzino

2) 직접 목적격 약형 대명사의 위치: amarlo의 활용

	단수	복수
1인칭		amiamo*lo*
2인칭	ama*lo*	amate*lo*
3인칭	*lo* ami	*lo* amino

3) 간접 목적격 약형 대명사의 위치: scriverle의 활용

	단수	복수
1인칭		*scriviamole*
2인칭	*scrivile*	amate*lo*
3인칭	*le scriva*	*le scrivano*

4) 복합 대명사의 위치: dirglielo의 활용

	단수	복수
1인칭		diciamo*glielo*
2인칭	di*glielo*	dite*glielo*
3인칭	*glielo* dica	*glielo* dicano

5) 접어 ci와 ne의 위치: andarci/parlarne의 활용

	단수	복수
1인칭		andiamoci/parliamone
2인칭	vacci/parlane	andateci/parlatene
3인칭	ci vada	ci vadano/ne parlino

4. 다른 품사에 의한 명령 형태

1) 동사 원형을 사용하는 명령 (도로 표지판, 공공장소의 안내문, 광고문 등에서)

    Spingere/Tirare   미시오!/당기시오!
    Girare a destra!   우회전하시오!
    Rallentare la velocità!   속도를 줄이시오!
    Tenere la distanza!   거리를 유지하시오!
    Prima dell'uso leggere le istruzioni!   사용 전에 설명서를 읽으시오!
    Tradurre in italiano.   이탈리아어로 번역하시오.
    Scegliere la frese giusta.   옳은 문장을 고르시오.
    Non fumare!   금연!
    Non toccare!   만지지 마시오!

2) 명사에 의한 명령

    Attenzione! 주의, 주목!   Silenzio! 정숙!
    Coraggio! 용기를 내!   forza!   힘 내!

3) 형용사에 의한 명령

    Attenti! 정숙!   Zitti! 조용히!

4) 부사에 의한 명령

    Su! 어서 해!   Avanti! 전진!

5. 명령법과 자주 쓰이는 완곡 표현

    명령법은 표현이 간결하고 명료하지만 강하고 냉정한 느낌을 줄 수 있다. 따라서 명령법을 좀 완곡화하여 부드러운 느낌을 줄 수 있는 아래와 같은 표현들과 함께 자주 사용된다.

1) 문장 중간에 per favore, per piacere, per cortesia, prego 등을 첨부한다.

    Dammi, per favore, quel dizionario.   실례지만 저 사전을 주세요.
    Per piacere, mi porti un bicchiere d'acqua. 실례지만 물 한 컵을 갖다 주세요.
    Accomodatevi, prego.   어서 앉으시지요.

    mi raccomando   내 부탁인데
    Se è possibile   가능하다면
    se ti/Le/vi dispiace   네가/당신이/너희들이 언짢지 않다면
    ti/La/vi prego   네게/당신께/너희들에게 부탁하는데
    Se non disturbo   제가 방해가 되지 않는다면

2) 「pregare + di + 동사원형」의 구문형식.

    La prego di spiegarmi questa frase.   이 문장을 제게 설명해 주십시오.
    Ti preghiamo di scriverci più spesso. 네가 보다 자주 우리에게 편지를 보내길 부탁한다.

3) 「fare의 명령법 + il favore(il piacere, la gentilezza) + di + 동사의 원형」이나 「avere의 명령법 + la bontà(la compiacenza) + di + 동사의 원형」의 구문형식.

    Fammi il favore di spedirlo subito. 그것을 즉시 제게 보내주십시오.
    Abbiate la bontà di ascoltarmi.   제 말씀을 들어 보십시오.
    Mi faccia il piacere di accompagnarlo. 저로 하여금 그를 안내할 수 있게 해 주십시오.
    Abbia la compiacenza di rispondermi subito. 즉시 제게 답변을 해 주십시오.

기본 회화

All'agenzia immobiliare

- Impiegata: Dica, signore!
- Signor Kim: Cerco un appartamento in affitto.
- Impiegata: Come lo desidera!
- Signor Kim: Possibilmente non troppo grande.
- Impiegata: Allora ne abbiamo uno che fa proprio per Lei.
- Signor Kim: Quante stanze ha?
- Impiegata: Due camere, cucina e bagno.
- Signor Kim: Bene! Quant'è l'affitto?
- Impiegata: Ottocento euro al mese.
- Signor Kim: A che piano è?
- Impiegata: Al sesto, ma c'è l'ascensore.
- Signor Kim: Qual è l'indirizzo?
- Impiegata: Via Giacosa 38, 10125, Torino

(부동산 소개소에서)

- 직원: 무얼 도와드릴까요?
- 김: 월세 아파트를 찾고 있습니다.
- 직원: 어떤 걸 원하세요?
- 김: 되도록이면 너무 크지 않을 걸요.
- 직원: 당신에게 꼭 맞는 게 하나가 있습니다.
- 김: 방이 몇 개 입니까?
- 직원: 방 두개, 부엌 그리고 욕실이 있습니다.
- 김: 좋습니다! 월세가 얼마 입니까?
- 직원: 한 달에 800 유로입니다.
- 김: 몇 층입니까?
- 직원: 7층입니다만 승강기가 있습니다.

- 김: 주소가 어떻게 됩니까?
- 직원: Via Giacosa 38, 10125, Torino 입니다.

강독

Lui e io (I)

- *Natalia Ginzburg*

Lui ha sempre caldo; io sempre freddo. Lui sa parlare bene alcune lingue; io non ne parlo bene nessuna. Lui riesce a parlare, in qualche suo modo, anche le lingue che non sa.

Lui ama il teatro, la pittura, e la musica: soprattutto la musica. Io non capisco niente di musica, m'importa molto poco della pittura, e m'annoio a teatro. Amo e capisco una sola cosa al mondo, ed è la poesia.

Lui ama i musei, e io ci vado con sforzo, con uno spiacevole senso di dovere e fatica. Lui ama le biblioteche, e io le odio.

Lui ama i viaggi, le città straniere e sconosciute, i ristoranti.

Io resterei sempre a casa, non mi muoverei mai.

Lo seguo, tuttavia, in molti viaggi. Lo seguo nei musei, nelle chiese, all'opera. Lo seguo anche ai concerti, e mi addormento.

Tutt'e due amiamo il cinematografo; e siamo disposti a vedere, in qualsiasi momento della giornata, qualsiasi specie di film. Ma lui conosce la storia del cinematografo in ogni minimo particolare; ricorda registi e attori, anche i più antichi, da gran tempo dimenticati e scomparsi; ed è pronto a fare chilometri per andare a cercare, nelle più lontane periferie, vecchissimi film del tempo del muto, dove comparirà per pochi secondi un attore caro alle sue più remote memorie d'infanzia.

Io non mi ricordo mai i nomi degli attori; e siccome sono poco fisionomista, riconosco a volte con difficoltà anche i più famosi. Questo lo irrita moltissimo; gli chiedo chi sia quello o quell'altro, suscitando il suo sdegno: — Non mi dirai — dice — non mi dirai che non hai riconosciuto William Holden! —

Effettivamente, non ho riconosciuto William Holden. E tuttavia amo anch'io il cinematografo; ma pur andandoci da tanti anni, non ho saputo farmene una cultura. Lui se ne è fatto, invece, una cultura: si è fatto una cultura di tutto quello che ha attratto la sua curiosità; e io non ho saputo farmi una cultura di nulla, nemmeno delle cose che ho più amato nella mia vita: esse sono rimaste in me come immagini sparse, alimentando sì la mia vita di memoria e di commozione, ma senza colmare il vuoto, il deserto della mia cultura.

Mi dice che manco di curiosità: ma non è vero. Provo curiosità di poche, pochissime cose; e quando le ho conosciute, ne conservo qualche sparsa immagine, la cadenza di una frase o di una parola. Ma il mio universo è arido e malinconico. Il suo universo invece è riccamente verde, riccamente popolato e coltivato, una fertile e irrigua campagna dove sorgono boschi, pascoli, orti e villaggi.

◐ 어휘

avere caldo(freddo) 덥다(춥다)　　riuscire a ~을 하는데 성공하다, 해내다
in qualche suo modo 그의 방식대로　importarsi 중요하다
annoiarsi 지겨워하다　　　　　　　con sforzo 억지로
la biblioteca 도서관　　　　　　　il cinematografo 영화
con un spiacevole senso di dovere 유쾌하지 않은 의무감
addormentarsi 잠이 들다　　　　　essere disposto a 준비가 되어있는
il film del tempo del muto 무성영화 시대의 영화
caro a ~에 어필하는, 마음에 드는
fisionomista 관상쟁이, 얼굴을 잘 알아보는 사람
lo sdegno 분노　　　　　　　　　irritare 분노를 일으키다, 화를 돋우다
la curiosità 호기심　　　　　　　farsi la cultura 교양을 쌓다, 지식을 쌓다
l'immagini sparse 흩어진 영상　　alimentare: 영양을 공급하다
la commozione 감동　　　　　　arido 황폐한
malinconico 우울한　　　　　　　popolato 사람이 많은
coltivato 경작된, 가꾸어진

연습 문제

1. 다음의 문장들을 명령문의 형태로 전환하시오.

1) Marco, vieni con me?

2) Ragazzi, bevete la birra?

3) Vediamo il film alla TV?

4) Devi mangiare meno.

5) Devi prendere una decisione.

6) Devi aprire la porta.

7) Devi arrivare in orario.

8) Andrea, ti prego di andare subito a casa.

9) Andrea, ti prego di stare calmo.

10) Andrea, ti prego di avere pazienza.

11) Dovresti ascoltare i miei consigli.

12) Dovresti partire subito.

13) Dovremmo restare a casa stasera.

14) Dovremmo aspettare fino alle 8.

15) Dovreste finire il lavoro per domani.

16) Dovreste leggere questo libro.

2. 다음 문장을 부정명령 형태로 변형하시오.

1) Ascolta le mie parole!

2) Guartate la TV!

3) Accendi la radio!

4) Gurada nel dizionario!

5) Telefonate a Francesco!

6) Non deve uscire!

7) Non deve aprire la porta!

8) Don dovete andare via!

9) Non dobbiamo dire bugie!

10) Non devi bere molto!

11) Non devi andare a casa!

12) Non deve partire!

3. 다음 동사의 부정형을 명령형으로 바꾸시오.

1) (Noi) guardare che ore sono.

2) (Tu) venire qua, andare al telefono e dire al portiere di far preparare il conto.

3) Poriere, (Lei) fare preparare il nostro conto e dire al ragazzo di venire su. (Lei) mi dare il conto

4) (Lui) scrivere a Carlo e informare (Carlo) che arriveremo giovedì, che (Carlo) venire alla stazione e non fare tardi.

5) (Voi) non dimenticare di impostare questa lettera.

6) (Tu) non andare lontano e ritornare presto.

7) Che nessuno entrare in questa stanza.

8) (Noi) chiamare un tassì. (Tu) chiamare un tassì.

9) (Loro) attendere un minuto e avere pazienza.

10) Essere fatta la volontà di Dio!

promemoria

14 Lezione quattordicesima

제14과
비인칭 동사와 비인칭 표현
Forma impersonale

Forma impersonale

동사의 행위주체가 특정한 인칭에 한정되지 않아 문장의 주어를 명시하지 않는 통사구조를 "비인칭"이라고 한다. 비인칭 동사, 비인칭 si(si impersolane)을 사용하는 것 외에도 특정동사들은 3인칭 단수 형태로 비인칭 표현을 할 수 있다.

Lezione 14

1. 비인칭 동사

비인칭 동사는 원칙적으로 3인칭 단수만을 사용하며 보통 주로 기후나 자연현상을 표현할 때 사용한다.

1) 본래부터 비인칭 동사

albeggiare 날이 밝다, 동이 트다
nevicare 눈이 오다
grandinare 우박이 내리다
tuonare 천둥치다
diluviare 홍수가 나다, 범람하다
nevischiare 진눈깨비가 내리다

annottare 어두워지다
piovere 비가 오다
brinare 서리가 내리다
fulminare 번개가 치다
piovigginare 이슬비가 내리다

Oggi piove a dirotto. 오늘은 비가 억수같이 내린다.
Tuonò per tutto il pomeriggio. 오후 내내 천둥이 쳤다.
Grandina da due ore. 두 시간 전부터 우박이 내린다.
Sta nevicando a larghi fiocchi. 함박눈이 내리고 있어.

2) essere, fare, tirare 동사

3인칭 단수를 써서 시간이나 기후를 표현할 때 사용된다.

Fa caldo. 덥다.
Fa fresco. 시원하다.
Tira vento. 바람이 분다.

Fa caldo. 춥다.
Fa sereno. 맑다.
Fa bel tempo. 날씨가 좋다.

▶ 「farsi ~하게 되다」

Si fa sera. 저녁이 되다
Si fa buio. 어두워지다

Si fa notte. 밤이 되다
Si fa tardi. 시간이 늦어지다.

2. 비인칭 표현

1) 다음과 같은 유형의 동사들은 『3인칭 단수형 + 동사의 부정법 현재』 또는 『3인칭 단수형 + che』의 형태로 사용된다.

① 「발생하다」의 의미를 가진 동사

accadere, avvenire, succedere, capitare

② 「~인 것 같다, ~처럼 보이다」의 의미를 가진 동사

sembrare, parere

③ 「필요하다」 의 의미를 가진 동사
bisognare, occorrere

④ 기타
bastare(충분하다), convenire(적당하다), importare(중요하다)

Bisogna correre in suo aiuto. 그를 도우러 달려갈 필요가 있다.
Non conviene aspettare più. 더 이상 기다릴 필요가 없다.
Sembra che tutto sia già finito. 모든 것이 끝난 것 같다.
Pare che sia vero. 사실인 것으로 보인다.

2) 『essere의 3인칭 단수 + 형용사 + 동사의 부정법 현재(혹은 che)』의 형태로 사용된다. 이러한 구문에 적합한 형용사들은 다음과 같다.

facile 쉬운   difficile 어려운   inutile 소용없는
necessario 필요한   possibile 가능한   impossibile 불가능한
naturale 자연스러운, 당연한   conveniente 편리한, 적당한
opportuno 적절한   certo=sicuro 확실한   chiaro 분명한
bene 좋은   meglio 더 좋은   evidente 명백한

È necessario partire subito. 즉시 떠날 필요가 있다.
Non è facile impadronirsi di una lingua straniera.
한 가지 외국어에 정통하기란 쉽지 않다.
È meglio che tu gli dia una mano per terminare quel lavoro.
그 일을 마무리 짓기 위하여 네가 그에게 도움을 주는 것이 좋겠다.

3. 비인칭 si(si impersonale)의 용법

1) 영어의 막연한 주어인 one, we, they, 등의 의미로 쓰인다.

In montagna si respira l'aria pura.
산에서 사람들은 신선한 공기를 마신다.
Il tennis si giuoca in due o in quattro persone.
테니스는 두 사람, 네 사람이 하는 경기이다.
Se si desidera essere sani e forti, non si deve trascurare lo sport.
건강하고 강하고 싶으면 스포츠를 소홀히해서는 안된다.
A Natale si giuoca a carte e si balla.
크리스마스에 사람들은 카드놀이를 하고 춤을 춘다.
In campagna, di solito si prendeva il tè in giardino, e poi si faceva una passeggiata.

시골에서는 보통 정원에서 차를 마시고나서 산책을 하곤 했다.
In questo ristorante, si mangia bene.
이 식당은 음식이 맛있다.
Su questo letto si dorme bene.

2) 재귀동사일 때 비인칭 si의 사용

비인칭 si → ci로 바뀐다.

D'estate ci si alza presto.
= D'estate uno si alza presto.
여름에는 일찍 일어난다.
Alle feste ci si diverte di più quando si è fra amici.
= Alle feste uno si diverte di più quando è fra amici.
파티에서 친구들과 함께 있을 때 더 재밌다.

☞ 주의

① 복문에서 비인칭 si 또는 uno(one)를 써서 표현할 때, 각각의 용법에 주의해야 한다. uno는 의미상 비인칭이지만, 3인칭 단수 주어의 형식을 취한다.

Quando si viaggia per piacere, ci si trova bene in qualsiasi posto.
= Quando uno viaggia per piacere, si trova bene in qualsiasi posto.
즐거운 마음으로 여행할 때에는 어디서든 잘 지낸다.
Se si arriva in ritardo, non si può entrare.
= Se uno arriva in ritardo, non può entrare.
늦게 도착하면 들어갈 수 없다.

② 비인칭 si를 쓰는 문장에서 재귀동사의 보어로 형용사가 오는 경우 남성복수 어미를 취한다.

Dopo un lavoro faticoso, uno si sente stanco.
= Dopo un lavoro faticoso, ci si sente stanchi.
피곤한 일을 하고 나면 피곤하다.
Uno è felice quando raggiunge ciò che vuole.
= Si è contenti quando si raggiunge ciò che si vuole.
원하는 것에 도달하면 행복하다.

● 비인칭 동사 및 표현의 예들

Non si può vivere senza mangiare.
인간은 먹지 않고는 살 수 없다.
Si dice che quest'anno ci sarà una buona raccolta di riso.
올해는 쌀이 풍작이라고들 한다.

Si dice che ci fu un grande incendio ieri.
어제 큰 화재가 있었다고들 한다.
Mi sembra che tu abbia sbagliato.
내가 보기에 네가 실수한 것 같다.
Bisogna che tu studi di più, se vuoi essere promosso.
진급하기를 바란다면 더욱 공부할 필요가 있다.

기본 회화

Sulla spiaggia

Ugo: Guarda che mare! Poche volte l'ho visto così calmo.
Rita: È veramente liscio come l'olio.
Ugo: Facciamo il bagno?
Rita: Io l'ho già fatto un'ora fa.
Ugo: Non ne fai un altro?
Rita: Perché no? Ne ho fatti due anche ieri mattina.
Ugo: Allora, dai, buttiamoci!
Rita: Riesci ad arrivare fino a quella barca?
Ugo: Certamente! Non è poi tanto lontana!
Rita: Sei forte! Nuoti come un pesce!
Ugo: Sono tanti anni che nuoto! Ho imparato a scuola da bambino.
Rita: Beato te! Io, invece, ho imparato da grande.
Ugo: Comunque sei diventata brava lo stesso.
Rita: Sì, ma quando il mare è mosso ho paura di fare il bagno.

우고: 저 바다 좀 보아! 저렇게 조용한 바다를 본적이 몇 번 없어.
리타: 정말 기름처럼 매끄럽구나.
우고: 우리 수영할까?
리타: 난 한 시간 전에 이미 했는데!
우고: 다시 하지 않겠니?
리타: 왜 아니겠어? 어제 아침에도 두 번 했는걸.
우고: 자, 어서 뛰어들자!
리타: 너 저 배 있는 데까지 갈수 있니?
우고: 물론이지! 그렇게 멀지 않은데 뭐!
리타: 너 세다! 물고기처럼 수영하는구나!
우고: 나는 수영한지 오래됐어! 어릴 적에 학교에서 배웠는걸.
리타: 좋겠다! 그런데 나는 커서 배웠어.
우고: 어쨌든 너도 역시 잘 하게 되었잖아.
리타: 그래, 그러나 파도가 거칠 때는 수영하기가 무서워.

◐ 연구

1) il bagno 는 원래 「목욕」이라는 뜻이지만 「해수욕, 수영」이라는 의미로도 쓰인다. 물론 「수영」은 「il nuoto」이다.

2) 한 시간 전에: un'ora fa
   두 시간 전에: due ore fa
   한 달 전에: un mese fa

3) 「Beato te」 - 너 좋겠다!, 축복 받았구나!

4) 「lo stesso」 - 역시, 마찬가지로

▶ 다음 표현을 주의 깊게 관찰하고 익히자

Hai visto il Colosseo? Sì, l'ho visto(lo = il Colosseo).
너 콜로세움을 보았니? 그래 보았어.
Hai visto anche Piazza Navona? Sì, l'ho vista(la = Piazza Navona).
나보나 광장을 보았니? 그래, 보았어.
Hai visto anche i Musei Vaticani? Sì, li ho visti(li = i Musei Vaticani)
바티칸 박물관도 보았니? 그래, 봤어.
Hai visto anche le Terme di Caracalla? Sì, le ho viste.(le = le Terme di Caracalla)
카라칼라 욕장도 보았니? 그래, 봤어.
Hai visto qualche città del nord? Sì, ne ho viste diverse.(ne = delle città del nord)
북부의 몇몇 도시는 봤니? 그래, 여러 도시를 보았어.
Hai visto qualche italiano biondo? Sì, ne ho visti diversi.(ne = degli italiani biondi)
금발의 이탈리아인들을 보았니? 그래, 여러 명 봤어.

원래 avere 동사를 조동사로 취하는 동사의 과거분사는 불변이나 위의 예문에서 보았듯이 목적어가 대명사일 경우 그 대명사의 성·수에 어미를 일치시킨다. 그러나 목적어가 일반명사일 경우는 불변이다. 많은 것들 중 일부를 의미하는 대명사 ne 이다. 이 경우도 다른 대명사 목적어와 같이 과거분사의 어미를 변화시켜야 한다.

Bevi tutto quel vino? No, ne bevo solo un bicchiere.
저 와인 다 마실 거니? 아니, 한 잔만 마실 거야.
Di questi libri ne ho letti molti. 이 책들 중 많은 책을 읽었다.

강독

Lui e io (II)

- *Natalia Ginzburg*

Io non so ballare, e lui sa.

Non so scrivere a macchina, e lui sa.

Non so guidare l'automobile. Se gli propongo di prendere anch'io la patente, non vuole. Dice che tanto non ci riuscirei mai. Credo gli piaccia che io dipenda, per tanti aspetti, da lui.

Io non so cantare, e lui sa. È un baritono. Se avesse studiato il canto, sarebbe forse un cantante famoso.

Se avesse studiato musica, sarebbe forse diventato un direttore d'orchestra. Quando ascolta i dischi, dirige l'orchestra con una matita, intanto scrive a macchina, e risponde al telefono. È un uomo che riesce a fare, nello stesso momento, molte cose.

Fa il professore e credo che lo faccia bene.

Avrebbe potuto fare molti mestieri. Ma non rimpiange nessuno dei mestieri che non ha fatto. Io non avrei potuto fare che un mestiere solo: Il mestiere che ho scelto, e che faccio, quasi dall'infanzia.

Io scrivo dei racconti, e ho lavorato molti anni in una casa editrice.

Non lavoravo male, ma neanche bene. Tuttavia mi rendevo conto che forse non avrei saputo lavorare in nessun altro luogo.

Avevo, con i miei compagni di lavoro e con il mio padrone, rapporti d'amicizia. Sentivo che, se non avessi avuto intorno a me questi rapporti d'amicizia, mi sarei spenta e non avrei saputo lavorare più.

Di non capire la pittura, le arti figurative, non me ne importa; ma soffro di non amare la musica, perché mi sembra che il mio spirito soffra per la privazione di questo amore. Pure non c'è niente da fare; non capirò mai la musica, non l'amerò mai. Se a volte sento una musica che mi piace, non so ricordarla; e allora come potrei amare una cosa, che non so ricordare?

◐ 어휘

Sommamente: 극도로
pigra: 게으른
assoluta: 절대적인
oziare(stare in ozio): 게으름 피우다
necessità: 필요성
concludere: 결론짓다, 마무리하다
le bozze da correggere: 교정할 원고뭉치
note: 주석
un ricevimento: 리셉션
un mondo di: 수많은
raccontare: 이야기하다
canzonare: 비웃다, 놀리다

sdraiato: 누워서
scrivere a macchina: 타자 치다
accendere(p.p. acceso): 켜다
non essere buono a niente: 아무 짝에도 쓸모가 없다
la patente: 면허증
un cantante: 가수
un direttore d'orchestra: 오케스트라 지휘자
il disco: 음반
dirigere l'orchestra: 오케스트라를 지휘하다
il mestiero: 일, 직업
l'infanzia: 유아기, 어린 시절
la casa editrice: 출판사
spegnere(p.p. spento): 끄다, 죽다
chissà: 누가 알겠어(아무도 몰라)
l'arte figurativa: 조형예술
salubre: 유익한, 몸에 좋은, 건전한
la cadenza: 운율
la privazione: 박탈, 상실, 결핍

arrabiarsi: 화를 내다
amministrare: 조정하다
proporre: 제안하다
tuttavia: 그럼에도 불구하고
rendersi conto: 고려하다, 깨닫다
il compagno: 동료
il padrone: 주인
il rapprto: 관계
l'amicizia: 우정
l'universo: 우주, 세계
la pittura: 회화
protestare: 반박하다
soffrire: 고통을 당하다
un metro musicale: 음보(音步), 가락
protestare: 항의하다

연습 문제

1. 주어진 문장을 비인칭 si를 사용하여 다시 쓰시오.

1) In questo ristorante uno spende molto.

2) Dopo una bella vacanza uno si sente in forma.

3) Uno è solo quando è vecchio.

4) Se uno si cura bene, questa malattia passa presto.

5) Quando uno è giovane, si arrabbia anche per le ragioni più stupide.

6) Uno è felice quando è innamorato.

2. 밑줄 친 부분을 대명사로 받아 문장을 다시 쓰시오.

1) Ho letto <u>questo libro</u>.

2) Ha incontrato <u>Maria</u>.

3) Mi hanno raccontato <u>queste storie</u>.

4) A chi hai regalato <u>i fiori</u>?

5) A Roma abbiamo conosciuto <u>molte persone</u>.

15 Lezione quindicesima

제15과
부정법 I
Modi indefiniti I

Modi indefiniti I

부정법에는 부정사(Infinito), 분사(Participio), 제룬디오(Gerundio) 세 가지가 있다. 부정법(modi infiniti)은 동사의 형태를 보고 인칭(la persona), 성(il genere), 수(il numero), 시제(il tempo) 등을 알 수 있는 법인 한정법(modi finiti)과 다르게 동사의 형태를 보더라도 인칭, 성, 수, 시제 등을 알 수 없는 법이다.

Lezione 15

1. 부정사 Infinito

1) 부정사의 현재 및 과거시제 형태

	-are	-ere	-ire
현재	cantare	prendere	partire
과거	avere cantato	avere preso	essere partito/a/i/e

2) 부정사의 시제와 해석

(1) 부정사의 현재형은 주절의 시제와 같은 시제를 나타낸다.

　　Credo di saperlo. (=Credo che io lo so.)　　　　　　　<직설법 현재>
　　나는 내가 그를 안다고 생각한다.
　　Penso di conoscerlo. (= Penso che io lo conosca.)　　<접속법 현재>
　　나는 내가 그를 안다고 생각한다.
　　Credevo di saperlo.(= Credevo che io lo sapevo.)　　<직설법 반과거>
　　나는 내가 그를 안다고 믿었었다.
　　Pensavo di conoscerlo.(=Pensavo che io lo conoscessi.)　<접속법 반과거>
　　나는 내가 그를 안다고 생각했었다.
　　Crederò di saperlo.(= Crederò che io lo saprò.)　　<직설법 단순미래>
　　나는 내가 그를 안다고 믿을 것이다.

(2) 부정사의 과거형은 『avere, essere의 부정법 현재형 + 과거분사』의 형태이며 주절 보다 한 시제 앞선 시제를 나타낸다.

　　Credo di averlo sentito. (= Credo che io l'ho sentito).
　　나는 내가 그를 알았다고 믿는다.
　　Penso di averlo conosciuto. (= Penso che io l'abbia conosciuto).
　　나는 내가 그를 알았다고 생각한다.
　　Speravo di essere arrivato in tempo. (= Speravo che io fossi arrvato in tempo).
　　나는 내가 제 시간에 도착했기를 바랬다.
　　Ti scriverò dopo aver lo visitato. (= Ti scriverò dopo che io avrò visitato).
　　그를 방문한 후 네게 편지를 쓰겠다.

2. 부정사의 용법

1) 명사적 용법

부정사는 남성단수 명사로 취급되어 주어, 보어, 목적어 등으로 쓰인다. 때때로 정관사나 부정관사를 붙여 사용하기도 한다.

　　Il troppo bere nuoce.　　　지나친 음주는 해롭다.

Altro è dire, altro è fare. 말하는 것과 행동하는 것은 다르다.
Non sappiamo nuotare. 우리는 수영할 줄을 모른다.
È vietato fumare. 흡연 금지
Per voi ci sono due scelte: paritre o rimanere.
너희들에게는 두 가지 선택이 있다. 출발하느냐, 남느냐.
Non ho visto mai un correre così veloce. 그렇게 빨리 뛰는 것을 본적이 없다.

2) 동사적 용법
a) 의문문이나 감탄문에서 부정법의 사용은 감정, 의혹, 반성 등의 의미를 더욱 강하게 나타낼 수 있다. 보통 이러한 구문에서는 potere, dovere, volere와 같은 조동사가 생략된 것으로 이해된다.

Che (vuoi) dire? 무슨 말을 하려는 거지?
Uno studente universitario (può, potrebbe) comportarsi in quel modo!
대학생이 그러한 방식으로 처신하다니!
Andare fin là a piedi? Sarebbe uno strapazzo esagerato.
걸어서 저기까지 간다고? 엄청난 무리 일 텐데.

b) 역사적 부정사
이야기 중에 과거의 사건이나 동작을 보다 생생하게 묘사하기 위하여 사용하며 이를 역사적 부정사(infinito storico)라고 부른다. 보통 『ecco + 부정사의 현재형』 이나, 『a + 부정사의 현재형』 혹은 그냥 『부정사의 현재형』의 형태로 사용한다.

Ecco il presidente stringere la mano agli ospiti.
그때 대통령이 방문객들에게 악수를 청하는 것이 아닌가...
Mentre tra le donne erano così fatti ragionamenti, ed ecco entrare nella chiesa tre giovani. 여자들이 그와 같은 논의를 하고 있을 때 세 젊은이가 교회 안으로 들어오는 것이 아닌가.
E lui a piangere, e gli altri a canzonarlo.
(= E lui piangeva e gli altri lo canzonavano).
그는 울고 있었고 다른 사람들은 그를 놀려대고 있는 것이 아닌가.

3) 『전치사 + 부정사』의 용법
『전치사 + 부정사』는 여러 가지 부사절의 뜻(시간, 양보, 조건)을 나타낼 수 있다.
a) 『a + 부정사』는 조건이나 원인 혹은 시간 부사절을 의미한다.

Al vedermi scapperà(= Se mi vede...)
그는 나를 보면 달아날 것이다.
A voler essere giusti dovremmo ringraziarli. (= Se volessimo essere giusti...)
만일 우리가 올바른 사람이 되고자 한다면 그들에게 감사해야한다.
All'uscire dalla residenza, il presidente fu acclamato da numerose persone. (= Quando uscì...)

대통령은 숙소에서 나오자마자 군중들로 부터 환호를 받았다.

b) 『in + 부정사』는 보통 정관사를 동반하며 시간 부사절을 의미한다.

Nell'entrare in salotto, lo salutai (= Entrando...).
거실로 들어가면서 나는 그에게 인사를 했다.
Nel parlargli mi accorsi che stava male (= Mentre gli parlavo)
그에게 말하는 동안 그가 몸이 아프다는 것을 알았다.

c) 『con + 부정사』는 수단, 방법의 의미를 가진다.

Con il leggere(=Leggendo) ci si istruisce.
독서를 통하여 교양을 쌓을 수 있다.
Col litigare(=Litigando) non otterenai niente.
말다툼으로는 어떤 것도 얻을 수 없다.

d) 『per + 부정사』는 목적, 이유, 양보, 한정의 의미를 가진다.

Per aver voluto troppo, lui perdette tutto.
(= Poiché aveva voluto troppo.....)
과욕을 부렸으므로 그는 모든 것을 잃었다.
Per mangiare che facesse non si saziava mai.
(= Sebbene mangiasse....)
그는 양껏 먹었음에도 배가 부르지 않았다.

e) 『da + 부정사』는 <~해야 할>, <~할 정도의>의 뜻을 가진다.

É un libro da leggere(= che deve essere letto).
이것은 읽어야할 책이다.
Mi sentivo così stanco da non poter camminare più.
(che non potevo camminare più).
나는 더 이상 걸을 수 없을 정도로 피곤하다.

3. fare, lasciare + 부정사의 용법

1) fare + 자동사의 부정사
부정사의 주어가 fare동사의 직접목적어가 되며 인칭대명사 앞에 전치사가 붙지 않는다.

Faccio venire mio figlio. (= Faccio che mio figlio venga)
내 아들을 오게 한다.
Ci hanno fatto dormire fino alle nove.
그들은 우리로 하여금 9시까지 자도록 하였다.

2) fare + 타동사의 부정사

부정사의 주어 앞에 전치사 <a>를 씀으로써 fare 동사의 간접목적어가 된다.

Il nonno fa leggere il giornale a Maria. (= fa che Maria legga il giornale.)
할아버지는 마리아에게 신문을 읽게 한다.
Gli fa leggere il giornale.
그는(그녀는) 그에게 신문을 읽게 한다.
Lo fa leggere a Mario
그는(그녀는) 마리오에게 그것을 읽게 한다.
Glielo fa leggere.
그는(그녀는) 그에게 그것을(그녀에게 그것을, 그들에게 그것을) 읽게 한다.

3) farsi + 부정사

「자신에게 ~ 하게하다」의 뜻으로 간접목적어인 <a sè> 가 포함되어 있다. 부정사의 주어 (동작의 주체) 앞에 전치사 <da>를 쓴다.

Mi faccio fotografare da Mario. (= fotografare me)
나는 마리오에게서 사진을 찍는다.
Mi faccio tagliare i capelli da Mario. (= tagliare i capelli a me)
나는 마리오에게 머리를 자른다. (네 머리를 자르게 한다)
Devo farmi tagliare i capelli. 나는 머리를 잘라야 한다.
Devo farmi fare un vestito. 나는 옷 한 벌을 맞추어야 한다.
Mi sono fatto fare un vestito. 나는 옷 한 벌을 맞추었다.
Mi feci fare un vestito due anni fa. 나는 2년 전에 옷 한 벌을 맞추었다.
Mi farò fare un vestito. 나는 옷 한 벌을 맞출 것이다.

4) lasciare + 부정사 = fare + 부정사

Lasciamo studiare Mario in pace. (=Lo lasciamo studiare in pace)
마리오가 조용히 공부하도록 놔둡시다.
Non lasciamo vedere la T.V. ai bambini fino a tarda sera.
우리는 아이들이 저녁 늦게까지 텔레비전을 시청하는 것을 허용하지 않는다.

4. 지각동사 + 부정사

지각이나 감각을 나타내는 동사인 sentire, vedere, guardare, ascoltare, udire 다음에 나오는 종속절의 동사는 반드시 부정사법을 쓴다.

1) 부정사가 자동사인 경우: 부정사의 주어가 감각동사의 직접목적어가 된다.

Guardo giocare Mario
= Guardo Mario giocare
= Lo guardo giocare
나는 마리오가 노는 것을 본다.

2) 부정사 타동사인 경우: 부정사의 주어는 감각동사와 부정사 사이에 위치한다. 그리고 부정

사의 주어는 감각동사의 직접목적어가 되며, 인칭대명사일 경우 감각동사 앞에 위치한다. 부정사의 직접목적어가 대명사일 경우 부정사의 끝에 붙여서 사용한다.

Ascolto Giovanni cantare quell'aria con grande piacere.
= Lo ascolto cantare quell'aria con grande piacere.
= Ascolto Giovanni cantarla con grande piacere.
= Lo ascolto cantarla con grande piacere.
나는 지오반니가 그 아리아를 기쁘게 열창하는 것을 듣는다.

기본 회화

Le professioni preferite dagli italiani

Signor Kim - A   Signor Rossi - B

- A: Suo figlio è già laureato?
- B: No, frequenta l'ultimo anno di medicina.
- A: Ha scelto una facoltà lunga e difficile.
- B: Sì, ma per lui non è un problema: gli piace molto studiare.
- A: Ho sentito che ci sono troppi medici in Italia. È vero?
- B: Sì, ma ci sono anche tanti ingegneri, architetti, avvocati...
- A: E anche tanti insegnati, no?
- B: Infatti. Ma forse non sa che tra gli insegnanti ci sono più donne che uomini.
- A: Come mai? Non guadagnano abbastanza?
- B: Con i loro stipendi non si può certo mantenere una famiglia.
- A: Ma in fondo per una donna è la professione ideale, anche se è faticosa.
- B: Sì, d'accordo.
- A: In Italia l'ingresso alle facoltà non è programmato?
- B: No, finora non esiste il numero chiuso: ognuno può scegliere la facoltà che gli piace.
- A: Allora ci saranno molti disoccupati!
- B: Non Le dico quanti!
- A: È un problema da risolvere.
- B: Sì, ma non è facile.
- A: È chiaro che non è semplice, tuttavia non si può rimandare.

- 김: 당신 아들은 대학을 이미 졸업했지요?
- 롯시: 아니에요, 의과대학 마지막 학년을 다니고 있습니다.
- 김: 길고도 어려운 학부(과)를 택했군요.
- 롯시: 그래요, 그러나 그에게는 문제가 되지 않습니다. 그는 공부를 아주 좋아합니다.
- 김: 이탈리아에는 의사가 너무 많다고 들었는데 사실입니까?
- 롯시: 그래요, 그러나 기술자, 건축사, 변호사들도 많습니다.

- 김: 선생들도 많지요?
- 롯시: 사실입니다. 선생들 중에는 남자보다도 여자가 더 많다는 사실도 아셔야 합니다.
- 김: 왜 그렇죠? 수입이 충분치 않습니까?
- 롯시: 선생 월급으로는 가족을 부양할 수 없습니다.
- 김: 그러나 힘은 들더라도 여자들에게는 이상적인 직업입니다.
- 롯시: 그래요, 맞습니다.
- 김: 이탈리아에서는 대학의 입학(입학정원)을 조정하지 않습니까?
- 롯시: 아닙니다, 아직까지도 입학정원은 없습니다. 아무나 자신이 좋아하는 대학(과)을 선택할 수 있습니다.
- 김: 그러면 실업자가 많겠네요?
- 롯시: 수를 셀 수 없습니다!
- 김: 해결해야 할 문제군요.
- 롯시: 그래요, 그러나 쉽지 않습니다.
- 김: 단순하지 않다는 것은 확실합니다. 그럼에도 불구하고 연기할 수는 없습니다.

● 연구

이탈리아의 학제는 다음과 같다:
Scuola elementare(초등학교) - 5년   Scuola media(중학교) - 3년
Liceo classico(인문계 고등학교) - 5년
Università(대학 학부) - 단기 학위과정 3년(breve laurea)과 전문화 과정(laurea specialistica)으로 나뉨 (건축학: 5년 의학: 6년)
Dottorato di Ricerca(박사과정) - 3년

이탈리아에는 우리와 같은 개념의 학과 즉 Department는 없고 단과대학 개념인 Faculty가 있다. 이탈리아어로 Facoltà이다. 따라서 대학을 마친 사람을 Dottore di Laurea 혹은 Laureato 라고 하며 박사학위(Ph. D.)소지자를 Dottorato라고 한다. 2013년 기준으로 한 해에 Laurea를 받는 사람은 대략 14만 명으로 산업구조에 비해 그 수가 너무 많은 편이다. 따라서 대학졸업자의 실업문제는 이탈리아가 해결해야할 많은 사회문제 중 하나이다. 그러나 정규대학이 아닌 기술 전문학교의 취업률은 거의 100%에 해당한다.
- 학교에 다니다: frequentare la scuola
- 학교에 들어가다: entrare nella scuola
- 학교에 등록하다: iscriversi alla scuola

강독

Lui e io (III)

- *Natalia Ginzburg*

Era, da ragazzo, bello, magro, esile, non aveva allora la barba, ma lunghi e morbidi baffi; e rassomigliava all'attore Robert Donat. Era così quasi vent'anni fa, quando l'ho conosciuto; e portava, ricordo, certi camiciotti scozzesi, di flanella, eleganti. Mi ha accompagnata, ricordo, una sera, alla pensione dove allora abitavo; abbiamo camminato insieme per via Nazionale.

Io mi sentivo già molto vecchia, carica di esperienza e di errori; e lui mi sembrava un ragazzo lontano da me mille secoli. Cosa ci siamo detti, quella sera, per via Nazionale, non lo so ricordare; niente d'importante, suppongo; era lontana da me mille secoli l' idea che dovessimo diventare, un giorno, marito e moglie. Poi ci siamo persi di vista; e quando ci siamo di nuovo incontrati, non rassomigliava più a Robert Donat, ma piuttosto a Balzac.

Quando ci siamo di nuovo incontrati, aveva sempre quei camiciotti scozzesi, ma ora sembravano, addosso a lui, indumenti per una spedizione polare; aveva ora la barba, e in testa lo sbertucciato cappelluccio di lana; e tutto in lui faceva pensare a una prossima partenza per il Polo Nord. Perché, pur avendo sempre tanto caldo, sovente usa vestirsi come se fosse circondato di neve, di ghiaccio e di orsi bianchi; o anche invece si veste come un piantatore di caffè nel Brasile; ma sempre si veste diverso da tutta l'altra gente.

Se gli ricordo quell'antica nostra passeggiata per via Nazionale, dice di ricordare, ma io so che mente e non ricorda nulla; e io a volte mi chiedo se eravamo noi, quelle due persone, quasi vent'anni fa per via Nazionale; due persone che hanno conversato così gentilmente, urbanamente, nel sole che tramontava; che hanno parlato forse un po' di tutto, e di nulla; due amabili conversatori, due giovani intellettuali a passeggio; così giovani, così educati, così distratti, così disposti a dare, l'uno dell'altra, un giudizio distrattamente benevolo; così disposti a congedarsi l'uno dall'altra per sempre, quel tramonto, a quell'angolo di strada.

◐ 어휘

esile: 허약한, 우아한
rassomigliarsi a: ~와 닮다
camiciotto scozzeso: 체크 무늬 자켓
carica di: ~을 짊어진, ~을 지닌
supporre: 예상하다, 추측하다
una spezione polare: 극탐험
il ghiaccio: 얼음
lo sbertucciato cappelluccio di lana: 구겨진 털모자
l'orso bianco: 백곰
mente e non ricorda nulla: 마음속에는 있으나 기억은 하지 못 한다
urbanamente: 세련되게, 도시 풍으로
due amabili conservatori: 사랑스러운 두 명의 대화자
l'uno dell'altro: 서로서로
distratto: 무심한, 방심한
un giudizio benevolo: 자비로운 판단, 호의에 의한 판단
congedarsi: 작별인사하다
l'angolo: 모퉁이

magro: 마른, 가냘픈
morbido: 부드러운
accompagnare: 안내하다, 인도하다
la pensione: 숙소, 여관
addosso: ~을 걸치다, 입다
l'indumento: 복장, 의복

un piantatore: 경작자, 농장주인

tramontare: 황혼이 깃들다, 해가지다

disposto a: ~할 준비가된

per sempre: 영원히

연습 문제

1. 다음의 부정형 동사를 적절한 법과 시제로 바꾸시오.

1) É meglio che Lei abbandonare quel progetto.
2) Mi dispiace che tu avere perso quel treno.
3) Nel caso che mi essere possibile, verrò a trovarti.
4) Qualunque cosa voi fare, sono certo che non vi crederanno.
5) É partito senza che ci salutare.
6) Non occorre che tu mi scrivere tutti i giorni, basta che tu mi mandare tue notizie ogni tanto, in modo che io sapere che stai bene e non stare in pensiero.
7) É bene che i bambini si alzare presto, mangiare e bere soltanto alle ore dei pasti, andare fuori tutti i giorni, fare il bagno prima di andare a letto, e dormire con la finestra aperta.
8) Spero che tu essere buono e avere voglia di studiare.
9) Tuo padre non vuole che tu sciupare il denaro in cose inutili.
10) Non occorre che voi mi ripetere tante volte la stessa cosa, credete che io essere sordo, non sentire e non avere capito?
11) Sua madre desidera che egli imparare il tedesco, andare in Germania e vi rimandare almeno sei mesi.
12) É inutile che voi ci chiedere ciò che non possiamo dare.
13) Sei contento che i tuoi avere comprato una casa, e che la casa essere piena di sole?
14) Nel caso che io non essere qui all'ora di cena, è meglio che tu mangiare, io non voglio che tu mi aspettare, può darsi che io ritardare molto, rimanere a cena fuori e poi andare a teatro.
15) La lezione è finita, è ora che voi chiudere i libri e andare a casa.

2. 다음의 동사의 부정형을 적절한 법과 시제로 고치시오.

1) Sono venuto benché essere tardi, ma desidero che nessuno sapere che io essere qui.
2) Sapevo che Andrea essere ricco, e credevo che essere felice, sebbene non sempre il denaro portare la felicità.
3) Se qualcuno cercare di me, dite che io non essere in casa.
4) Mi dispiace che tu non avere ricevuto la mia lettera, la detti alla cameriera perché l'impostare, sarebbe stato meglio che io l'avere impostata da me!
5) So che oggi voi ricevere molto denaro; è meglio che voi lo depositare in banca, non è prudente che lo tenere in casa.
6) Non vedevo l'ora che l'inverno finire e venire la primavera.
7) Questo è il libro più interessante che io avere letto; benché io non conoscere l'autore

personalmente, penso che lui essere una persona molto simpatica.

8) Ho comprato molte azioni industriali sperando che salire e mi dare un buon guadagno; invece, se io le vendere adesso, ci perdere più della metà: perciò la cosa migliore è che io le tenere, finché esse non salire di nuovo e io potere almeno riprendere il denaro che ci ho messo.

9) Se voi essere partiti stamane, a quest'ora essere già arrivati a Roma.

10) Se smettere di piovere, noi potere uscire a far due passi.

11) Se io dire la verità, nessuno mi crederebbe.

12) Se noi dire quello che pensare, la gente si offendere e noi avere più nemici che amici.

13) Se tu gli dare molto denaro, lui lo spendere tutto e male.

14) Che cosa tu fare se tu essere al verde e tu trovare un portafoglio per la strada? Se io sapere di chi è, lo riportare al proprietario e gli dire le mie condizioni, certamente lui mi aiutare, e così non essere più al verde.

15) Tu non volere anche un cane? Certo, un cane e un cavallo essere i miei fedeli amici.

16) Allora essere bene che tu vendere o affittare la tua casa in città e comprare una villa in campagna.

16 Lezione sedicesima

제16과
부정법 II
Modi indefiniti II

Modi indefiniti II

부정법에는 분사(participio), 제룬디오(gerundio), 부정사(infinito)가 있다. 동사의 형태로 인칭·성·수·시제를 분명하게 알 수 없는 부정법 중 분사에 대해서는 앞 장에서 공부했다. 이 장에서는 분사과 제룬디오에 대해서 알아보기로 한다.

Lezione 16

1. 분사 Participio

1) 현재 분사(Participio Presente)

① 형태

am-are	tem-ere	sent-ire
am-ante	tem-ente	sent-ente

② 용법

a) 명사적 용법 - 현재분사는 보통명사로도 사용된다.

　　amante 애인　　　　assistente 조수, 조교　　cantante 가수
　　comandante 지휘자　combattente 전사　　　dirigente 관리자
　　insegnante 선생　　　principiante 초보자　　rappresentate 대표자

☞주의

　　현재 분사가 보통명사로 쓰일 때는 남녀 구별이 안되므로 정관사로써 구별한다.
　　il cantante 남자가수　　la cantante 여자가수
　　i cantanti 남자가수들　　le cantanti 여자가수들

b) 형용사적 용법 - 현재분사는 형용사로도 사용된다. 단수형은 대체로 어미가 -e 이며 복수는 -i이다.

　　sole ardente 불타는 태양　　stella cadente 유성　　　pacco pesante 무거운 소포
　　civiltà fiorente 만개한 문명　acqua sorgente 샘물　　vino spumante 발포성 포도주

c) 동사적 용법 - 현재분사는 동사적 용법도 가지고 있다.

　　Regnante Carlo VII, il popolo si ribellò. (= Mentre regnava Carlo VII)
　　카알 7세가 통치하는 동안 백성들은 반란을 일으켰다.
　　La Gallia, vivente Cesare, fu sottomessa a Roma. (= Mentre viveva Cesare)
　　시저가 살아있는 동안 갈리아는 로마의 지배하에 있었다.
　　Quest'avviso è per tutti i cantanti partecipanti al concorso.(= tutti i cantanti che partecipano)
　　이 공고는 콩쿨에 참여하는 모든 성악가들을 위한 것이다.

d) 전치사 용법 - 현재분사는 전치사로도 사용된다.

　　durante(durare) ~ 동안
　　mediante(mediare) ~ 에 의하여, ~ 을 매개로
　　nonostante(non ostare) ~ 에도 불구하고

2) 과거 분사(Participio Passato)

① 형태

am-are	tem-ere	sent-ire
am-ato	tem-uto	sent-ito

② 용법

a) 명사적 용법 - 과거분사는 명사로도 사용된다.
   ammalato 병자   condannato 죄인   ferito 부상자
   laureato 대학 졸업자   morto 죽은 사람   ricercato 용의자
   ricoverato 입원환자   favorita 총애를 받는 여자
   gli invitati 초대받은 사람들 gli interessati 관심 있는 사람들

   Tutti gli invitati sono arrivati. 초대받은 사람 모두가 도착했다.
   un laureato in economia 경제학부 졸업자
   Bisogna soccorrere questi feriti. 이 부상자들을 구조해야한다.

b) 형용사적 용법 - 타동사의 과거분사가 여기에 해당되며 수식하는 명사의 성과 수에 일치한다.
   un soldato ferito 한 명의 부상병   due soldati feriti 두 명의 부상병
   una donna ferita 부상당한 여자 한 명 due donne ferite 부상당한 여자 두 명

c) 시간, 원인, 양보, 조건을 나타내는 부사절을 이끌기도 한다.
   시간: Detto questo, uscì sbattendo la porta. (= Dopo che ebbe detto)
         이 말을 하고서 그는 문을 박차고 나갔다.
         Finito questo corso, potrò iscrivermi al corso d'inglese.
         (=Dopo che avrò finito questo corso)
         이 과정을 끝낸 다음에 나는 영어 과정에 등록할 수 있을 것이다.
   원인: Fatto questo, devi accettarne le conseguenze. (= Poiché hai fatto)
         네가 이 일을 했으므로 그 결과를 받아들여야 한다.
   양보: Per quanto stimato da tutti, fu licenziato. (= Per quanto fosse stimato)
         모든 사람들로부터 존경받았음에도 불구하고 그는 해고를 당했다.
   조건: Guidato bene, riuscirà a superare ogni difficoltà. (= Se sarà guidato)
         잘 인도 받는다면 그는 모든 어려움을 극복해 낼 것이다.
         Avendo parlato di più con la gente, avresti imparato prima lingua.
         (= Se tu avessi parlato)
         네 사람들과 말을 좀 더 했더라면, 말을 일찍 배웠을 것이다.

☞주의
   1. 재귀동사와 자동사의 과거분사는 보통 능동의 의미를 지니며 essere동사를 조

동사로 하는 자동사의 경우 주어에 성·수를 일치시킨다. 재귀대명사는 과거분사 뒤에 붙여 쓴다.

Arrivati a casa, ci riposammo. (= Essendo arrivati; Quando fummo arrivati)
우리는 도착하자 휴식을 취하였다.
Alzatasi presto, Maria ha sonno. (= Essendosi alzata presto; Poiché si è alzata presto)
너무 일찍 일어났으므로 마리아는 졸립다.
Venuta la nonna, abbiamo fatto la festa.
할머니가 오시자 우리는 파티를 벌였다.
Terminata la lezione, andai a casa. (= Quando fu terminata la lezione)
수업이 끝나자 나는 집으로 갔다.

2. 타동사의 과거분사는 수동의 의미를 지니며 목적어와 성·수를 일치시킨다. 대명사 목적어는 과거분사 뒤에 붙여서 쓴다.

I soldati, oltrepassata la Senna, saranno al sicuro.
(= quando avranno oltrapassato la Senna)
병사들은 센 강을 건너면 안전해 질 것이다.
Letti tutti i libri, ha vinto quel concorso. (= Poiché aveva letto tutti i libri)
그는 모든 책을 읽었기 때문에 그 시험에 통과했다.
Lui ha raccolto alcune monete lasciate dai ladri.
그는 도둑들이 남기고 간 돈 몇 푼을 모았다.

2. 제룬디오 Gerundio

영어의 현재분사 구문과 쓰임새가 비슷하며 현재와 과거 두 시제가 있다. 현재형은 주절과 같은 시제를 나타내고 과거형은 주절보다 앞선 시제를 나타낸다.

1) 형태

	am-are	tem-ere	sent-ire
현재	am-ando	tem-endo	sent-endo
과거	avendo / essendo + 과거분사		

2) 제룬디오의 용법

① 시간을 나타내는 제룬디오 구문

Camminando gli parlavo. (= Mentre camminavo)
나는 걸으면서 그에게 이야기했다.
Tornando a casa, ho incontrato Marco. (= Mentre tornavo a casa)
집으로 돌아오는 도중에 나는 마르코를 만났다.
L'ho vista uscendo di scuola. (= mentre usciva)
학교에서 나오다가 그녀를 보았다.

Ascoltantola più volte, ho notato che quella voce è di Marco.
(= Dopo che l'avevo ascoltata più volte)
그 목소리를 여러 번 듣고 나서 나는 그것이 마르코 목소리인 것을 알았다.

② 원인, 이유를 나타내는 제룬디오 구문

Restando a casa, prepara tu la torta. (= Poiché resti)
네가 집에 있으니 케이크를 준비해.
Avendo perso tutto, non potevo comperarti quell'anello. (= Poiché avevo perso)
모든 것을 잃었기 때문에 나는 너에게 그 반지를 사줄 수 없었다.
Essendo tardi, non volli uscire. (= Poiché era tardi)
너무 늦었기 때문에 나는 외출하고 싶지 않았다.
Avendole studiate da bambini, abbiamo imparato due lingue senza difficoltà.
(= Perché le avevamo studiate da bambini)
어렸을 적에 공부를 했기 때문에 우리는 어려움 없이 두 언어를 배웠다.

③ 양보를 나타내는 제룬디오 구문(주로 "pur"를 앞세운다)

Pur essendo stanco, continui a studiare. (= Sebbene fossi stanco…)
나는 비록 피곤했지만 공부를 계속했다.
Ho aiutato Teresa, pur sapendo che è una bugiarda. (= benché sapessi)
비록 테레사가 거짓말쟁이라는 것을 알았지만 그녀를 도왔다.
Pur avendo capito la nostra buona intenzione, il proprietario non ci dà ancora il permesso
di usare il terreno. (= Nonostante abbia capito)
우리의 좋은 의도를 이해했음에도 소유주는 땅의 이용을 여전히 허락하지 않는다.
Pure avendo lavorato tutto il giorno, non mi sento stanco.
(= Benché io abbia lavorato tutto il giorno)
하루 종일 일했음에도 불구하고 나는 피곤한지 모르겠다.

④ 행동양태, 동시동작을 나타내는 제룬디오 구문

Essi arrivarono correndo. (= di corsa)
그들은 뛰어서 도착하였다.
Maria ci ascoltava sorridendo. (=con un sorriso 혹은 col volto sorridente)
마리아는 미소를 지으며 우리의 이야기를 듣고 있었다.
Mi riposo ascoltando la musica classica.
나는 클래식 음악을 들으면서 휴식을 취한다.

⑤ 수단, 방법을 나타내는 제룬디오 구문

Leggendo puoi imparare molto. (= Per mezzo della lettura)
너는 독서를 통해서 많은 것을 배울 수 있다.
Camminando di questo passo, arriveremo prima di sera. (= Col camminare)
이 보폭으로 걷는다면 우린 저녁 전에 도착할 것이다.

⑥ 조건을 나타내는 제룬디오 구문

Gridando così, svegli tutta la casa. (= Se gridi)
네가 그렇게 소리 지르면 온 집안이 다 깨겠다.
Alzando ancora lo sguardo, potresti forse vederlo. (= Se alzassi)
네가 한번 더 쳐다본다면(시선을 든다면) 아마도 그를 볼 수 있을 텐데.

⑦ 「stare」 동사와 함께 쓰여 진행형을 표시한다.

> 현재 진행형: stare의 직설법 현재형 + 제룬디오
> 과거 진행형: stare의 직설법 반과거 + 제룬디오

Stai ancora riparando la radio?
너는 아직도 그 라디오를 고치고 있니?
Stavo dormendo quando sei venuto a trovarmi.
네가 나를 만나러 왔을 때 나는 잠을 자고 있었다.
Stavo tornando a casa quando l'ho incontrato.
나는 집으로 돌아오면서 그를 만났다.

⑧ 제룬디오의 과거형은 복합시제로서 주절의 시제 보다 앞서 일어난 사실을 표현한다.

Avendo letto il libro, gliel'ho restituito. (= Poiché avevo letto)
나는 그 책을 읽고 난 후 그에게 돌려주었다.
Non essendo mai stati a Roma, siamo curiosi di vederla.
(= Poiché non siamo mai stati a Roma)
우리는 로마에 가본 적이 없기 때문에 궁금해서 보고 싶다.
Avendo fatto i conti, Anna si è accorta di aver speso troppo.
(= Dopo aver fatto i conti; Dopo che aveva fatto i conti)
안나는 계산을 하고나서 돈을 너무 많이 썼다는 것을 깨달았다.

3) 제룬디오가 명사나 형용사로 쓰이는 예

① 명사로 쓰이는 예

il laureando 대학 졸업예정자 男   la laureanda 대학 졸업예정자 女
tagliando 쿠폰   vivanda 음식   bevanda 음료수
propaganda 선전   leggenda 전설   merenda 간식
faccenda 업무

② 형용사로 쓰이는 예:

miserando 가엾은 nefando 부정한 orrendo 무서운 memorando 기억할만한

3. 기타

부정사와 분사구문 또는 접속사를 사용한 문장은 다음과 같이 부정사와 분사구문으로 바꿀 수 있다.

Dopo che avrò finito questo lavoro, potrò riposarmi un po'.
이 일을 끝마치고 나서 나는 좀 쉴 수 있을 것이다.
→ Avendo finito questo lavoro, potrò riposarmi un po'.
→ Dopo aver finito questo lavoro, potrò riposarmi un po'.
→ Finito questo lavoro, potrò riposarmi un po'.

Dopo che era guarita dall'influenza, Maria ha dovuto tornare subito al lavoro.
독감이 낫고 나서 마리아는 곧바로 직장에 복귀해야 했다.
→ Essendo guarita dall'influenza, Maria ha dovuto tornare subito al lavoro.
→ Dopo essere guarita dall'influenza, Maria ha dovuto tornare subito al lavoro.
→ Guarita dall'influenza, Maria ha dovuto tornare subito al lavoro.

기본 회화

Dal medico

Signor Lee: Buon giorno, dottore.
Dr. Mori: Buon giorno! È la prima volta che viene da me, vero?
Signor Lee: Sì, infatti sono di passaggio a Milano.
Dr. Mori: Qual è il Suo nome?
Signor Lee: Lee
Dr. Mori: Me lo ripete lettera per lettera, per favore?
Singor Lee: Elle, e, e
Dr. Mori: Bene. Che disturbi ha?
Signor Lee: Ho un dolore al petto, mi gira la testa e ho le gambe pesanti.
Dr. Mori: Ha mai sofferto di cuore?
Signor Lee: Veramente no. Non ho mai avuto malattie di nessun genere.
Dr. Mori: Quanto ha di pressione?
Signor Lee: Non saprei....
Dr. Mori: Non importa: ora gliela misuro...
Signor Lee: È troppo alta?
Dr. Mori: Sì, e alla Sua età si deve fare attenzione.
Signor Lee: C'è il pericolo di un infarto?
Dr. Mori: Sì, ma si può evitare con una cura energica.
Signor Lee: Allora me la dia e seguirò i Suoi consigli.

Dr. Mori: Le medicine non bastano, ci vuole anche molto riposo e, naturalmente, niente fumo e niente alcool.
Signor Lee: Allora non posso partire in macchina per la Francia?
Dr. Mori: Se deve guidare Lei, glielo sconsiglio.
Signor Lee: Fra quanti giorni dovrò fare un controllo?
Dr. Mori: Fra una decina di giorni, dopo che avrà finito la cura.
Signor Lee: Grazie, dottore, arrivederLa!
Dr. Mori: ArrivederLa!

李:	안녕하세요! 의사 선생님.
의사:	안녕하세요! 저에게 처음 오시지요?
李:	예, 사실, 밀라노에 잠깐 들르는 중입니다.
의사:	이름이 어떻게 되십니까?
李:	李입니다.
의사:	실례지만 제게 철자별로 불러주시겠습니까?
李:	엘레, 에, 에
의사:	좋습니다. 어디가 아프세요?
李:	가슴이 아프고 머리가 어지럽고 그리고 다리가 무겁습니다.
의사:	심장병으로 고생하신 적이 있습니까?
李:	전혀 아닙니다. 어떤 종류의 병도 앓아본 적이 없습니다.
의사:	혈압이 어떻게 됩니까?
李:	모르겠어요...
의사:	괜찮습니다. 제가 지금 재보겠습니다.
李:	너무 높습니까?
의사:	예, 선생님 연세에는 조심하셔야 합니다.
李:	경색증에 걸릴 위험이 있나요?
의사:	그렇습니다만 열심히 치료하시면 피할 수 있습니다.
李:	그러면 제게 말씀해 주세요 그러면 제가 선생님 충고를 따르겠습니다.
의사:	약으로는 충분치 않습니다. 많이 쉬시기도 해야 합니다. 물론 술, 담배는 금물입니다.
李:	그럼 자동차를 운전하여 프랑스에 갈 수 있을까요?
의사:	당신이 운전해야 한다면 하지마시라고 하고 싶군요.
李:	며칠 뒤에 점검을 해야하나요?
의사:	한 열흘 뒤에, 치료가 끝나면요.
李:	고맙습니다, 선생님. 안녕히 계십시오.
의사:	안녕히 가십시오.

강독

ORIGINI DELLA LINGUA ITALIANA

Quando nasce, dove nasce e quali sono i primi documenti scritti della lingua italiana?

Tra il IX° e il X° secolo nascono le lingue "Romanze", cioè "romaniche" dall'espressione latina 'romanica loqui' = parlare latino.

Si tratta del Portoghese, Gallego, Castigliano, Catalano, Provenzale, Francese, Sardo, Italiano, Ladino Dalmatico, Rumeno, Arumeno.

Si chiamano anche lingue "Neolatine", perché non sono altro che lo stesso "Latino" trasformatosi nei secoli in modo differente da luogo a luogo.

Per intenderci cioè, diciamo che la lingua portoghese è il latino parlato in Portogallo, la lingua ladina o romancia è il latino parlato da alcune popolazioni del Trentino, del Friuli e del Cantone dei Grigioni in Svizzera; e, pertanto, l'italiano è la lingua scaturita dalle trasformazioni che il 'latino parlato' subisce a contatto con le lingue preesistenti nella Penisola.

Non a caso usiamo l'espressione "parlato". E per intenderci meglio è bene tener presenti due cose.

Prima: le lingue che nascono in questo periodo, e pertanto anche l'italiano, non sono quelle di oggi, ma sono lingue estremamente varie a seconda dei luoghi in cui si sviluppano, con un lessico piuttosto ristretto e legato ad una situazione culturale certamente modesta.

Seconda: in questi secoli e più avanti ancora, la lingua scritta rimane sempre il latino; non certamente il latino dei classici, ma pure sempre latino. Se in Francia il primo documento scritto in "volgare", cioè nella lingua parlata del popolo (in latino "Vulgus") è dell'anno 842, per avere un documento scritto in volgare italiano è necessario aspettare il 960.

I volgari usati in Italia per la lingua scritta furono molti: la lingua siciliana per la poesia d'amore, la lingua umbra per la poesia religiosa di San Francesco d'Assisi e Jacopone da Todi, il toscano per la poesia lirica, il milanese, il veronese ed altre.

Insomma non c'era alle origini della nostra letteratura una lingua comune per tutta l'italia.

Il Trecento è uno dei periodi più importanti nella storia della lingua italiana, grazie all' opera di tre grandi scrittori toscani: Dante, Petrarca, Boccaccio.

Dante Alighieri (1265-1321), è considerato il padre della lingua italiana.

Dante, nelle opere precedenti la "Divina Commedia", aveva studiato e difeso l'uso del volgare che riteneva più facilmente comprensibile del latino da tutti gli italiani, specie da quelli che non conoscendo il latino non potevano accostarsi alle opere di cultura.

Ma più che con la sua opera di carattere teorico, è con la "Divina Commedia" che Dante dà grande e definitiva spinta all'affermazione del volgare.

La "Divina Commedia" suscita immediatamente grande stupore ed esaltazione; questo successo determina l'universale accettazione della lingua in cui è scritta.

Con l'opera di Dante il toscano assurge a dignità di idioma nazionale.

Non molto tempo dopo la pubblicazione della Divina Commedia, vedono la luce il "Canzoniere" di Francesco P'etrarca(1304-1374) e il "Decamerone" di Giovanni Boccaccio (1313-1375).

Sono anch'essi due capolavori e provocano l'ammirazione e l'entusiasmo di ogni persona colta.

Così sono tre le grandi opere scritte in un volgare sostanzialmente fiorentino, che possono essere non solo gustate, ma anche considerate come modelli di lingua e di stile.

Grazie ad esse, e grazie alla sua naturale dolcezza ed eleganza, alla sua minore lontananza dal latino rispetto agli altri dialetti, il fiorentino diventa la lingua di tutti gli italiani.

◐ 어휘

documento: 문서, 서류
la lingua Romanza: 로망스어
espressione: 표현
il Gallego: 갈리시아어
il Calatano: 카탈로니아어
il Sardo: 사르데냐어
il Rumeno: 루마니아어
le lingue Neolatine: 신라틴어
trasformatosi in: ~로 변화한, 변모한
trasformazione: 변화, 변모, 전환
pertanto: 그래서/ non pertanto: 그럼에도 불구하고
scaturito da: ~에서 튀어나오다/ 비롯되다, 유래하다
subire: 겪다, 당하다
a caso: 우연히
estremamente: 극도로
a seconda di: ~에 따라
legato a: ~에 결부된, 밀착된
considerare: 간주하다
comprensibile: 이해할 수 있는
accostarsi a: ~에 가까워지다, 다가가다
teorico: 이론적인
affermazione: 단언, 확인, 인정, 지지
suscitare: 불러일으키다

secolo 세기
cioè: 즉
si tratta di: ~에 대한 것이다
il Castigliano: 카스티야어
il Provenzale: 프로방스어
il Ladino Dalmatico: 달마티아 라딘어
l'Armeno: 아르메니아어
non altro che: 다름 아닌 ~이다

differente da: ~과 다른

la penisola: 반도
tenere presente: 기억하다, 고려하다, 명심하다
vario: 다양한
svilupparsi: 발전하다
il volgare: 속어
ritenere: 믿다, 생각하다
specie: 특히

dare spinta: 자극을 주다

immediatamente: 즉시, 즉각적으로

stupore: 놀라움
determinare: 결정하다
accettazione: 수용, 수락
l'ammirazione: 감탄, 찬양, 칭찬
l'entusiasmo: 열광
il fiorentino: 피렌체어, 피렌체 사람
gustare: 맛보다, 음미하다
grazie a: ~ 덕분에
eleganza: 우아함

esaltazione: 고양, 찬양, 열광
universale: 보편적인, 전반적인
assurgere a: ~에 오르다, 고양되다

persona colta: 교양 있는 사람

stile: 문체, 스타일
dolcezza: 감미로움, 부드러움
dialetto: 방언, 지방어

연습 문제

1. 부정법 구문은 완전한 문장(접속사 + 주어 + 동사)으로, 문장은 부정법 구문으로 고치시오.

1) Essendo andato in pensione, il signor Rossi ha molto tempo libero.
2) Anna ha visto questo film e ce lo consiglia.
3) Avendo dato almeno uno sguardo al giornale, sapresti le ultime notizie.
4) Potrai dare l'esame solo se avrai frequentato il corso.
5) Ho visto Anna uscendo dalla banca.
6) Guardo la televisione mentre faccio colazione.
7) Se accendi la lampada, ci vedi meglio.
8) Quando ha lasciato il lavoro, Anna era convinta di non avere più problemi.
9) Poiché aveva dimenticato le chiavi di casa, Marco doveva aspettare che tornasse sua madre.
10) Guarita dall'influenza, potrò uscire con gli amici.
11) Finiti i soldi, telefonerò a mia madre perché me ne mandi altri.
12) Essendo arrivata Anna a Roma, è cominciato lo sciopero dei treni.
13) Se facessi quel lavoro, riceveresti un buon compenso.
14) Quando si vive in provincia, si possono curare di più i rapporti sociali.
15) Mentre se ne andava, Marco ci ha detto che era rimasto deluso.
16) Se glielo spediamo oggi stesso, il pacco gli arriverà in tempo.

promemoria

17 Lezione diciassettesima

제17과
접속사와 화법
Congiunzione e Discorso

Congiunzione e Discorso

접속사(la congiunzione)는 문장 속의 두 성분 또는 문장과 문장을 이어주는 역할을 하며 부사와 함께 가장 대표적인 불가변 품사이다. 접속사는 형태에 따라 단순접속사, 복합접속사, 구접속사로, 기능에 따라서는 등위접속사와 종속접사사로 분류된다.

Lezione 17

1. 접속사

1) 접속사의 형태적 분류

(1) 단순접속사 - 본래부터 접속사인 경우로 e, o, se, come, che, quando 등이 여기에 해당한다.

(2) 복합접속사 - 말 그대로 서로 다른 단어의 복합에 의해서 형성되는 접속사를 말한다. 예를 들면, neanche(ne + anche), oppure(o + pure), dopoché(dopo + che), siccome(sì + come)

(3) 구접속사 - 하나의 단어가 아닌 구(句)의 형태를 이루며 접속사의 역할을 하는 경우를 말한다. 예를 들면, sino a che, eccetto che, nel momento che, a condizione che 등이 여기에 속한다.

2) 등위 접속사(Le congiunzioni coordinanti)

(1) 연결접속사(copulative)

단어와 단어, 구와 구, 절과 절의 단순한 연결의 기능을 하는 접속사들이 여기에 포함된다: e, anche, altresì, ancora, inoltre, né, neanche, nemmeno, neppure 등

> Mario è buono e generoso.
> 마리오는 착하고 관대롭다.
> È cessata la pioggia ed è ritornato il sole.
> 비가 그치고 태양이 다시 비쳤다.
> Non posso, né voglio aiutarlo.
> 나는 할 수 없을 뿐만 아니라 그를 돕고 싶지도 않다.

(2) 선택접속사(disgiuntiva)

단어와 단어, 구와 구, 절과 절 사이를 분리하거나 선택을 나타내는 접속사들이 여기에 포함된다: o, oppure, ovvero, 등

> Vuoi un'aranciata o un appertivo?
> 너는 오렌지쥬스를 원하니 에피타이저를 원하니?
> Tu dici sul serio oppure dici per scherzo?
> 너 진담으로 하는 얘기니 아니면 농담으로 말하는 거니?
> Leggiamo di tutto, opere in prosa o in versi, antichi o moderne, coreani o straniere.
> 우리는 모든 것을 읽는다. 산문이건 운문이건, 고문이든 근대문이든, 한국책이든 외국책이든.

(3) 반의접속사(avversativa)

반대의 의미를 가질 때 사용하는 접속사이다: ma, però, tuttavia, sennonché, nondimeno, anzi, invece, pure, eppure, piuttosto 등

> L'ha detto Mario, ma io non ci credo.

마리오가 한 말을 나는 믿을 수 없다.
Ci sono anche poche possibilità, tuttavia teneremo.
가능성이 얼마 없지만 우리는 잡을 것이다.
Non è un libro noioso, anzi è molto divertente.
지겨운 책이 아니다, 오히려 아주 재밌다.

(4) 설명접속사(dichiarativa)
앞 문장의 내용을 부연 설명하거나 그 뜻을 좀 더 명확하게 하고자 할 때 사용하는 접속이다:
cioè, infatti, vale a dire, ossia 등

    Pagherò a rate, cioè a intervalli stabiliti.
    분할로 지불하겠다. 즉 일정 기간 동안 나누어 지불하겠다.
    Tornerò fra due settimane, vale a dire alla fine di gennaio.
    2주 뒤에 돌아갈 것이다. 바꿔 말해서 5월 말에.
    Mi piace la linguistica, ossia lo studio della lingua.
    나는 언어학, 즉 언어에 대한 공부를 좋아한다.

(5) 결론접속사(conclusiva)
결론이나 귀결을 유도하는 접속사이다: dunque, quindi, perciò, sicché, pertanto, ebbene 등

    Non ho denaro, quindi (dunque, perciò) non posso comprare quella roba.
    나는 돈이 없다, 그래서 그 물건을 살수 없다.
    Sono molto stanco, pertanto non esco.
    나는 매우 피곤하기 때문에 외출하지 않는다.
    No ho detto niente a maria, ebbene se n'è andata via.
    나는 마리아에게 아무 말도 안 했다. 그러자 그녀는 사라져 버렸다.

(6) 상관접속사(correlativa)
두 개 혹은 그 이상의 문장요소들 간의 관계나 일치의 의미를 나타내고자 할 때 사용하는 접속사들이다: e ~ e, sia ~ sia, né ~ né, così ~ come, tanto ~ quanto, non solo ~ ma anche 등

    Mi piace sia la musica leggera sia la musica classica.
    나는 가벼운 음악이든 클래식 음악이든 좋아한다.
    Non ho visto né Filippo né sua moglie al concerto.
    나는 콘서트에서 필립포도 그의 아내도 못 봤다.
    È un lavoro non solo interessante, ma anche utile.
    이 일은 재미있을 뿐만 아니라, 유용한 일이다.

3) 종속 접속사의 종류

    종속접속사는 문장의 주절에 종속절을 연결시켜주는 접속사로 다음과 같이 다양한 의미에 의해 구분된다.

(1) 목적(finale): affinché, perché, che, 등

   Assicureremo la merce, affinché non vada perduta.
   유실되지 않도록 우리는 이 물건을 잘 관리할 것이다.
   Parlo a voce alta perché tutti mi possano sentire.
   나는 모두가 내 목소리를 들을 수 있도록 큰 소리로 말한다.

(2) 결과(consecutiva): così~ che, cosicché, tanto che, di modo che, a tal punto che, talmente~ che 등

   Avevo così fame che ho mangiato tutto in un secondo.
   나는 너무 배가 고파서 모든 것을 순식간에 먹었다.
   Ieri sera abbiamo lavorato fino a tardi cosicché oggi possiamo uscire.
   우리는 어제 저녁 늦게까지 일했기 때문에 그 결과 오늘 외출할 수 있다.
   Ero stanco a tal punto che non mi leggevo in piedi.
   나는 너무 피곤했기 때문에 서있을 수도 없었다.

(3) 원인(casuale): perché, giaché, poiché, che, siccome 등

   Mi dispiace che tua madre non stia bene.
   너의 어머니께서 편찮으시다니 유감이다.
   Aprirò un negozio, perché mi piace il commercio.
   나는 장사를 좋아하기 때문에 가게를 열 것이다.
   Siccome fra poco c'è una liquidazione, conviene aspettare.
   곧 할인 판매가 있을 예정이니까 기다리는 것이 좋겠다.

(4) 시간(temporale): quando, mentre, finché, appena, allorché, dopo che, ogni volta che, prima che 등

   Quando sarai grande, capirai tutto.
   네가 어른이 되면, 모든 것을 이해할 거야.
   Mentre aspettavo l'autobus, ho letto tutto il giornale.
   나는 버스를 기다리는 동안, 신문을 다 읽었다.
   Dobbiamo prendere una decisione, prima che sia troppo tardi.
   너무 늦기 전에 우리는 결정을 해야 한다.

(5) 양보(concessiva): benché, sebbene, quantunque, per quanto, anche se, nonostante che, malgrado che, seppure 등

   Per quanto sia difficile, una soluzione deve esserci.
   아무리 어렵더라도 어떤 해결책은 있을 것이다.
   Benché sia domenica, i caffé sono aperti.
   일요일이지만, 카페들이 문을 열었다.
   Gli ho spiegao anche se Anna già partita.
   나는 안나가 이미 가벼렸어도 그에게 설명하였다.

(6) 조건(condizionale): se, purché, a patto che, dato che, a condizione che, sempre che, posto che, premesso che, nel caso che, a meno che, supposto che 등

Vi vendo questa merce, purché mi paghiate a contanti.
현금으로 지불한다면 이 물건을 너희들에게 팔겠다.
Ti presto questo libro purché (a patto che) tu lo legga.
네가 읽는다는 조건으로 이 책을 네게 빌려주마.
Nel caso che piovesse, resterei a casa.
만약 비가 내릴 경우, 나는 집에 남아 있을 거야.

(7) 양태(modale): come, siccome, quasi, comunque, come se, nel modo che 등

Fai come ti dico io.
내가 네게 말하는 대로 해.
Amo Luigi come se fosse mio fratello, anche se non lo merita.
그럴 자격은 없지만 나는 루이지를 내 동생처럼 사랑한다.
Come si dirigevano verso il luogo dell'incidente, si udì la sirena dell'autoambulanza.
사고 지역으로 다가감에 따라 앰뷸런스의 사이렌 소리가 들렸다.

(8) 제외(eccettuativa): eccetto che, salvo che, fuorché, a meno che tranne che, senza che 등

Ho dato un premio a tutti eccetto che a te.
나는 너를 제외한 모두에게 상을 주었다.
No fa niente tutto il giorno fuorché divertirsi.
즐거운 것을 제외하고는 하루종일 별일 없다.
Per domani abbiamo il programma una gita, a meno che non piova.
내일 비가 오지만 않는다면 우리는 소풍을 갈 것이다.

2. 화법 Discorso

화법이란 말 그대로 대화의 내용을 전달하는 방법으로 말한 사람의 말을 조금도 변화시키지 않고 그대로 되풀이하여 전달하는 직접화법(il discorso diretto)와 다른 사람의 말을 전달하는 입장에서 바꾸어서 그 내용을 전달하는 간접화법(il discorso indiretto)으로 구분된다.

Marta mi dice: "Oggi vado a prnzo da Paolo".   (직접화법의 예)
"오늘 점심먹으러 파올로 집에 간다"라고 마르타는 내게 말한다.
Luigi mi ha detto che era molto stanco.   (간접화법의 예)
루이지는 내게 많이 피곤하다고 말했다.

1) 화법의 전환

간접화법은 목적격 절이나 서술격, 간접 의문절 형태의 종속절에 해당된다. 보통 접속사 che가 상용되거나 주절과 종속절의 주어가 같을 경우에는 di+동사원형의 형태를 취하기도 한다. 따라서 직접 화법에서 간접화법으로의 전환할 때에는 시제와 법을 일치시켜야 하며, 주어의 변화에 따른 인칭변화뿐만 아니라 직접, 간접 목적보어의 변화 그리고 소유형용사나 지시대명사 및 시간 부사도 변화한다.

(1) 주절의 동사의 시제가 직설법 현재나 미래일 경우:
원칙적으로 시제와 법의 변화는 없다. 다만 부사 및 대명사, 소유사 등의 변화가 있을 뿐이다.

    Mario afferma: "Io parto."
    → Mario afferma che lui parte. (현재)
    Mario afferma: "Io partirò."
    → Mario afferma che lui partirà. (미래)
    Mario afferma: "Io partirei."
    → Mario afferma che lui partirebbe. (조건법 현재)

그러나 인용문이 명령법 현재일 경우 간접화법으로 변환하면 접속법 현재로 바뀐다.
    Mario gli ordina: "Parti!" → Mario gli ordina che parta. (명령법)

(2) 주절의 동사가 직설법 과거시제일 경우:

직접화법	간접화법	예문
직설법 현재	직설법 반과거	Mario disse: "Io studio." → Mario disse che studiava.
직설법 반과거	직설법 반과거	Mario disse: "Ero lieto perché avevo vinto." → Mario disse che era lieto perché aveva vinto.
직설법 근과거. 원과거. 대과거	직설법 대과거	Mario disse: "Lui è già partito." → Mario disse che lui era già partito.
직설법 단순미래	조건법 과거	Mario disse: "Prima che Anna sarà arrivata, ti telefonerò." → Mario disse che prima che Anna fosse arrivata, mi avrebbe telefonato.

직설법 선립미래	접속법 대과거	Mario disse: "Io temo che voi siate stati sempre deboli, e che ora non abbiate la forza di ribellarvi." → Mario disse che temava che noi fossimo stati sempre deboli, e che ora non avessimo la forza di ribellarci. 마리오는 우리가 항상 약했었지만 지금도 반란을 일으킬 힘이 없는지 두렵다고 말했다.
접속법 반과거	접속법 반과거	Mario disse: "Io temevo che tu fossi ammalato." → Mario disse che temeva che io fossi ammalato. 마리오는 내가 몸이 아팠을까봐 두렵다고 말했다.
명령법	접속법 반과거	Mario gli ordinò: "Parti!" → Mario gli ordinò che partisse.
조건법 현재	조건법 과거	Chiese: "Perché dovrei mettere nel brodo dei fiammiferi usati?" → Chiese perché avrebbe dovuto mettere nel brodo dei fiammiferi usati.
조건법 과거	조건법 과거	Mario disse: "Avrei voluto dirtelo prima perché sarebbe stato meglio" → Mario disse che avrebbe voluto dirmelo prima perché sarebbe stato meglio"

(3) 의문사가 있는 의문문

주절의 동사(chiedere, domandare) + 의문사 + 접속법 혹은 직설법 동사

 Roberto mi chiede: "Come ti chiami?"   (현재시제)
 → Roberto mi chiede come mi chiami(chiamo).
 Marta mi ha chiesto: "Quanti anni hai?"   (과거시제)
 → Marta mi ha chiesto quanti anni avessi(avevo).

(4) 의문사가 없는 의문문

주절의 동사(chiedere, domandare) + se + 접속법 혹은 직설법 동사

 Viola mi chiede: "Tua sorella si chiama Anna?" (현재시제)
 → Viola mi chiede se mia sorella si chiami(chiama) Anna.
 Giuseppe mi ha chiesto: "Paul è inglese?" (과거시제)
 → Giuseppe mi ha chiesto se Paul sia(è) inglese.

(5) 대명사, 부사 등의 전환

직접화법에서의 형태	간접화법에서의 형태
questo	quello
codesto	tale(quello)
qui	lì
qua	là
ora	allora
oggi	quel giorno
ieri	il giorno prima
domani	il giorno dopo
la settimana scorsa	la settimana precedente
la settimana prossima	la settimana seguente
questo luogo	quel luogo
un mese fa	un mese prima
fra un mese	un mese dopo

기본 회화

All'Università per Stranieri di Perugia

　Kim: A　　Segretaria: B
　- A: Vorrei iscrivermi al corso medio.
　- B: Quanto tempo ha studiato l'italiano?
　- A: Due mesi, ma soltanto tre ore alla settimana.
　- B: Nel Suo caso è meglio iscriversi al corso preparatorio che frequentare il corso medio.
　- A: Non sarà troppo facile?
　- B: All'inizio forse si annoierà un po', ma dopo si accorgerà che non è inutile cominciare da capo.
　- A: Lei ha ragione: una lingua s'impara bene solo se si hanno delle buone basi.
　- B: Dunque si è decisa per il preparatorio?
　- A: Sì, farò un corso di tre mesi.
　- B: Bene! Ha con sé due foto per la tessera?
　- A: Sì, eccole! Scusi, quanto è la tassa di iscrizione?
　- B: Cinquantamila lire al mese.
　- A: Dove posso pagare?
　- B: Si accomodi alla cassa! Intanto Le preparo la tessera che Le permetterà di frequentare il corso, di usufruire della mensa studentesca e di entrare gratis nei musei.
　- A: In quale classe devo andare?

- B: In quella indicata con un segno rosso sull'orario che Le ho dato.
- A: Ah, sì, vedo. E dove si comprano i libri?
- B: In qualsiasi libreria della città.
- A: Grazie mille!

- A: 중급반에 등록하고 싶군요.
- B: 얼마 동안 이탈리아어를 공부하셨습니까?
- A: 두 달동안 일 주일에 세 시간씩 공부했습니다.
- B: 당신의 경우에는 중급 반을 다니기 보다는 초급 반에 등록하는 것이 더 좋습니다.
- A: 너무 쉽지 않을까요?
- B: 처음에는 조금 지겨울 것입니다, 그러나 조금 지나면 처음 부터 시작한 것이 불필요한 것이 아니었음을 알게 될 것입니다.
- A: 당신의 말씀이 옳아요: 언어는 기초가 튼튼해야 잘 배울 수 있지요.
- B: 그렇다면 초급 반에 등록하기로 결정했나요?
- A: 그래요. 3개월가량 공부하겠습니다.
- B: 좋습니다. 신분증 만들 사진을 가지고 있지요?
- A: 예, 여기 있습니다! 실례지만 등록비용(수험료)이 얼마입니까?
- B: 한 달에 5만 리라입니다.
- A: 어디에서 내야 합니까?
- B: 현금 출납소로 가십시오. 그동안 저는 수업을 받을 수 있고, 학생식당을 이용할 수 있으며 그리고 무료로 박물관을 출입할 수 있는 신분증을 마련해 놓겠습니다.
- A: 어느 교실로 가야합니까?
- B: 제가 당신께 드린 시간표 위에 빨간 표시로 지시된 곳으로 가십시오.
- A: 아, 여기 보이는 군요. 책은 어디에서 살 수 있습니까?
- B: 시내에 있는 아무 서점에서도 살 수 있습니다.
- A: 대단히 감사합니다.

강독

Gli Adoratori dei Fuoco

Tre re di quella contrada vanno ad adorare un profeta nato da poco e portano con loro tre offerte — oro, incenso e mirra — per conoscere se quel profeta è dio o re terreno o medico. Poiché pensano: se prende oro, è re terreno; se prende incenso, è dio; se prende mirra è medico. Venuti al luogo dov'è nato il bambino, il più giovane di questi re va da solo a vederlo: e lo trova che somiglia a lui stesso, chè pare della sua età e della sua figura. Esce fuori pertanto molto meravigliato. Dopo di lui entra il re ch'è d'età mezzana: ed il bambino gli pare come all'altro, della sua figura e della sua età. Esce fuori anche lui tutto stupefatto. Ci va quindi il terzo, il più anziano, e gli succede il medesimo che agli altri due. Ed esce fuori anche lui molto turbato. Quando si ritrovano tutti e tre insieme, i tre re si raccontano quello che hanno visto. Ne fanno le più grandi meraviglie e decidono di andarci tutti e tre insieme. Si recano quindi tutti insieme a vedere il bambino, e lo trovano dell'aspetto e dell'età che ha: chè ha soltanto tredici giorni. Allora lo adorano e gli offrono l'oro, l'incenso e la mirra. Il bambino prende tutte e tre le offerte. Poi dà loro un bossolo chiuso. Ed i tre re partono per ritornare nella loro contrada.

Dopo aver cavalcato per alcuni giorni, decidono di vedere ciò che il bambino ha dato loro. Aprono il bossolo e vi trovano dentro una pietra. Restano meravigliati ed incerti. Il bambino l'aveva data loro per significare che dovevano essere fermi come pietra nella fede incomminciata. Poiché i tre re, vedendo che il bambino aveva preso tutte e tre le offerte, ne avevano conchiuso ch'egli era dio, re terreno e medico; e il bambino, ben sapendo che nei tre re era nata quella fede, aveva dato loro la pietra per significare che dovevano essere fermi e costanti nella loro credenza. I tre re prendono la pietra e la gettano in un pozzo: chè non sanno perché è stata loro donata. Ed appena la pietra è gettata nel pozzo, scende dal cielo una fiamma e viene diritto al pozzo dove hanno gettato la pietra.

Veduta quella gran meraviglia i tre re ne rimangono tutti stupiti, e si pentono di aver buttata la pietra, ben comprendendo allora che quello è un simbolo grande e buono. Prendono subito di quel fuoco, lo portano nel loro paese, e lo mettono in una loro chiesa, molto bella e ricca. Non cessano mai di farlo ardere e lo adorano come un dio. Cuociono con quel fuoco tutti i loro sacrifizi e olocausti. Se per caso quel fuoco viene a spegnersi, ricorrono agli altri che hanno la medesima fede e sono pure adoratori del fuoco, si fan dare del fuoco che arde nella loro chiesa e tornano a riaccendere il loro; nè mai lo riaccendono con fuoco diverso da quello di cui v'ho parlato. E molte volte devono fare, per trovar di quel fuoco, dieci giornate di marcia.

Sono questi i motivi per cui gli abitanti di quella contrada adorano il fuoco.

◐ 어휘

Adoratori: 숭배자
un profeta: 예언자
mirra: 몰약
pertanto: 따라서
mezzana: 세로 돛
medesimo: 동일한
turbato: 교란된
la fede: 신념
credenza: 믿음
stupiti: 놀란
un simbolo: 상징
sacrifizi: 희생
spegnersi: 끄다
riaccendere: 다시 켜다

Fuoco: 불
incenso: 향
somiglia a: 처럼 보이는
meravigliato: 놀란
stupefatto: 놀란
Si recano: 이동하다
l'aspetto: 외관
la pietra 돌
fiamma 불꽃
si pentono: 후회하다
ardere: 태우다
olocausti: 번제물
la medesima fede: 같은 믿음
marcia: 행진

i motivi: 이유   gli abitanti: 주민

연습 문제

1. 다음 빈칸에 알맞는 접속사를 넣으시오.

1) Non ho denaro, ... non posso fare spese.
2) .... piove, vuoi un ombrello?
3) .... tu sei fuori, io scriverò delle lettere.
4) .... abbia scritto a Luigi molte volte, non ho mai avuto risposta.
5) Noi arrivammo alla cima della montagna .... nevicasse.
6) .... ero a Torino, mangiavo sempre da un'amica straniera.
7) Devo andare subito dal dentista, ... impazzisco dal dolore.
8) Troverai il principale nel suo uffcio, ... non sia uscito, ... gli potrai parlare.
9) Sia fatta la tua volontà .... in cielo .... in terra.
10) Gli spiegai .... Anna fosse già partita.

2. 다음 문장의 화법을 바꾸시오.

1) Mia zia ci disse: "Domani verrò a trovarvi."
2) Il frate mi disse: "Fate a modo mio."
3) L'oste chiese: "Cosa devo fare per Lei?"
4) Lucia ci disse: "Lasciatemi andare per la mia strada!"
5) La guida mi disse che io preparassi un buon letto a quel giovane.
6) La guida mi disse che quel giovane aveva intenzione di dormir là.
7) Marina ha risposto: "Non ho ancora finito di lavorare."
8) Anna dice: "Oggi non posso andare a lezione, perché sto male."
9) Angelo disse: "Oggi è un giorno molto speciale."
10) Monica disse: " Ieri ho fatto tardi al lavoro."

promemoria

18 Lezione diciottesima

제18과
수동태와 수동의 si
Forma passiva e si passivante

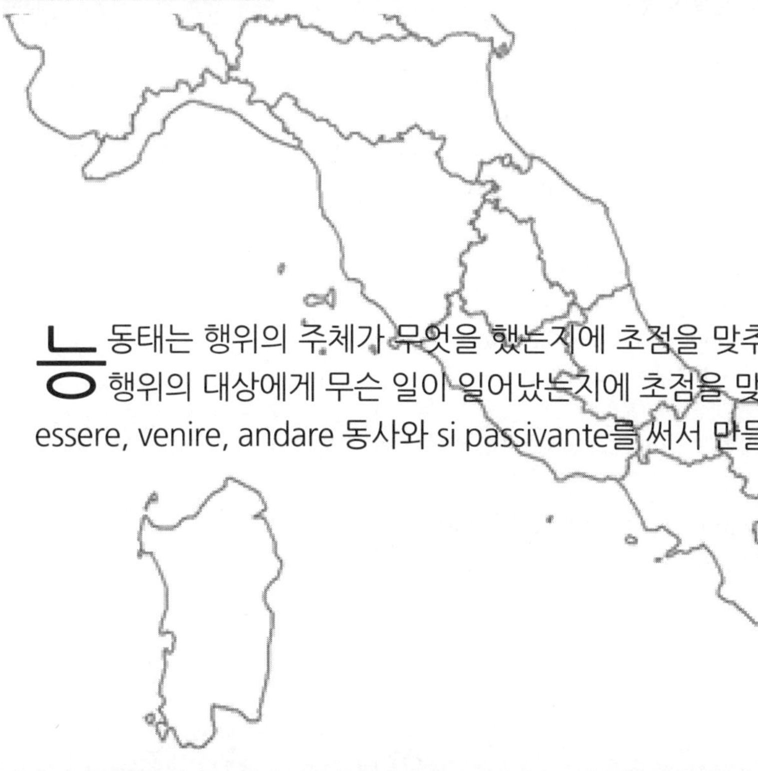

능동태는 행위의 주체가 무엇을 했는지에 초점을 맞추는 반면에 수동태는 행위의 대상에게 무슨 일이 일어났는지에 초점을 맞춘다. 수동태 문장은 essere, venire, andare 동사와 si passivante를 써서 만들 수 있다.

Lezione 18

1. 수동태 Forma passiva

1) 수동태의 형식

> essere 또는 venire + p.p. (+ da + 행위의 주체)

능동태 문장의 직접목적어가 수동태 문장의 주어가 되므로, 사용되는 동사는 타동사이다. essere 또는 avere 동사를 써서 수동태 문장으로 만든다. p.p.는 언제나 주어의 성·수에 일치시킨다.

Marco invita Anna ogni domenica.
→ Anna è invitata da Marco ogni domenica.
→ Anna viene invitata da Marco ogni domenica.
안나는 일요일 마다 마르코에게 초대받는다.

Oggi pochi leggono i giornali.
→ Oggi i giornali solo letti da pochi
→ Oggi i giornali vengono letti da pochi.
오늘날 신문은 소수의 사람들에게 읽힌다.

Uccisero Kennedy nel 1963.
→ Kennedy fu ucciso nel 1963.
→ Kennedy venne ucciso nel 1963.
케네디는 1963년 암살당했다.

☞ 주의

▶ essere + p.p.와 venire + p.p.의 차이점
essere + p.p.는 주어의 상태에, venire + p.p.는 동작의 변화 또는 진행에 중점을 두어 「~하게 되다, ~해지다」라는 의미를 내포한다.

Tutti i negozi sono chiusi alle otto.
모든 상점들은 8시에 문이 닫혀있다.
Tutti i negozi vengono chiusi alle otto.
모든 상점들은 8시에 문이 닫힌다.

▶ 의미상 모든 능동태가 수동태로 전환가능한 것은 아니다.

Mangio un gelato. 나는 아이스크림을 먹는다.
→ Un gelato è mangiato da me. (X)
Marco fa una lunga nuotata. 마르코는 수영을 오래 한다.

→ Una lunga nuotata è fatta da Marco. (X)

2) 행위의 주체가 특정하게 나타나지 않을 때에는 보통, 능동태보다 수동태를 사용한다.

Il signor Rossi è stato eletto deputato per la prima volta.
로씨씨는 처음으로 하원의원으로 선출되었다.
I ladri sono stati presi sul luogo.
도둑들은 현장에서 잡혔다.

3) 조동사 potere, dovere는 수동태 꼴로 쓰지 않는다. 따라서 이들 동사 뒤에 나오는 동사원형을 수동태 꼴로 써야한다.

Tutti devono rispettare la legge.
모두가 법을 준수해야한다.
→ La legge deve essere rispettata da tutti.

Loro dovrebbero conoscere la verità.
그들은 진실을 알아야 할 것이다.
→ La verità dovrebbe essere conosciuta da loro.

Un bambino non può fare un lavoro così faticoso.
어린 아이가 그렇게 어려운 일을 할 수는 없다.
→ Un lavoro così faticoso non può essere fatto da un bambino.

2. andare + p.p. 형식의 수동태

① 3인칭 단수나 복수로 쓰인다. 필요나 의무를 나타내어 「~되어야 한다」는 의미로, 『dovere essere + 과거분사』와 같다.

Questo vestito va lavato a secco.
이 옷은 드라이클리닝 해야 한다.
→ Questo vestito deve essere lavato a secco.

La promessa andava promessa.
그 약속은 지켜져야 했다.
→ La promessa doveva essere promessa.

Le usanze di ogni popolo vanno rispettate.
각 민족의 관습은 존중되어야 한다.
→ Le usanze di ogni popolo devono essere rispettate.

Questo pesce va consumato al più presto possibile.
이 생선은 가능한 한 빨리 먹어야 한다.
→ Questo pesce deve essere consumato al più presto possibile.
→ È opportuno che questo pesce sia consumato al più presto possibile.
이 생선은 가능한 한 빨리 먹는 것이 좋다.

Questa macchia di vino va tolta subito.
이 와인 얼룩은 즉시 지우는 것이 좋다.
→ Questa macchia di vino deve essere tolta subito dalla cameriera.

② 『andare + perdere, disperdere, smarrire의 과거분사』의 형태는 『essere + 과거분사』의 형태와 같은 의미이다. 항상 3인칭 복수의 형태로 쓰인다.

Durante la guerra tutti i loro beni andarono perduti.
전쟁동안 그들의 모든 재산이 유실되었다.
→ Durante la guerra tutti i loro beni furono perduti.

Temo che le mie valige vadano smarrite durante il viaggio.
여행 중 내 가방이 분실될까봐 걱정이다.
→ Temo che le mie valige siano smarrite durante il viaggio.

3. 수동태의 시제

능동태에서 현재, 비완료과거, 원과거, 단순 미래 등의 단순시제는 수동태에서 essere 또는 venire 동사의 시제와 일치시켜 essere/venire + p.p.꼴을 쓰는 반면에, 능동태에서 근과거, 대과거, 선립미래 등의 복합시제는 수동태에서 essere + stato + p.p. 꼴이 된다.

Marco invita a cena Anna.
→ Anna è invitata a cena da Marco.
안나는 마르코에게 저녁식사에 초대된다.

Marco ha invitato a cena Anna.
→ Anna è stata invitata a cena da Marco.
안나는 마르코에게 저녁식사에 초대되었다.

Hanno servito la cena alle 8.
→ La cena è stata servita alle 8.
저녁식시는 8시에 나왔다.

Dante Alighieri scrisse La Divina Commedia.
→ La Divina Commedia venne scritto da Dante Alighieri.
『신곡』은 단테 알리기에리에 의해 씌었다.

☞ **주의**

아래 예문들을 보면서 수동태의 시제를 익히도록 하자.

① Il professore spiega una nuova lezione.
→ Una nuova lezione è(viene) spiegata dal professore.

② Il professore ha spiegato una nuova lezione.
→ Una nuova lezione è stata spiegata dal professore.

③ Il professore spiegava una nuova lezione.
→ Una nuova lezione era(veniva) spiegata dal professore.

④ Il professore aveva spiegato una nuova lezione.
→ Una nuova lezione era stata spiegata dal professore.

⑤ Il professore spiegò una nuova lezione.
→ Una nuova lezione fu(venne) spiegata dal professore.

⑥ Il professore ebbe spiegato una nuova lezione.
→ Una nuova lezione fu stata spiegata dal professore.

⑦ Il professore spiegherà una nuova lezione.
→ Una nuova lezione sarà(verrà) spiegata dal professore.

⑧ Il professore avrà spiegato una nuova lezione.
→ Una nuova lezione sarà stata spiegata dal professore.

⑨ Il professore spiegherebbe una nuova lezione.
→ Una nuova lezione sarebbe(verrebbe) spiegata dal professore.

⑩ Il professore avrebbe spiegato una nuova lezione.
→ Una nuova lezione sarebbe stata spiegata dal professore.

⑪ Penso che il professore spieghi una nuova lezione.
→ Penso che una nuova lezione sia(venga) spiegata dal professore.

⑫ Penso che il professore abbia spiagato una nuova lezione.
→ Penso che una nuova lezione sia stata spiegata dal professore.

⑬ Pensavo che il professore spiegasse una nuova lezione.
→ Pensavo che una nuova lezione fosse(venisse) spiegata dal professore.

⑭ Pensavo che il professore avesse spiegato una nuova lezione.
→ Pensavo che una nuova lezione fosse stata spiegata dal professore.

4. 수동의 si

수동태는 3인칭 단수와 복수 주어 구문에 수동의 si를 사용하여 만들 수 있다. 보통 행위의 주체가 명시되지 않을 때 많이 쓴다. 이 수동의 si는 널리 쓰이므로 잘 익혀두어야 한다.

Le lettere urgenti si spediscono per espresso.
급한 편지는 속달로 발송된다.
→ Le lettere urgenti sono spedite per espresso.
→ Le lettere urgenti vengono spedite per espresso.

Questa malattia si deve curare subito.
→ Questa malattia deve essere curata subito.
→ Questa malattia va curata subito.

Di solito il vino bianco si serve con il pesce.
→ Di solito il vino bianco è servito con il pesce.
→ Di solito il vino bianco viene servito con il pesce.

Le pecore si tosano in primavera.
→ Le pecore sono tosate in primavera.
→ Le pecore vengono tosate in primavera.

Per la fretta si è presa una decisione sbagliata.
→ Per la fretta è stata presa una decisione sbagliata.

Il concerto si è tenuto al teatro Verdi.
→ Il concerto è stato tenuto al teatro Verdi.

5. 수동태와 대명사

능동태에서 대명사가 직접목적어일 때 그 대명사는 수동태에서 사라진다. 능동태의 목적어가 수동태의 주어로 오는 것을 생각해보면 당연한 결과이다. 다음 예문들을 통하여 수동태에서 대명사의 쓰임새와 위치를 공부해보자.

È una legge fondamentale: la conoscono tutti.
근본적인 법규이다. 모두가 그것을 안다.
→ È una legge fondamentale: è conosciuta da tutti.

È una storia interessante: me l'ha raccontata Marco.
흥미로운 이야기이다. 마르코가 내게 그것을 이야기해주었다.
→ È una storia interessante: mi è stata raccontata da Marco.

Che bella questa foto! Chi Gliel'ha fatta?
멋진 사진인데요! 누가 당신에게 그것을 찍어주었나요?
→ Che bella questa foto! Da chi Le è stata fatta?

Chi ti ha invitato?
누가 너를 초대했니?
→ Da chi sei stato invitato?

Chi ce lo spiegherà?
누가 우리에게 그것을 설명해줄까?
→ Da chi ci sarà spiegato?

Chi ve l'ha detto?
누가 너희들에게 그것을 말해주었니?
→ Da chi vi è stato detto?

☞ 주의

▶ 제룬디오의 경우
Andai a trovare Carlo, ma non trovandolo, lasciai un messaggio al portiere.
나는 카를로를 만나러갔으나 그를 만날 수 없어서 수위에게 메시지를 남겼다.
I dolci possono fare male, mangiandone troppi.
사탕은 너무 많이 먹으면 해롭다.
Tutti possono capire questa lezione, ascoltandola attentamente.
주의깊게 듣는다면 모두가 이 수업을 이해할 수 있다.

▶ 이중대명사
인칭대명사 mi, ti, si, ci, vi는 뒤에 다른 대명사가 올 경우 어미가 「i → e」로 변한다.

Pietro scrive a me un biglietto.
→ Pietro mi scrive un biglietto.
→ Pietro me lo scrive.

이중대명사를 동사의 부정법, 제룬디오, 명령법등에 붙여서 사용할 수 있다.

Lezione 18   219

Vuole dare un libro a me → Vuole darmelo
Vuole parlare di ciò a lei → Vuole parlargliene

Mandando un libro a lui → Mandandoglielo
Parlando di ciò a noi → Parlandocene

Ecco와 함께 쓰이는 경우
Ecco una penna per Lei → Eccogliela
Ecco una rivista per voi → Eccovela

기본 회화

Attenti ai ladri

Aldo:	Mi hanno rubato la radio dalla macchina.
Remo:	Hanno forzato la serratura?
Aldo:	No, hanno rotto il vetro.
Remo:	Ti hanno fatto un bel danno!
Aldo:	Sì, e per di più hanno strappato i fili.
Remo:	C'erano altre cose in macchina?
Aldo:	La borsa, ma per fortuna i ladri non hanno notato che l'avevo nascosta sotto il sedile.
Remo:	Hai fatto la denuncia alla polizia?
Aldo:	Sì, ma ci sono poche speranze di ritrovare la radio.
Remo:	Comunque sei assicurato contro i furti, no?
Aldo:	Sì, ma la radio non è compresa nell'assicurazione.
Remo:	Già! Non ci avevo pensato!

알도:	도둑들이 내차에서 라디오를 훔쳐갔어.
레모:	도둑들이 잠금장치를 억지로 열었니?
알도:	아니, 유리창을 부셨어.
레모:	네게 큰 손해를 끼쳤구나!
알도:	그래, 더군다나 그들은 배선들마저 뽑아버렸어.
레모:	차 안에 다른 것들은 없었어?
알도:	가방이 있었는데, 다행히 의자 밑에 숨겨뒀기 때문에 도둑들이 발견하지 못했어.
레모:	경찰에 신고했지?
알도:	그럼, 그러나 라디오를 되찾을 희망은 별로 없어.
레모:	아무튼 절도에 대비해서 보험에 가입했지, 안그래?
알도:	그래, 그런데 라디오는 보험에 포함되어 있지 않아.
레모:	그렇군, 그걸 생각 못했네!

강독

La madre (I)

- *Natalia Ginzburg*

La madre era piccola e magra, con le spalle un po' curve; portava sempre una sottana blu e una blusa di lana rossa.

Aveva i capelli neri crespi e corti, li ungeva sempre con dell'olio perché non stessero tanto gonfi; ogni giorno si strappava le sopracciglia, ne faceva due pesciolini neri che guizzavano verso le tempie; s'incipriava il viso di una cipria gialla. Era molto giovane; quanti anni avesse loro non sapevano ma pareva tanto piú giovane delle madri dei loro compagni di scuola; i ragazzi si stupivano sempre a vedere le madri dei loro compagni, com'erano grasse e vecchie. Fumava molto e aveva le dita macchiate dal fumo; fumava anche la sera a letto, prima d'addormentarsi. Dormivano tutti e tre insieme, nel grande letto matrimoniale con la trapunta gialla; la madre stava dal lato della porta, sul comodino aveva una lampada col paralume fasciato d'un cencio rosso, perché la notte leggeva e fumava; certe volte rientrava molto tardi, i ragazzi si svegliavano allora e le chiedevano dove era stata: lei quasi sempre rispondeva — Al cinema —, oppure: — Da una mia amica —; chi fosse quest'amica non sapevano perché nessuna amica era mai venuta a casa a trovare la madre. Lei diceva loro che dovevano voltarsi dall'altra mentre si spogliava, sentivano il fruscio veloce degli abiti, sui muri ballavano ombre; s'infilava nel letto accanto a loro, magro corpo nella fredda camicia di seta, si mettevano discosti da lei perché sempre si lamentava che le stavano addosso e le davano calci nel sonno; qualche volta spegneva la luce perché loro s'addormentassero e fumava zitta nell'ombra.

● 어휘

le spalle: 어깨
sottana: 슬립, 속치마, 치마
crespo: 곱슬곱슬한
gonfio: 부푼
il sopracciglio → le sopracciglia: 눈썹
pesciolino: 작은 물고기
guizzare: (뱀 따위가) 꿈틀거리다, (물고기가) 쏜살같이 헤엄치다
incipriarsi: 파우더를 바르다
macchiato: 얼룩진
lato: 측면, 쪽
cencio: 헝겊
spogliarsi: 옷을 벗다
infilarsi: 끼어들어가다

curvo: 굽은
blusa: 블라우스
ungere: 기름 따위를 바르다
strapparsi: 뽑다

le tempie: 관자놀이

cipria: 분, 파우더
la trapunta: (깃털이나 솜을 넣은) 이불
il paralume fasciato: 테를 두른 전등갓
voltarsi: 몸을 돌리다
il fruscio: 바스락거리는 소리
discosto da: ~에서 떨어져

lamentarsi: 불평하다   dare calci: 발길질하다

연습 문제

1. 다음 문장의 태를 바꾸시오.

1) Il fulmine ha colpito il tetto della nostra casa.
2) Domenica scorsa il babbo mi rimproverò per la mia pigrizia.
3) Tutti sanno da chi fu ucciso Cesare.
4) Non si può risolvere questo problema.
5) Molti seguono questa trasmissione.
6) Marco credeva che noi avessimo fatto quel lavoro.
7) I muratori costruivano un nuovo palazzo.
8) Gli studenti hanno apprezzato le tue parole.
9) Il pastore custodisce il gregge.
10) Il presidente inaugurerà la mostra.
11) Se tu avessi studiato di più, saresti stato lodato dal professore.
12) Devi fare questa ricerca.
13) I giornali avranno pubblicato questa notizia.
14) Cristoforo Colombo ha scoperto l'America.
15) Alcune persone subirono quell'ingiustizia.

19 Lezione diciannovesima

제19과
전치사
Preposizioni

Preposizioni

전치사는 문장의 구성요소들을 연결하는 기능을 가지며, 아래의 예처럼 명사, 대명사, 형용사, 동사 원형 앞에 놓여 문장의 내용을 한정하거나 보완해주는 역할을 한다.

Lezione 19

1. 전치사의 종류

1) 본질적 전치사(preposizione propria): 원래부터 전치사인 경우로 a, di, da, con, in, su, per, tra(fra)가 여기에 속한다.

2) 비본질적 전치사(preposizione impropria): 원래는 부사, 형용사, 분사였으나 전치사로 전이 되어 전치사 기능을 하는 형태로 dierto, fuori, dentro, sotto, sopra, presso, lungo, verso, contro, oltre, dopo, durante, senza, salvo, tranne, eccetto, circa, secondo. mediante 등이 여기에 속한다.

3) 전치사구(locuzione prepositiva): 「부사 + 전치사」, 「전치사 + 명사 + 전치사」, 「전치사 + 부사 + 전치사」의 형태로 하나 이상의 전치사들이 모인 형태로 davanti a, accanto a, vicino a, lontano da, prima di, insieme con, invece di, a causa di, in mezzo a, per opera di, per merito di, a favore di 등이 여기에 속한다.

2. 본질적 전치사의 용법

1) 전치사 「a」의 용법

[여격]	dare un premio a Maria.	마리아에게 상을 주다.
[방향]	andare a scuola.	학교에 가다.
[장소]	abitare a Roma.	로마에 살다
[거리]	a dieci minuti di cammino.	도보로 10분 걸리다.
[시간]	alzarsi alle sei.	6시에 일어나다.
[목적]	uscire a passeggio.	산보하러 나가다.
[수단]	andare a cavallo.	말을 타고 가다.
[비교]	preferire il caffè al tè.	차보다 커피를 더 좋아하다.
[한정]	capire al primo sguardo.	한눈에 알아보다.
[양식]	spaghetti alla napoletana.	나폴리식 스파게티
[원인]	ridere a quelle parole.	그 말 때문에 웃는다.
[가격]	comprare a mille won.	천원으로 사다.

2) 전치사 「di」의 용법

[속성]	una notte di primavera.	봄날 밤(夜)
[부분]	tre delle ragazze.	소녀들 중의 3명
[부분 관사]	Dammi del pane.	약간의 빵을 내게 주렴.
[기원]	Sono di Milano.	나는 밀라노 출신이다.

[비교]	Questo è più dolce dello zucchero.	이것은 설탕보다 더 달다.
[재료]	statua di bronzo.	청동 상(像)
[수단]	ornare di rose.	장미로 장식하다.
[원인]	morire di fame.	배고파 죽다.
[가치]	un oggetto di gran prezzo.	고가품의 물건
[연령]	una ragazza di sedici anni.	16세의 소녀
[시간]	di buon ora. 이른 시간에	di giorno 낮에
	di notte 밤에	d'inverno 겨울에
	d'estate 여름에	

3) 전치사 「da」의 용법

[행동의 주체]	L'alunno è stato lodato dal professore. 학생은 교수로부터 칭찬받았다.	
[출발점]	ritornare dalla scuola.	학교에서 돌아오다.
[방향]	andare dal farmacista.	약국으로 가다.
[장소]	abitare dal zio.	아저씨의 집에서 살다.
[기원]	Il Po nasce dal Monviso.	포강은 몬비조가 수원지이다.
[거리]	a trecento metri dalla stazione.	역에서 삼백 미터 떨어진.
[원인]	Maria è svenuta dalla gioia.	마리아는 기뻐서 어쩔 줄 모른다.
[수단]	Ti ho riconosciuto subito dal vestito.	옷을 보고 너를 즉시 알아보았다.
[가격]	un pranzo da dieci euro.	십유로 가격의 점심식사.
[목적]	una macchina da scrivere.	타자기
	una carta da scrivere.	편지지
	carte da gioco.	놀이용 카드
[한정]	cieco da un occhio.	한쪽 눈이 안 보이는

4) 전치사 「con」의 용법

[동반]	parlare con Maria.	마리아와 이야기 하다.
[수단]	guardare col binocolo.	망원경으로 바라보다.
[방법]	agire con prudenza.	신중하게 행동하다.
[상황]	partire con la pioggia.	비가 오는데 출발하다.
[방향]	gentile con me.	나에게 친절하다.

5) 전치사 「in」의 용법

[장소]	Abito in città.	도시에서 살다.
[방향]	Andiamo in campagna.	우리는 들로 나간다.

Lezione 19

[수단] Andiamo in treno. 우리는 기차로 간다.
[특정시간] É nato nel 1990. 그는 1990년 출생이다.
[시간 한정] in quattro giorni. 4일 이내에
[양식] vivere in miseria. 비참하게 살다.
[한정] laurearsi in lettere. 문과대학을 졸업하다.

6) 전치사 「per」의 용법
[통과] La notizia si diffuse per tutto il paese. 소식이 온 나라에 퍼졌다.
[진행방향] il treno per Torino. 토리노행 기차
[이유] Lo faccio per amor tuo.
나는 너에 대한 사랑 때문에 그걸 한다.
[목적] lottare per il sucesso. 성공을 위해서 투쟁하다.
[시간의 경과] Ha nevicato per tutto il giorno. 하루 종일 눈이 내렸다.
[특정시간] Per stasera sono impegnato. 나는 오늘 저녁 약속했다.
[수단] comunicare per telefono. 전화로 이야기하다.
[양식] dire per scherzo. 장난으로 이야기하다.
[배분] dividere per vari gruppi. 여러 그룹으로 나누다.

7) 전치사 「su」의 용법
[장소] Sulla scrivania ci sono due libri. 책상위에 책이 두 권 있다.
[방향] marciare sulla città. 도시를 향해서 행진하다.
[대략적 시간] sul far del giorno. 동이틀 무렵
[대략적 수량] un ragazzo sui dieci anni. 10세 가량의 소년.
[화제] Discutiamo sulla politica italiana.
우리는 이탈리아 정치에 관해서 토론한다.

8) 전치사 「fra」, 「tra」의 용법
[~ 사이에] fra la stazione e la scuola. 학교와 역 사이에
tra le due e le quattro. 두 시와 네 시 사이에
[~ 이후] fra due ore. 두 시간 이후(현재 기준)

9) 기타(비본질적 전치사)
Io lavoro presso la ditta di mia cugina.
나는 내 사촌의 회사에서 일한다.
Lungo la strada abbiamo camminato parlando del calcio.
우리는 길을 따라 걸어가면서 축구에 관해서 대화를 나누었다.

La macchina passò rasente la casa.
자동차가 집을 스치면서 지나갔다.
Vieni da me verso le sei.
여섯 시쯤 내 집에 오너라.
La fabbrica è assicurata contro l'incendio.
공장이 화재에 대비하여 보험에 들었다.
È oltre un'ora che la aspetto.
내가 그녀를 기다린지 한 시간이 넘었다.
Oltre a ciò, non ho altro da darti.
이 이상 네게 말할 것이 없다.
Non sappiamo nulla circa questo problema.
우리는 이 문제에 대해서 전혀 아는 바가 없다.
Secondo me, stasera non pioverà.
내 생각으로는 오늘 저녁 비가 안 올 것 같다.
Spero che tu finisca questo lavoro prima del tempo.
나는 네가 예정된 시간 이전에 이 일을 끝내기를 바란다.
Vado al cinema insieme a Maria stasera.
나는 오늘 저녁 마리아와 함께 영화 구경 간다.
Maria, invece di rispondere, cominciò a piangere.
마리아는 대답 대신에 울기 시작했다.

10) 동사와 전치사가 결합된 관용표현

① 동사와 전치사 di가 결합된 관용표현

avere bisogno di (~이 필요하다)
Ho bisogno di un libro nuovo.   나는 새 책이 필요하다.
avere paura di (~이 두렵다)
Ho paura di sbagliare.   나는 실수하는 것이 두렵다.
essere contento di (~에 대해 만족하다)
Sono contento di essere qui.   나는 여기 있는 것에 대해 만족한다.
cercare di (~을 찾다. 노력하다)
Cerco di capire, ma non sempre capisco.
나는 이해하려고 노력하지만, 항상 이해할 수 없다.
coprire di (~을 덮다)
I monti sono coperti di neve.   산들은 눈으로 덮혀있다.
credere di (~을 믿다)
Noi crediamo di avere ragione.   우리는 우리가 옳다고 믿는다.
finire di (~을 끝내다)
Quando finisci del tuo lavoro?   너는 너의 일을 언제 끝내니?
parlare di (~에 대해 이야기하다)
Mi piace parlare di politica.   나는 정치에 대해 이야기하는 것을 좋아한다.

pensare di (~에 대해 생각하다)
Penso di passare un mese in Italia.　　나는 이탈리아에서 한 달을 보내려고 생각한다.
permettere di (~에 대해 허락하다)
Mi permetti di fumare una sigaretta?　　내가 담배 한가치 펴도 되니?
proibire di (~을 금하다)
Vi proibisco di parlare inglese.　　너희들이 영어를 말하는 것을 금지한다.
pregare di (~을 부탁하다)
Vi prego di parlare italiano.　　너희들에게 이탈리아어로 말할 것을 부탁할게.
ringraziare di (~에 대해 감사하다)
Ti ringrazio della bella lettera.　　너의 멋진 편지에 대해 감사해.
sperare di (~를 바라다)
Spero di non essere in ritardo.　　나는 늦지 않기를 바란다.

② 동사와 전치사 a가 결합된 관용표현

andare a (~에 가다)
Vado a studiare.　　나는 공부하러 간다.
arrivare a (~에 도착하다)
Sono arrivato a Torino domenica scorsa.　　나는 지난 일요일에 토리노에 도착했다.
aiutare a (~을 돕다)
Maria aiuta la mamma a pulire la casa. 마리아는 엄마가 청소하는 것을 돕는다.
cominciare a (~을 시작하다)
Ora comincio a capire e a parlare.　　이제 나는 이해하는 것과 말하는 것을 시작했다.
continuare a (~을 계속하다)
Se continui a fare rumore, vado via. 네가 계속해서 시끄럽게 하면 나는 가버릴 것이다.
domandare a (~에게 질문하다)
Domando a Elena dove va stasera.　　나는 엘레나에게 저녁에 어디 갈지 묻는다.
giocare a (~ 놀다)
Noi giochiamo a tennis.　　우리는 테니스를 친다.
imparare a (~을 배우다)
Noi impariamo a parlare e a scivere. 우리는 말하는 것과 쓰는 것을 배운다.
insegnare a (~을 가르치다)
Il maestro ci insegna a parlare e a scrivere. 선생님은 우리에게 말하는 것과 쓰는 것을 가르친다.
mandare a (~에게 보내다)
Io mando molte cartoline alle amiche. 나는 여자친구들에게 많은 엽서를 보낸다.
offrire a (~을 제공하다)
Carlo offre sempre dei fiori alle signore. 카를로는 그 부인들에게 항상 꽃들을 보낸다.
pensare a (~을 생각하다)
Emma pensa alla mamma.　　엠마는 엄마를 생각한다.
permettere a (~에게 허락하다)
Il maestro non permette agli allievi di fumare. 선생님은 학생들이 흡연하는 것을 허락하지 않는다.

portare a (~에 가지고 가다)
Ora porto questa lettera alla posta. 나는 지금 이 편지를 우체국에 가지고 간다.
proibire a (~에게 금지하다)
Il maestro proibisce ai ragazzi di fumare. 선생님은 소년들이 흡연하는 것을 허락하지 않는다.
rispondere a (~에게 대답하다)
Rispondi sempre alle lettere che ricevi? 너는 편지를 받고서 항상 답장하니?
scrivere a (~에게 쓰다)
Carlo scrive a Elena tutti i giorni. 카를로는 매일 엘레나에게 편지를 쓴다.
stare a (~에서 지내다)
Noi stiamo al primo piano. 우리는 2층에 거주한다.

③ 동사와 전치사 da가 결합된 관용표현

avere da (~할 것을 가지고 있다)
Ho da fare. 해야 할 일이 있다
Ho da scrivere. 써야할 일이 있다.
Ho da studiare. 공부해야 할 것을 가지고 있다.
dipendere da (~에 달려있다)
Non dipende da noi, dipende dal tempo.
우리에게 달려있는 것이 아니라 날씨에 달려있다.
ricevere da (~로부터 받다)
Ho ricevuto una lettera da Carlo. 나는 편지 한 통을 카를로로부터 받았다.
passare da (~를 들리다)
Passo dall'avvocato. 변호사 사무실에 들리다.
agire da (~처럼 행동하다)
Lui agisce da galantuomo. 그는 신사처럼 행동한다.
trattare da (~처럼 대하다)
Il professore mi tratta da amico. 교수님은 나를 친구처럼 대한다.

④ 동사와 전치사 con이 결합된 관용표현

parlare con (~와 함께 이야기하다)
Elena parla con me. 엘레나는 나와 함께 이야기한다.
vivere con (~와 함께 살다)
L'uomo vive con altri uomini. 그 남자는 다른 남자들하고 함께 산다.

기본 회화

In un negozio di calzature

- Commessa: Desidera?
- Signorina Prati: Mi servirebbe un paio di scarpe nere.
- Commessa: Con il tacco alto o basso?
- Signorina Prati: Basso, di tipo sportivo.
- Commessa: Che numero porta?
- Signorina Prati: Il trentasette.
- Commessa: Le andrebbero bene queste?
- Signorina Prati: Potrebbero andare, se non sono troppo care.
- Commessa: Con le scarpe non si dovrebbe risparmiare: chi più spende meno spende.
- Signorina Prati: Effettivamente sono comode, ma durano davvero?
- Commessa: Gliel'ho detto: le porterà per anni.

구두가게에서

-점원: 도와드릴까요?
-프라티 부인: 검정색 구두 좀 보여주세요.
-점원: 굽이 낮은 것으로 아니면 높은 걸로 드릴까요?
-프라티 부인: 캐주얼한 유형의, 낮은 걸로요.
-점원: 신발사이즈가 어떻게 되세요?
-프라티 부인: 37이요.
-점원: 이게 괜찮을 것 같은데요?
-프라티 부인: 너무 비싸지만 않으면, 괜찮을 것 같아요.
-점원: 신발에 어떤 사람은 돈을 많이 쓰고, 어떤 사람은 돈을 덜 쓰지만, 신발 돈을 아끼지는 않아요.
-프라티 부인: 실제로, 신발이 편하기는 하네요. 근데 오래 신을 수 있을까요?
-점원: 이미 말씀드렸듯이 수년간 신을 수 있을 거에요.

◐ 연구

Mi servirebbe : ~ 좀 보여주세요, ~을 볼 수 있을 까요?
andare bene: 적절하다, 괜찮다.

강독

La madre (II)
- *Natalia Ginzburg*

La nonna ed io passammo da via de'Magazzini a via del Corno, nell'autunno del '26. Eravamo rimasti noi due soli sulla faccia della terra, come lei diceva; e via de' Magazzini, al centro della città, aveva, con gli anni, conferito un nuovo valore alle sue case, gli appartamenti erano stati venduti uno ad uno. Un commerciante e sua moglie avevano acquistato quello in cui noi abitavamo: venivano da Torino e la casa gli serviva, stavano in albergo nell'attesa; progettavano di cambiare piancito, di alzare un tramezzo per il bagno, fra ingresso e cucina; offersero una buonuscita che la nonna rifiutò. Lo sfratto venne prorogato di tre mesi. Ora ci sentivamo assediati: i vecchi inquilini dello stabile ci avevano lasciato (e il sarto Masi, anarchico e ottantenne, aveva fatto in tempo a morirvi, conciliato con Dio, di crepacuore) cedendo il posto ai nuovi padroni delle mura: l'ingegnere del primo piano dirigeva di persona l'impianto della luce, del gas, i lavori di rimodernamento per il condominio. Noi resistevamo, soli e isolati, col nostro lume a petrolio, il fornello a carbone, ricevendo sguardi di rimprovero, di ironia, minacce lungo le scale: impedivamo, rifiutandoci non so come, la costruzione di una moderna fossa biologica. E caparbia, in tanta apparente ingenuità, la nonna ripeteva loro:

<<Mio marito fece stimare la casa, poi ci ripensarono e non ce la vollero più vendere. Se ora si sono decisi, ecco le milleduecento lire della stima.>>

<<Trent'anni fa>> le dicevano, <<adesso costa ventimila, lei è stata interpellata per prima ed ha lasciato cadere l'offerta.>>

● 어휘

un commerciante: 상인
nell'attesa: 대기하는
un tramezzo: 분할 영역
rifiutò 거부했다
prorogato di tre mesi: 삼개월 연장
i inquilini: 세입자
conciliato: 조정된
cedendo: 항복하면서
rimodernamento: 현대화
il fornello a carbone: 석탄 난로
biologica: 생물학적
apparente ingenuità 명백한 순진함

acquistato: 구입한
progettavano di:~것을 계획했다
una buonuscita 퇴직금
lo sfratto: 강제 퇴거
assediati: 포위된
il sarto: 재단사
crepacuore: 비통한
mura: 벽
lume a petrolio: 오일 램프
minacce: 위협
caparbia: 완고한

연습 문제

1. 다음 밑줄친 부분에 알맞은 전치사를 넣어 문장을 완성하시오.

1) .... inverno, le cime .... monti sono coperte .... neve e .... ghiaccio.
2) Ecco un litro .... birra. Non ho bosogno .... birra, ma .... latte.
3) Parli .... me? No, parlo .... tutti.
4) Ho finito .... viaggiare, e sono contento .... essere finalmente qui .... voi.
5) Un torrente è pieno .... acqua .... inverno, ed è quasi secco .... estate.
6) Quando piove, le strade sono coperte .... fango.
7) Desidero ringraziare il maestro .... essere stato così gentile .... me.
8) Dove pensi .... andare il prossimo anno?
9) Spero .... ritornare in Corea.

2. 다음 밑줄친 부분에 알맞은 전치사(혹은 전치사 관사)를 넣어 문장을 완성하시오.

1) Porto questa lettera .... posta e torno subito .... casa.
2) Io sono nato .... America, ma vivo .... Londra, ora sono .... Italia, e precisamente .... Firenze, ma presto parto .... qui, vado .... Parigi, resto un mese .... Francia, poi ritorno .... Inghilterra, viaggiando .... aereo.
3) L'uomo non vive .... cima .... montagne, ma .... colline, valli e pianure.
4) Dov'è Maria? É.......... giardino. Che cosa fa? Parla .... giardiniere, ma poi va .... signora Melli, e con lei va .... teatro. Vanno .... piedi o .... automobile? Dipende .... tempo: se comincia .... piovere, vanno .... automobile, altrimenti vanno .... piedi.
5) Che fai .... bello? Hai molto .... fare? Ho soltanto .... scrivere due lettere.
6) Ora vado .... mercato .... comprare qualcosa .... mangiare, poi passo .... fioraio .... comprare dei fiori, e .... tabaccaio .... comprare le sigarette.
7) Sono partito .... Genova .... dieci .... stamattina, ho cambiato treno .... Bologna.
8) Quanti chilometri ci sono .... Genova .... Firenze? Dipende se passi .... Bologna o .... Pisa .... Milano .... Roma ci Sono sette ore .... treno.
9) Che cosa c'è .... questa valigia? Ci sono dei vestiti .... inverno, delle calze .... lana, le scarpe .... sci, della carta .... lettere, due tazze .... tè, un barattolo .... té e una bottiglia .... cognac.
10) É chiaro che tu vai .... sciare .... montagna. Sì, parto oggi .... treno .... 6,30.
11) Il Tamigi passa .... Londra.

20 Lezione ventesima

제20과
부사
Avverbio

Avverbio

불변의 형태로 쓰이는 부사는 문장내에서 동사, 형용사, 다른 부사를 수식하며, 때로 전치사구나 문장 전체를 수식하기도 한다. 또한 부사에도 비교급과 최상급 표현이 있다. 부사는 문장 내에서 동사, 형용사 그리고 다른 부사를 수식하며 항상 불변의 형태로 쓰인다.

Lezione 20

1. 부사의 종류

1) 장소의 부사

dove 어디로, 어디에
vicino 가까이
dappresso 가까이에서
fuori 밖에, 외부에
davanti 앞에
avanti 앞으로
qui, qua 여기에

donde 어디서부터, 어디에서
lontano 멀리
altrove 다른 곳에
dentro 안에, 내부에
dietro 뒤에
indietro 뒤로
lì, là 저기에

2) 시간의 부사

quando 언제
oggi 오늘
ora 지금, 이제
talvolta 가끔, 종종
prima 먼저
spesso 자주

ieri 어제
domani 내일
adesso 지금
veloce 빨리
dopo 나중에
sempre 언제나

3) 판단의 부사

certamente 당연히
senza'altro 물론
veramente 정말
ovviamente 명백하게
nemmeno, neanche, neppure ~조차 아니다

sicuramente 확실히
esattamente 바르게, 정확하게
davvero 정말
affatto 전혀

4) 정도 부사

troppo 너무
molto 많이
più 좀 더
assai 매우

poco 약간
abbastanza 제법, 충분히
meno 좀 덜
scarsamente 희박하게

2. 부사구

1) 전치사 + 형용사 남성 단수형의 형태

d'improvviso 갑자기
di nuovo 다시

di recente 최근에
di continuo 계속

in alto 위로, 위에
in generale 일반적으로
in basso 아래로, 아래에
a lungo 오래

2) 전치사 + 명사 의 형태

di corsa 뛰어서
ad un tratto 갑자기
all'inizio 처음에
con rapidità 급하게, 빨리
da tempo 오래전부터
per caso 우연히
con fatica 힘겹게, 고생하여
con difficoltà 어렵게

3) 전치사 + 부사 의 형태

per ora 지금으로서는
fin d'allora 그 때부터 죽
per sempre 영원히

4) 같은 부사를 반복하여 쓰는 형태

or ora 지금 바로
pian piano 아주 천천히
presto presto 아주 빨리
quasi quasi 거의

3. 부사와 형용사가 동일한 형태

parlare chiaro 천천히 말하다
gridare alto 고함을 높이 지르다
andare piano/veloce 천천히/빨리 가다
vestirsi leggero/pesante 옷을 얇게/두껍게 입다
guardare fisso 뚫어지게 바라보다
rispondere giusto/esatto 맞게 대답하다
volare alto/basso 높이/낮게 날다

4. 형용사를 부사로 만드는 법

1) 어미가 -o로 끝나는 형용사를 여성형 -a로 바꾸고 - mente를 첨가한다.

sicuro - sicuramente   chiaro - chiaramente   caldo - caldamente,
예외: leggero - leggermente

2) 어미가 -e로 끝나는 형용사의 부사는 그대로 뒤에 -mente를 첨가한다.

dolce - dolcemente
semplice - semplicemente
breve - brevemente,
violente - violentemente

3) 어미가 -le 혹은 -re로 끝나는 형용사는 끝모음 e를 빼고 -mente를 첨가한다.

terribile - terribilmente facile - facilmente
celere - celermente regolare - regolarmente

5. 부사의 비교급, 최상급

- ▶ 우등비교: più + 부사
- ▶ 열등비교: meno + 부사
- ▶ 상대적 최상급: il più, il meno + 부사
- ▶ 절대적 최상급: 형용사의 최상급 여성어미 -issima에 부사어미 -mente를 붙인다.

breve 짧은 - brevissimo 아주 짧은 - brevissimamente 아주 짧게
rapido 신속한 - rapidissimo 아주 신속한 - rapidissimamente 아주 신속하게
forte 강한 - fortissimo 아주 강한 - fortissimamente 아주 강하게

1) 양태를 나타내는 부사는 품질형용사의 비교급, 최상급과 같은 형식을 취한다.

원급	비교급	절대 최상급
presto 빨리	più presto 더 빨리	prestissimo 매우 빨리
vicino 가까이	più vicino 더 가까이	vicinissimo 매우 가까이
tardi 늦게	più tardi 더 늦게	tardissimo 매우 늦게

2) 특수한 비교급, 최상급의 예

원급	비교급	절대 최상급
bene	meglio	benissimo, ottimamente
male	peggio	malissimo, pessimamente
poco	meno	pochissimo, minimamente
grandemente	maggiormente	massimamente, sommamente
molto	più	moltissimo

Maria canta dolcemente.
마리아는 노래를 달콤하게 부른다.
Maria canta tanto dolcemente quanto Anna.
마리아는 안나만큼 노래를 달콤하게 부른다.
Maria canta più dolcemente di Anna.
마리아는 안나 보다 노래를 더 달콤하게 부른다.
Maria canta dolcissimamente.

마리아는 노래를 아주 달콤하게 부른다.
Maria canta molto dolcemente.
마리아는 노래를 매우 달콤하게 부른다.

6. 부사의 위치

1) 동사를 수식하는 경우 동사의 바로 뒤에 위치한다.

Essi parlano italiano correntemente.
그들은 이탈리아어를 유창하게 구사한다.
Lui è immediatamente venuto. 그는 즉시 왔다.

2) 형용사, 부사를 수식하는 경우 그 앞에 위치한다.

Marco è veramente gentile.
마르코는 정말 친절하다.
Sono felicemente sorpreso del tuo arrivo.
나는 너의 도착에 행복한 마음으로 놀랐다.
Marco è molto ricco.
마르코는 매우 부자다.
Sei arrivato troppo tardi.
너는 너무 늦게 도착했어.

3) 부사의 위치는 강조하고자 하는 내용에 따라서 자유롭게 이동할 수 있다.

시간을 나타내는 부사나 문장 전체를 수식하는 경우, 문장의 맨 앞, 중간, 뒤에 위치한다.

Fortunatamente, non ho perso niente.
→ Non ho perso niente, fortunatamente.
다행히 나는 아무 것도 잃어버리지 않았다.

Scoppiò improvvisamente un temporale.
갑자기 폭풍우가 일어났다.
→ Scoppiò un temporale improvvisamente.
→ Improvvisamente scoppiò un temporale.

Stamattina mi sono alzato alle sei.
나는 오늘 아침 6시에 일어났다.
→ Mi sono alzato alle sei stamattina.
→ Mi sono alzato, stamattina, alle sei.

7. 주요 부사의 용법

1) ormai - 현시점을 기준으로 이미 지난 일을 표시할 때「이미, 이제는」의 의미.

Ormai questo modello non è più di moda. 이제 이 디자인은 더이상 유행이 아니다.
Ormai è troppo tardi. 이미 너무 늦었다.

2) mai

① non, né, nessuno 등과 같은 부정어의 의미를 보다 강조하기 위해서 쓰이며 동사 뒤에 위치한다. 복합시제의 경우 essere 또는 avere 와 p.p. 사이에 위치한다.

Non ho mai letto quel romanzo.
나는 결코 그 소설을 읽지 않았다.
Maria non mi ha mai telefonato né mi ha mai scritto.
마리아는 나에게 전화도 편지도 하지 않았다.
Nessuno l'ha mai visto.
누구도 그를 보지 않았다.

② 동사의 앞에 위치할 경우 non 없이도 부정의 의미를 가지며 의미를 강조한다.

Mai gliel'ho parlato.   나는 결코 그에게 그것을 말하지 않았다.
Mai l'ho visto.   나는 결코 그를 보지 못했다.

③ mai che + 접속법:「~하는 법이 없다」

Mai che arrivi puntuale!   너는 한 번도 제 시간에 오는 법이 없구나!
Mai che dicesse la verità.   그는 진실을 말하는 법이 없었다.

④ 직접의문문이나 간접의문문의 중간에 놓여 경험을 나타낸다.

Hai mai incontrato quel colonnello?
너는 그 대령을 만난 적이 있느냐?
Non so se Maria sia mai stata a Londra.
나는 마리아가 런던에 가 본 적이 있는지 모르겠다.

⑤ 「Se mai」는 「혹시[행여라도] ~하게 되면, ~하게 되는 경우에는 」의 뜻이다.

Se ti ricorderai mai di me, scrivimi.
만일 내 생각이 나거든 편지를 써.
Se mai lo vedi, diglielo.
혹시 그를 보거든 그에게 그걸 말해라.
Se mai capiti a Roma, vieni a trovarmi.
만일 로마에 들르게 되면 날 보러 와.
Se avessi mai pensato una cosa simile, non sarei partito.
행여라도 그런 것을 생각했더라면 나는 떠나지 않았을 것이다.

⑥ 동사가 생략된 경우

　　Voi l'avete già studiato, ma noi mai. (= noi non l'abbiamo studiato)
　　너희들은 그것을 이미 공부했지만 우리는 결코 하지 않았다.
　　Tu l'hai fatto qualche volta, io mai. (= io non l'ho mai fatto)
　　너는 그것을 종종 했지만 난 한 번도 하지 않았어.
　　Mai un po' di pace. (= Mai che ci sia un po' di pace)
　　조금이라도 평화로운 때라곤 없다.

⑦ 비교급과 함께 쓰여서 「그 어느 때 보다도」의 의미를 갖는다.

　　Ti voglio bene più che mai.
　　그 어느 때보다 더 너를 사랑한다.
　　È stato più gentile che mai.
　　그는 그 어느 때보다도 친절했다.
　　Ci è caro quanto altro mai.
　　다른 어떤 것 보다 우리에게 소중하다.
　　Quella persona è quanto mai onesta.
　　그 사람은 더할 수 없이 정직하다.

3) già

① 지나간 과거를 표시할 때 즉 「예전에, 한때」의 의미로 쓰인다. una volta(un tempo)와 같이 쓰인다. 그리고 「이미, 벌써」의 의미로도 쓰인다.

　　È già partito.　　　　　　그는 이미 떠났다.
　　Te l'ho già detto.　　네게 그것을 이미 말했다.
　　Te l'ho detto già una volta.
　　네게 언젠가 한 번 이미 그것을 말했다.
　　Hai già mangiato?　벌써 식사했어?

② 「물론 ~이다」라는 긍정의 뜻.

　　Sei stato promosso? - Già, come no!
　　너 진급했니? - 물론!

기본 회화

Ad una stazione di servizio

Addetto:	Dica, signore!
Sig. Valli:	Mi faccia il pieno!
Addetto:	La benzina normale è terminata.
Sig. Valli:	Non importa. Metta pure la super!
Addetto:	Mi dia la chiave del serbatoio, per favore!
Sig. Valli:	Scusi, dimenticavo che il tappo era chiuso.
Addetto:	Ecco fatto! L'acqua è a posto?
Sig. Valli:	Non so. Me la controlli, per favore!
Addetto:	Ne mancava un bel po'. In questa stagione va aggiunta spesso!
Sig. Valli:	Guardi un po' anche l'olio!
Addetto:	È sotto il minimo ed è molto denso. Secondo me va cambiato.
Sig. Valli:	Allora lo cambi, perché mi aspetta un lungo viaggio.
Addetto:	Se è così, andrebbe controllata anche la pressione delle gomme.
Sig. Valli:	Non è molto che l'ho fatta misurare...
Addetto:	Sì, ma prima di un viaggio va controllata in ogni caso. Le dispiacerebbe spostarsi un po' più avanti?
Sig. Valli:	Un momento, che metto in moto!
Addetto:	Non c'è bisogno. Tolga il freno, che la spingo io!
Sig. Valli:	A proposito: qui si possono riparare le gomme?
Addetto:	Certo! Vengono riparate in pochi minuti.
Sig. Valli:	Allora approfitterei per far riparare la ruota di scorta.
Addetto:	Me la dia, gliela faccio fare mentre aspetta il cambio dell'olio.
Sig. Valli:	Il portabagagli è aperto: la prenda pure! Nel frattempo vado a bere qualcosa al bar. Mi avverta quando è tutto fatto!
Addetto:	Non dubiti! Vada pure tranquillo!
Sig. Valli:	Ah, senta! Non avrebbe mica una carta stradale dell'Italia?
Addetto:	No, noi non le teniamo. Provi a cercarla al prossimo distributore dove c'è l'autogrill Pavesi. Forse lì ce l'hanno.

직원:	예, 손님!
발리씨:	가득 넣어 주세요!
직원:	보통 휘발유는 다 떨어졌어요.
발리씨:	괜찮아요. 고급으로 주세요!
직원:	주유구 좀 열어주세요!
발리씨:	죄송해요, 잊어버렸어요!
직원:	다 했습니다! 냉각수는 괜찮은가요?
발리씨:	모르겠어요. 점검 좀 해주세요!

직원:	냉각수가 상당히 모자랐네요. 요즘 같은 계절에는 자주 보충해줘야해요.
발리씨:	엔진오일도 좀 봐 주세요!
직원:	최소치 아래인데다 너무 뻑뻑해요. 제 생각에는 갈아야할 것 같아요.
발리씨:	그럼, 갈아주세요. 제가 긴 여행을 앞두고 있거든요.
직원:	그렇다면 타이어압력도 체크해야할 거예요.
발리씨:	그건 잰지 얼마 안됐는데요...
직원:	네, 하지만 여행을 떠나기 전에는 어쨌든 점검해야합니다. 좀 더 앞으로 가시겠어요?
발리씨:	잠시만요, 시동 켤게요.
직원:	그럴 필요 없어요. 사이드브레이크를 푸세요. 제가 밀게요.
발리씨:	그런데, 여기서 타이어 수리도 되나요?
직원:	물론이죠. 몇 분 안에 수리됩니다.
발리씨:	그렇다면 이참에 스페어타이어를 수리하죠.
직원:	제게 주세요. 엔진오일 가는 것을 기다리시는 동안 수리하게 할게요.
발리씨:	트렁크 열렸어요. 가져가세요. 그동안 저는 바에 가서 뭣 좀 마실게요. 다 되면 알려주세요!
직원:	걱정 마시고 가세요!
발리씨:	아, 그런데요, 혹시 이탈리아 도로지도 안가지고 계세요?
직원:	아니오, 우린 비치해두고 있지 않은데요. 파베지 휴게소가 있는 다음번 주유소에서 한 번 찾아보세요. 아마 거기에는 있을 거예요.

강독

Pesci grossi, pesci piccoli

- *Italo Cavino*

Il padre di Zeffirino non si metteva mai in costume da bagno. Stava in calzoni rimboccati e maglietta, con in capo il berretto di tela bianca, e non si staccava mai dalla scogliera. La sua passione erano le patelle, i piatti molluschi che stanno appiccicati allo scoglio, e fanno col loro durissimo guscio quasi tutt´uno con la pietra. Per staccarle il padre di Zeffirino adoperava un coltello, e ogni domenica col suo sguardo occhialuto passava in rassegna una per una le rocce della punta. Continuava finché la sua piccola cesta non era piena di patelle; qualcuna la mangiava appena colta, succhiandone la polpa umida ed agra come da un cucchiaio; le altre le metteva in una cesta. Ogni tanto alzava gli occhi, li girava un po´ spersi sul mare liscio e chiamava: − Zeffirino！ Dove sei？

Zeffirino passava in acqua pomeriggi interi. Venivano alla punta tutti e due, e il padre lo lasciava lì e subito si metteva dietro ai suoi molluschi. Così ferme e testarde, le patelle non potevano attirare Zeffirino; furono dapprima i granchi, a interessarlo, poi i polpi, le meduse, e poi via via tutte le qualità di pesci. D´estate le sue cacce erano sempre più difficili e ingegnose: e adesso non c´era ragazzetto della sua età che col fucile subacqueo andasse così bene come lui.

● 어휘

costume da bagno: 수영복
maglietta: 티셔츠
la scogliera: 암초
i molluschi: 연체동물, 조개류
guscio: 껍질, 조개껍데기
occhialuto: 안경을 낀
finché: ~할 때까지
succhiare: 빨아들이다
sperso: 길 잃은, 정처 없는
dapprima: 처음에는
il polpo: 문어
ingegnoso: 독창적인, 교묘한

i calzoni rimboccati: 자락을 접어올린 바지
il berretto 베레모
le patelle: 삿갓조개
appiccicati: 달라붙은
adoperare: 사용하다
passare in rassegna: 면밀하게 살피다, 조사하다
cesta: 바구니, 광주리
la polpa: 살, 과육
testarto: 고집불통인
il granchio: 게
la medusa: 해파리
il fucile subacqueo: 작살총

연습 문제

1. 다음의 형용사들을 부사로 만드시오.

uguale, principale, chiaro, vivace, silenzioso, raro, comune, semplice, lieto, rispettoso, allegro, continuo, rapido, completo, antico, pronto, facile, difficile, naturale, cortese, felice, ottimo, nobile, libero, ideale.

2. 빈칸에 아래 부사들 중에서 적절한 것을 골라 넣어 문장을 완성하시오.

del tutto, in antico, un tempo, fuori, affatto, di sicuro, senza dubbio, al di là, ancora, con l'andar del tempo, davvero, a lungo, proprio, chissà, neanche, per nulla, nulla, certo, senz'altro,

1) In questa strada non c'è .... un vigile.
2) Sono .... contento di essere venuto in Italia.
3) Luigi non è contento ....
4) Sei stato in America? ....
5) Chi è quell'uomo? ....
6) All'una di notte le strade sono .... deserte.

7) Non mangia ....

8) Lui è uno straniero ....

9) Non vorrei .... abitare nel quartiere popolare, ... del fiume.

10) Non ho .... fatto alcun piano per l'avvenire.

11) Presi in affitto una casa .... città, ma non vi rimasi .... : era troppo piccola.

12) .... le città erano circondate da alte mura. .... le mura furono abbattute.

3. 다음 부사의 반의어를 쓰시오.

spesso, sempre, presto, più, poco, bene, adagio, volentieri, apposta, avanti, davanti

promemoria

Appendice

부록
영어와 이탈리아어 단어의 유사성
Somiglianza delle parole in inglese e in italiano

Appendice

이탈리아어와 영어 단어의 유사성

이탈리아어는 라틴어족에 속하는 언어로 게르만어 계통의 영어와는 구분되지만, 큰 범위에서 보면, 이탈리아어는 영어와 같은 인도유럽어족으로 여러 면에서 영어와 유사한 면을 가지고 있다. 본 장에서는 영어에 익숙한 독자들이 보다 쉽게 이탈리아어 어휘를 습득할 수 있도록 영-이탈리아어 단어의 유사성을 소개하고자 한다.

1. 어미가 -or로 끝나는 영어의 명사, 형용사는 이탈리아어에서 -ore로 끝나는 명사, 형용사에 해당된다.

   motor - motore   superior - superiore
   agitator - agitatore   inferior - inferiore
   author - autore   interior - interiore

2. 어미가 -nt 인 영어 명사, 형용사는 이탈리아어로는 -nte 이다.

   president - presidente intelligent - intelligente
   accident - accidente   frequent - frequente
   agent - agente   ignorant - ignorante

3. 어미가 -id 인 영어 명사, 형용사는 이탈리아어로는 -ido 이다.

   liquid - liquido   placid - placido
   acid - acido   candid - candido
   florid - florido   vivid - vivido

4. 어미가 -ty 인 영어 명사는 이탈리아어로는 -tà 이다.

   liberty - libertà   necessity - necessità
   ability - abilità   authority - autorità
   capacity - capacità   dignity - dignità

5. 어미가 -ive 인 영어 명사, 형용사는 이탈리아어로는 -ivo 이다.

   primitive - primitivo   abusive - abusivo
   creative - creativo   aggresive - aggresivo
   conclusive - conclusivo dative - dativo

6. 어미가 -ry인 영어 명사, 형용사는 이탈리아어로는 -rio 이다.

   salary - salario   contrary - contrario
   accesory - accessorio   oratory - oratorio
   monetary - monetario   ordinary - ordinario

7. 어미가 -ble 인 영어 형용사는 이탈리아어로는 -bile 이다.

    dirigible - dirigibile   adorable - adorabile
    compressible - compressibile   impossible - impossibile
    imitable - imitabile   insensible - insensibile

8. 어미가 -ction, -tion 인 영어 명사는 이탈리아어로는 -zione 이다.

    station - stazione   operation - operazione
    abolition - abolizione   citation - citazione
    celebration - celebrazione   contemplation - contemplazione

9. 어미가 -ion 인 영어 명사는 이탈리아어로는 -ione 이다.

    television - televisione   vision - visione
    conclusion - conclusione   confession - confessione
    diffusion - diffusione   tension - tensione

10. 어미가 -al 인 영어 명사, 형용사는 이탈리아어로는 -ale 이다.

    artificial - artificiale   animal - animale
    canal - canale   central - centrale
    cardinal - cardinale   annual - annuale

11. 어미가 -nce, -ncy 인 영어 명사는 이탈리아어로는 -nza 이다.

    ambulance - ambulanza   adolescence - adolescenza
    clemency - clemenza   confidence - confidenza
    conference - conferenza   importance - importanza

12. 어미가 -ic 인 영어 형용사는 이탈리아어로는 -ico 이다.

    ionic - ionico   angelic - angelico
    arabic - arabico   aristocratic - aristocratico
    automatic - automatico   critic - critico

13. 어미가 -te 인 영어 명사, 형용사는 이탈리아어로는 -to 이다.

    brute - bruto   accurate - accurato
    attribute - attributo   appetite - appetito
    acut - acuto   minute - minuto

14. 어미가 -cious인 영어 형용사는 이탈리아어로는 -ce 이다.

    rapacious - rapace   audacious - audace
    sagacious - sagace   ferocious - feroce
    tenacious - tenace   precocious - precoce

Appendice

☞ **참고**

어미 -eous 인 영어 형용사는 이탈리아어로 -eo 이다.
errneous - erreneo   arboreous - arboreo
cupreous - cupero   spontaneous - spontaneo

어미 -uous 인 영어 형용사는 이탈리아어로 -uo 이다.
ambiguous - ambiguo   contiguous - contiguo
innocuous - innocuo   promicuous - promicuo

영어 형용사 -ferous, -vorous 는 이탈리아어로 -fero, -voro 이다. 또한 영어 형용사 -ous는 이탈리아어로 -oso 이다.
auriferous - aurifero   carnivorous - carnivoro
famous - famoso   furious - furioso

15. 어미가 -tude, -ite 인 영어 명사, 형용사는 이탈리아어로는 -tudine 이다.
    altitude - altitudine   attitude - attitudine
    gratitude - gratitudine   longitude - longitudine
    similitude - similitudine   habitude - abitudine

아울러 어미 -ite 인 영어 명사는 이탈리아어에서도 동일하다.
    ammonite - ammonite   cordite - cordite

16. 어미가 -ment 인 영어 명사는 이탈리아어로는 -mento 이다.
    monument - monumento   aliment - alimento
    cement - cemento   document - documento
    element - elemento   ferment - fermento
    lament - lamento   moment - momento

17. 어미가 -cle 인 영어 명사는 이탈리아어로는 -colo 이다.
    circle - circolo   article - articolo
    miracle - miracolo   muscle - muscolo
    vehicle - veicolo   oracle - oracolo

☞ **참고**

영어 명사 -le 는 이탈리아어로 -olo 이고, 특이하게도 영어 명사 -ple 는 이탈리아어로 -plo 이다.
    angle - angolo   apostle - apostolo
    title - titolo   single - singolo
    triple - triplo   multiple - multiplo

18. 어미가 -ist 인 영어 명사는 이탈리아어로는 -ista 이다.

violinist - violinista
anarchist - anarchista
fatalist - fatalista

alienist - alienista
egoist - egoista
realist - realista

☞ 참고

영어 명사 -gram, -em 은 이탈리아어로 -gramma, -ema 이다.
gram - gramma
program - programma
diadem - diadema

monogram - monogramma
telegram - telegramma
poem - poema

19. 어미가 -us, -um 인 영어 명사는 이탈리아어로는 -o 이다.

caduceus - caduceo
argus - argo
corpus - corpo

colosseum - colosseo
circus - circo
museum - museo

20. 어미가 -a 인 영어 명사(주로 지명, 인명)는 이탈리아어와 동일하다.

America, India, Africa, Asia, Argentina
acacia, area, aorta, idea, lava, gala, cupola, bosa, algebra

아울러 어미가 -o인 명사도 동일하다.

radio, cacao, gusto, negro, bravo, domino, veto, zero,

21. 어미가 -ss, -x 인 영어 명사는 이탈리아어로는 -sso 이다.

cypress - cipresso
affix - affisso
progress - progresso

abyss - abisso
process - processo
prefix - prefisso

☞ 참고

-oid 인 영어 명사, 형용사는 이탈리아어로 -oide 이다.
aneroiod - aneroide
asteroid - asteroide

conoid - connoide
ovoid - ovoide

-arch 인 영어 명사는 이탈리아어로 -arca 이다.
monarch - monarco
oligarch - oligarca

petrarch - petrarca
patriarch - patriarca

-cide 인 영어 명사는 이탈리아어로 -cida 이다.
suicide - suicida
homicide - omicida

regicide - regicida
fratricide - fratricida

-ogue 인 영어 명사는 이탈리아어로 -ogo 이다.

　　　　analogue - analogo　　　　　　apologue - apologo
　　　　dialogue - dialogo　　　　　　　epilogue - epilogo

22. 어미가 -ogy 인 영어 명사는 이탈리아어로는 -ogia 이다.
　　　　analogy - analogia　　　　　　anthology - antologia
　　　　biology - biologia　　　　　　　apology - apologia
　　　　pedagogy - pedagogia　　　　　theology - teologia

　어미가 -phy, thy인 영어 명사는 이탈리아어로 -fia, -tia 이다.
　　　　autography - autografia　　　　bibliography - bibliografia
　　　　sympathy - simpatia　　　　　　telepathy - telepatia

　어미가 -my, -ny인 영어 명사는 이탈리아어로 -mia, nia이다.
　　　　anatomy - anatomia　　　　　　astronomy - astronomia
　　　　colony - colonia　　　　　　　　irony - ironia

23. 어미가 -ic, -ics 인 영어 명사는 이탈리아어로는 -ica 이다.
　　　　music - musica　　　　　　　　clinics - clinica
　　　　critics - critica　　　　　　　　ethics - etica
　　　　poetics - poetica　　　　　　　magic - magica

☞참고
　　어미가 -sis, -lis 인 영어 명사는 이탈리아어로 -si, -li 이다.
　　　　acropolis - acropoli　　　　　　crisis - crisi
　　　　genesis - genesi　　　　　　　　oasis - oasi

　　어미가 -itis 인 영어 명사는 이탈리아어로 -ite 이다.
　　　　bronchitis - bronchite　　　　　slenitis - splenite

24. 어미가 -ism 인 영어 명사는 이탈리아어로는 -ismo 이다.
　　　　americanim - americanismo　　egoism - egoismo
　　　　fatalism - fatalismo　　　　　　animism - animismo
　　　　realism - realismo　　　　　　　socialismo - socialismo

☞참고
　　어미가 -meter 인 영어 명사는 이탈리아어로 -metro 이다.
　　　　micrometer - micrometro　　　barometer - barometro
　　　　centimeter - centimetro　　　　diameter - diametro

　　어미가 -ular 인 영어 형용사는 이탈리아어로 -olare 이다.
　　　　angular - angolare　　　　　　particular - particolare

regular - regolare   singular - singolare

25. 어미가 -ure인 영어 명사는 이탈리아어로는 -ura 이다.
   adventure - avvemtura   agriculture - agricoltra
   capture - cattura   culture - cultura
   nature - natura   figure - figura

☞ 참고
   -ure 인 영어 형용사는 -uro (혹은 -ura)이다.
   impure - impuro   mature - maturo

26. 어미가 -ile 인 영어 형용사는 이탈리아어와 동형이다.
   agile, docile, facile, mobile, fissile, fertile, fragile

☞ 참고
   어미가 -it인 영어의 명사는 이탈리아어로 -ito이다.
   bandit - bandito   credit - credito
   debit - debito   merit - merito

   어미가 -et인 영어 명사는 이탈리아어로는 -etto이다.
   ballet - balletto   duet - duetto
   clarinet - clarinetto   minuet - minuetto

27. 어미가 -ice, -ade인 영어 명사는 이탈리아어로는 -izio, -ata이다.
   edificie - edifizio   artifice - artifizio
   benefice - benefizio   sacrifice - sacrifizio
   arcade - arcata   brigade - brigata
   cascade - cascata   serenade - serenata

28. 어미가 -age인 영어 명사는 이탈리아어로는 -aggio이다.
   message - messaggio   village - villaggio
   vantage - vantaggio   sage - saggio
   passage - passaggio   personage - personaggio

☞ 참고
   어미가 -scope인 영어 명사는 이탈리아어로는 -scopio이다.
   cinemascope - cinemascopio   telescope - telescopio
   periscope - periscopio   microscope - microscopio

   어미가 -ine, -in인 영어 명사는 이탈리아어로는 -ina이다.
   benzine - benzina   cocaine - cocaina

morphine - morfina   nicotine - nicotina

어미가 -cy인 영어명사는 이탈리아어로 -zia이다.
abbacy - abbazia   democracy - democrazia
diplomacy - diplomazia   prophecy - profezia

29. 어미가 -an, -in인 영어 명사, 형용사는 이탈리아어로는 -ano, -ino이다.
american - americano   christian - cristiano
indian - indiano   latin - latino
median - mediano   ocean - oceano

30. 어미가 -ne인 영어 명사, 형용사는 이탈리아어로 -no이다.
aeroplane - aeroplano   alpine - alpino
divine - divino   humane - umano
serene - sereno   pine - pino
tone - tono   marine - marino

31. 어미가 -e인 영어의 명사, 형용사는 이탈리아어로 -o이다.
(-ble, -nce, -tude는 앞서 살펴보았으므로 여기에서는 제외한다.)
abuse - abuso   bronze - bronzo
centre - centro   case - caso
sense - senso   verse - verso
globe - globo   intense - intenso

연습문제 정답
Chiavi degli esercizi

Chiavi degli esercizi

1과

1.
1) un 2) un 3) un 4) un 5) un 6) un 7) un 8) un 9) uno 10) una 11) un 12) una 13) una 14) uno 15) un 16) un

2.
1) il 2) l' 3) la 4) la 5) la 6) la 7) la 8) la 9) i 10) gli 11) le 12) gli 13) l' 14) gli 15) lo 6) lo

3.
1) sono 2) sei 3) è 4) è 5) siamo 6) siete 7) sono

2과

1.
l'appuntamento, la mamma, il teatro, la volta, la casa, il divertimento, il ritardo, lo studio, lo sgabello, la stufa, il minuto, lo strumento, la settimana, il moro, la piazza, l'uccello, la sveglia, la scatola, il quadro.

2.

1) gli orologi svizzeri

2) tutto il giorno

3) le prossime settimane

4) l'ora di studio

5) i secoli passati

6) I bambini sono a letto, le bambine sono in giardino.

7) Che cosa sono questi?

8) Dove siete?

9) Gli scrittori sono italiani.

10) Queste foto sono bellissime.

3과

1.

1) Nei calendari. Dalle montagne. Nella scuola.

2) Che belle rose ci sono nei giardini!

3) l'ultimo giorno. Le feste dei Santi

4) Sugli alberghi di Natale.

5) Il nastro intorno al dono natalizio è rosso.

6) Per chi sono questi libri con le copertine rosse?

7) Il fuoco è acceso nel caminetto.

8) L'albero è fiorito nel campo e nell'orto.

9) I ricordi degli anni passati.

10) I grandi giardini. Le grandi case. La bella casa.

11) Quei giardini. Quei bei giardini.

12) Quella panchina sotto il pino.

13) I cani sono fedeli. I gatti non sono fedeli.

14) Il frutto di questo albero è dolce. La foglia è verde.

15) Le notti sono scure, ma i giorni sono chiari.

16) Questi compiti sono facili. Quei compiti sono difficili.

17) Il temporale è violente, ma breve.

18) I limoni sono gialli, le mele sono rosse e le pere sono avane.

19) Quella signora è molto elegante.

20) Queste sedie sono inutili.

21) Ci sono delle nuvole rose nei cieli.

2.

1) il, quel, bel 2) l', quell', bell' 3) lo, quello, bello 4) il, quel, bel 5) i, quei, bei

6) la, quella, bella 7) la, quella, bella 8) l', quell', bell' 9) la, quella, bella 10) l', quell', bell' 11) gli, quegli, begli 12) i, quei, bei 13) il, quel, bel 14) le, quelle, belle 15) gli, quegli, begli 16) la, quella, bella 17) le, quelle, belle 18) l', quell', bell'

19) il, quel, bel 20) le, quelle, belle

3.

1) San, quello, santo, quello, quello, Sant' 2) bei 3) quello, quell', bell', quei, quegli, buon 4) buon, buona. 5) quel, bella, bei, bell'

4과

1.

1) Oggi è lunedì(martedì, mercoledì, giovedì, venerdì, sabato, domenica).

2) Siamo in marzo.(3월입니다 등, 해당월로 쓰세요)

3) Oggi ne abbiamo 15.(15일입니다 등)

4) Sì, è un giorno festivo. 또는 No, oggi è un giorno di lavoro.

5) Ce ne sono dodici.

6) È gennaio.

7) È novembre.

8) La prima festa dell'anno è Capodanno, e l'ultima è Natale.

2.

1) Primo Gennaio Duemilaquattordini

2) Ventotto Febbraio Duemila

3) Trentuno Dicembre Millenovecentonovantanove.

3.

1) Che ora è? (= Che ore sono?)

2) Sono le sei e trentacinque.

3) Sono le sei e mezzo(mezza).

4) Quando è il tuo compleanno?

5) Domenica prossima è il primo aprile.

5과

1.

1) timido 2) basso 3) sano 4) generoso 5) asciuto 6) brutto 6) cattivo 7) freddo 8) scuro 9) viltà 10) scortese 11) forte 12) piccolo 13) brutto 14) facile 15) pigro 16) noioso 17) amaro 18) morbido 19) maleducato 20) infelice 21) sgarbato 22) vecchio 23) ricco 24) magro 25) stupido 26) stretto 27) vecchio 28) leggero 29) forte 31) sporco 32) umido 33) antipatico 34) vivace 35) inutile

6과

1.

1) Io lo apro. 2) Maria la chiude. 3) Noi li guardiamo. 4) Gli studenti lo ascoltano(l' ascoltano). 5) Il professore ci parla, gli parla, le parla, vi parla, gli parla(parla loro).

2.

1) Le lezioni finiscono a mezzogiorno. 2) Preferisci gli spaghetti o la carne? 3) Io ascolto la musica classica. E tu, che cosa ascolti? 4) Vi piace andare al cinema? Sì, ci piace. 5) Gli insegnanti ci proibiscono di parlare inglese/ Gli insegnanti mi proibiscono di parlare inglese.

7과

1.

1) con i quali, con la quale, con le quali, con il quale 2) con cui 3) su cui 4) nella quale 5) al quale 6) ai quali 7) con i quali

2.

1) che 2) che, cui, 3)il cui 4) cui 5) quello che 6) che 7) chi 8) il che

9) cui 10) quanto 11) cui 12) cosa/come, cosa/come, cosa

13) il cui 14) ciò che 15) chi, quello che 16) che, che, che cosa 17) che cosa

18) chi, quali 19) chi, che 20) chi 21) quale 22) Qual, che cosa

23) Quale, quali

23) quali 24) Chi, che

3.

1) L'hai visto? 2) Li hai visti? 3) l'hai vista? 4) Le hai viste? 5) L'avete chiusa?

6) L'avete chiuso? 7) Le avete chiuse? 8) Li avete chiusi? 9) L'avete comprato?

10) Li avete comprati? 11) Le avete comprate? 12) Le avete comprate? 13) Chi le ha costruite? 14) Chi li ha sorvegliati? 15) Chi l'ha perduto? 16) Chi li ha perduti?

17) Chi le ha perdute?

8과

1.

1) mi sveglio 2) ci firmiamo 3) ti esprimi 4) si addormentano 5) ci mettiamo 6) si arrabbia 7) ci prendiamo 8) ci vediamo 9) si chiama 10) mi faccio

2.

1) puoi, vuoi 2) ci vuole 3) ci vogliono 4) volete 5) tieni 6) possiamo 7) puoi 8) deve 9) devo 10) tiene, ci tengo

9과

1.

1) Siamo partiti, siamo tornati 2) Siamo andati, ci siamo divertiti

3) siamo entrati, abbiamo comperato 4) abbiamo incontrato, ci siamo fermati 5) siamo arrivati, abbiamo potuto 6) abbiamo chiamato, ci siamo ricordati 7) ci siamo riposati, abbiamo fumato, abbiamo passato

2.

1) ci siamo alzati, siamo andati, abbiamo fatto 2) abbiamo mangiato, ha mangiato

3) sono andato, ho cercato, ho trovato 4) hanno preferito 5) ho pescato, sono tornato 6) abbiamo sentito, ho esclamato 7) ha esclamato, ha cominciato 8) abbiamo seguito, ci siamo fermati, abbiamo guardato 9) ci siamo accorti

10) ci siamo divertiti, si è divertita

3.

1) ero, diceva, erano, erano, spegneva 2) passavo, vedevo, mendicava, vendeva

3) passavano, guardavano, compravano, si fermavano, parlavano, domandavano, stavano, erano, andavano, facevano 4) fissava, rispondeva, poteva, era sordomuto

10과

1.

1) L'autunno è più freddo dell'inverno.

2) L'estate è più calda della primavera.

3) Il cavallo è più grande del cane.

4) In estate piove più che in autunno(= D'estate piove più che d'autunno).

5) La città è più popolata della campagna.

6) Il sole è più utile della pioggia.

7) Andare a teatro è più piacevole che stare in casa.

8) In estate beviamo più che in inverno.

9) Quando piove stare in casa è più piacevole che uscire.

10) Voi siete più giovani di noi.

11) Gennaio è tanto lungo quanto dicembre.

12) L'onore è più prezioso del denaro.

13) Molti libri sono più divertenti che istruttivi.

14) Di sera sono più stanco che di mattina.

La sera sono più stanco che la mattina.

11과

1.

1) Ebbe proferito 2) ebbe detto 3) furono ritirati 4) era partito 5) Le cose andarono nel modo che lui avesse previsto 6) ebbi incontrato 7) fosse piovuto

2.

1) farà, avrà potuto 2) saro uscito, saranno 3) saro arrivato, mi coricherò

4) arriverà, sarà finita

12과

1.

1) abbandoni 2) abbia perso 3) sia 4) facciate 5) se ne accorgessero 6) scriva, mandi 7) si alzino, mangino, vadano, facciano, dormano 8) sia, abbia 9) sprechi 10) ripeta, sia, senta, abbia 11) sappia 12) ci tenga 13) si faccia 14) vada 15) abbia guadagnato

2.

1) avesse 2) fosse, fosse, portasse 3) cercasse, sono 4) abbia ricevuto 5) abbiate ricevuto, depositiate, teniate 6) finisse, venisse 7) abbia letto, conosca, sia 8) salissero, dessero, vendessi, perderei, tenga, non salgano, possa 9) dicessi 10) fosse smesso, saremmo uscito 11) dicessi 12) dicessimo, si offenderebbero, avremmo 13) dessi, spenderebbe 14)

avrei prestato 15) avreste fatto

13과

1.

1) Marco, vieni con me! 2) Ragazzi, bevete la birra! 3) Vediamo il film alla TV!

4) Mangia meno! 5) Prendi una decisione. 6) Apri la porta! 7) Arrivi in orario!

8) Andrea, vai subito a casa! 9) Andrea, sta' calmo! 10) Andrea, abbi pazienza!

11) Ascolta i miei consigli! 12) Parti subito! 13) Restiamo a casa stasera! 14) Aspettiamo fino alle 8! 15) Finite il lavoro per domani! 16) Leggete questo libro!

2.

1) Non ascoltare le mie parole! 2) Non Guartate la TV! 3) Non accendere la radio!

4) Non guradare nel dizionario! 5) Non telefonate a Francesco! 6) Non esca!

7) Non apra la porta! 8) Non andate via! 9) Non diciamo bugie! 10) Non bere molto! 11) Non andare a casa! 12) Non parta!

3.

1) guardiamo 2) vieni, vai, dici, 3) faccia, dica, dia 4) scriva, informi, venga, faccia

5) dimenticate, 6) andare, ritorni 7) entri 8) chiamiamo, chiama 9) attendano, abbiano 10) sia

14과

1.

1) In questo ristorante si spende molto.

2) Dopo una bella vacanza ci si sente in forma.

3) Si è soli quando si è vecchi.

4) Se ci si cura bene, questa malattia passa presto.

5) Quando si è giovani, ci si arrabbia anche per le ragioni più stupide.

6) Si è felici quando si è innamorati.

2.

1) L'ho letto.

2) L'ha incontrata.

3) Me le hanno raccontate.

4) A chi li hai regalati?

5) A Roma ne abbiamo conosciute molte.

15과

1.

1) abbandoni 2) abbia perso 3) sia 4) credano 5) abbia 6) scriva, mandi, sappia, stia, stia. 7) si alzino, mangino, bevano, vada, faccia, dorma 8) sia, abbia 9) sciupi 10) ripetiate, sia, senta, abbia 11) impari, vada, rimandiate 12) chiediate

13) abbiano, sia 14) sia, mangi, aspetti, ritardi, rimanga, vada 15) chiudiate, andiate

2.

1) sia, sappia, sia 2) fosse, fosse, porti 3) cerca, sono 4) abbia, abbia 5) ricevete, depositiate, teniate 6) fosse finito, fosse venuta 7) abbia, conosca, sia 8) salgano, diano, vendessi, perderei, tenga, salgano, possa, riprenda 9) foste, sareste 10) smettesse, potreste 11) dicessi 12) dicessimo, pensiamo, offenderbbe avremmo

13) dasse, spenderbbe 14) faresti, fossi trovassi, spessi, riporterei, direi, aiuterebbe, sarei 15) vuoi, sono 16) sarebbe, venda, affitti, compri

16과

1.

1) Poiché è andato in pensione, il signor Rossi ha molto tempo libero.

2) Avendo visto questo film Anna ce lo consiglia.

3) Se io avessi dato almeno uno sguardo al giornale, sapresti le ultime notizie.

4) Potrai dare l'esame solo avendo frequentato il corso.

5) Ho visto Anna mentre usciva dalla banca.

6) Guardo la televisione facendo colazione.

7) Accendendo la lampada, ci vedi meglio

8) Lasciando il lavoro, Anna era convinta di non avere più problemi.

9) Avendo dimenticato le chiavi di casa, Marco doveva aspettare che tornasse sua madre.

10) Dopo che sarò guarita dall'influenza, potrò uscire con gli amici.

11) Dopo che saranno finiti i soldi, telefonerò a mia madre perché me ne mandi altri.

12) Dopo che Anna era arrivata a Roma, è cominciato lo sciopero dei treni.

13) Facendo quel lavoro, riceveresti un buon compenso.

14) Vivendo in provincia, si possono curare di più i rapporti sociali.

15) Andandosene, Marco ci ha detto che era rimasto deluso.

16) Spedendoglielo oggi stesso, il pacco gli arriverà in tempo.

17과

1.

1) quindi, 2) Se 3) se non, 4) Benché sebbene 6) quando 7) perché 8) a meno che, allora 9) come, così 10) che

2.

1) Mia zia ci disse che il giorno dopo sarebbe venuta a trovarci.

2) Il frate mi disse di fare a modo suo.

3) L'oste chiese se cosa doveva fare per me.

4) Lucia ci disse di lasciarla andare per la sua strada!

5) La guida mi disse che avrebbe preparato un buon letto a quel giovane.

6) La guida mi disse che quel giovane aveva intenzione di dormire là.

7) Marina ha risposto che non aveva ancora finito di lavorare.

8) Anna dice che non può andare a lezione, perché sta male.

9) Angelo disse che quel giorno era un giorno molto speciale.

10) Monica disse che il giorno prima aveva fatto tardi al lavoro.

18과

1.

1) Il tetto della nostra casa è stato colpito dal fulmine.

2) Domenica scorsa fui rimproverato dal babbo per la mia pigrizia.

3) Tutti sanno chi uccise Cesare.

4) Questo problema non può essere risolto.

5) Questa trasmissione è seguita da molti.

6) Marco credeva che quel lavoro fosse stato fatto da noi.

7) Un nuovo palazzo era costruito dai muratori.

8) Le tue parole sono state apprezzate dagli studenti.

9) Il gregge è custodito dal pastore.

10) La mostra sarà inaugurata dal presidente.

11) Se tu avessi studiato di più, il professore ti avrebbe lodato.

12) Questa ricerca deve essere fatta da te.

13) Questa notizia sarà stata pubblicata dai giornali.

14) L'America è stata scoperta da Cristoforo Colombo

15) Quell'ingiustizia fu subita da alcune persone.

19과

1.

1) D', dei, di, di 2) di, di, di, 3) con, con 4) di, di, con 5) di, in, d' 6) di 7) per, con 8)di, 9) di

2.

1) alla, a, alla, a 2) in, a, in, a, da, per, in, in, in aereo 3)in, alle, su,

4) in, con il, dalla, a, a, in, dal, a, in, a 5) di, da, da, 6) al, a, da, dal, per, dal, per,

7) da, alle, di, a 8) da, a, da, da, da, a, di 9) in, d', di, da, da, da, di, di 10) a, in, col, delle

11) per

20과

1.

ugualmente, principalmente, chiaramente, vivacemente, silenziosamente, raramente, comunemente, semplicemente, lietamente, rispettosamente, allegramente, continuamente, rapidamente, completamente, anticamente, prontamente, facilmente, difficilmente, naturalmente, cortesemente, felicemente, ottimamente, nobilmente, liberamente, idealmente

2.

1) neanche

2) davvero

3) affatto

4) Certo!

5) Chissà!

6) proprio, del tutto, davvero

7) nulla, per nulla, affatto

8) senza dubbio

9) affato, al di là

10) ancora

11) fuori, a lungo

12) In antico, con l'andar del tempo

3.

raramente (= di rado), mai, tardi, meno, tanto(= molto), male, veloce(=rapidamente, velocemente), malincuore, per caso, dietro, indietro

promemoria

종합 기초
이탈리아어
문법·회화·강독